平成クロスワード

31年を振り返る31問

編・著 ニコリ

ごあいさつ

　平成31(西暦2019)年4月をもって、「平成」が幕を下ろしました。のべ日数は11,000日強。その平成を振り返ったとき、あなたはどんな感想をお持ちでしょうか。長かった、あっという間だった、昭和よりよかった、物心ついたときにはもう平成だった…などなど、人によってまちまちだろうと思います。なにしろ、平成元年に生まれた人でも、今では子を持つ親になっていてもまったくおかしくない年齢になっています。それほど長く続いた平成なのですから、感想が十人十色になるのも当然といえましょう。

　その一方で、「この出来事があったのはこの年だったな」「あの曲が流行ったのはこの曲の翌年だったのか」などと振り返るとき、30年という長さは短すぎず長すぎず、ちょうどいいようにも思えます。そこでこの本では、平成元年から平成31年まで、1年につき1問ずつ、それぞれの年にあった出来事を盛り込んだクロスワードパズルを掲載しました。問題を解きながら、それぞれの出来事について思い出したり、そのときのご自分について振り返ったりして楽しんでいただければ幸いです。ご自分の記憶力がどんなものかと挑戦してみるもよし、ご家族やお友だちとワイワイ楽しんでいただくもよし。1問解き終わるころには、すっかり気分が「あの頃」に戻っているかもしれません。

　問題のあるページの次の見開きには、その年に関するトピックをまとめたページをご用意しました。出来事、流行語、人気商品など、クロスワードには組み込めなかった事項も含めて網羅的に並べてあります。また、いくつかの事項については詳しい解説文もつけました。パズルを解いたあとでも解く前でも、軽い気持ちでお読みください。その年についていっそう詳しくなれること、うけあいです。ただし、解説ページの右下にはクロスワードの答えが書かれていますので、解く前にうっかり目にしないように気をつけてくださいね。

平成よ、ありがとう！　平成よ、永遠なれ！

ニコリ

平成クロスワード
目次

平成元年(1989年)問題 ……… 4			平成17年(2005年)問題……… 68	
解説と答え……………… 6			解説と答え……………… 70	
平成2年(1990年)問題 ……… 8			平成18年(2006年)問題……… 72	
解説と答え……………… 10			解説と答え……………… 74	
平成3年(1991年)問題 ……… 12			平成19年(2007年)問題……… 76	
解説と答え……………… 14			解説と答え……………… 78	
平成4年(1992年)問題 ……… 16			平成20年(2008年)問題……… 80	
解説と答え……………… 18			解説と答え……………… 82	
平成5年(1993年)問題 ……… 20			平成21年(2009年)問題……… 84	
解説と答え……………… 22			解説と答え ……………… 86	
平成6年(1994年)問題 ……… 24			平成22年(2010年)問題……… 88	
解説と答え……………… 26			解説と答え……………… 90	
平成7年(1995年)問題 ……… 28			平成23年(2011年)問題……… 92	
解説と答え……………… 30			解説と答え……………… 94	
平成8年(1996年)問題 ……… 32			平成24年(2012年)問題……… 96	
解説と答え……………… 34			解説と答え……………… 98	
平成9年(1997年)問題 ……… 36			平成25年(2013年)問題……… 100	
解説と答え……………… 38			解説と答え……………… 102	
平成10年(1998年)問題 ……… 40			平成26年(2014年)問題……… 104	
解説と答え……………… 42			解説と答え……………… 106	
平成11年(1999年)問題 ……… 44			平成27年(2015年)問題……… 108	
解説と答え……………… 46			解説と答え……………… 110	
平成12年(2000年)問題 ……… 48			平成28年(2016年)問題……… 112	
解説と答え……………… 50			解説と答え……………… 114	
平成13年(2001年)問題 ……… 52			平成29年(2017年)問題……… 116	
解説と答え……………… 54			解説と答え ……………… 118	
平成14年(2002年)問題 ……… 56			平成30年(2018年)問題……… 120	
解説と答え……………… 58			解説と答え……………… 122	
平成15年(2003年)問題 ……… 60			平成31年(2019年)問題……… 124	
解説と答え……………… 62			解説と答え……………… 127	
平成16年(2004年)問題 ……… 64				
解説と答え……………… 66				

［ご注意いただきたい点］

・それぞれのクロスワードのカギの文中に出てくる出来事は、すべてその年にあったものです。平成元年の問題で「2月」とある場合、それは平成元年の2月であることを示しています。また、海外の出来事について、日付はすべて現地での日付です。

・クロスワードのカギや解説の文中に出てくる人名、地名、地位、階級などは、すべてそのカギや解説の出来事が起こった当時のものです。また、多くの場合敬称は省略しています。

・クロスワードのカギの文中「──」と書かれていることがあります。これは、そのカギで示している言葉をその「──」に当てはめることで文章が成立するということを示しています。

・同じく、文中に「⊖1」「①3」などと書かれていることがあります。これらは、それぞれ「ヨコのカギ1の答え」「タテのカギ3の答え」を当てはめて読むと文章が成立することを示しています。

平成元年（1989年）

➡ ヨコのカギ

1 1月7日、皇太子明仁親王、新天皇に――。元号は平成と決定

2 京都市右京区にある、真言宗御室派総本山。『徒然草』の「――にある法師」でも有名

3 前年制定の「特定物質の規制等によるオゾン層の保護に関する法律」に基づき、7月から――類の生産および消費の規制が始まった

4 4月1日、消費税スタート。税率は――％

5 物事や状態の程度

6 幻や幽霊のこと。『オペラ座の怪人』の原題にも登場する言葉

7 利益　儲け　プラス

8 5月10日、和泉雅子が――モービルを使い北極点に到達した

9 ――即是色　色即是――

10 ピザやパスタにリゾット。――ブームが巻き起こり、外食の主役に躍り出た

12 歌やしゃべりの調子。――に加えビジュアルも魅せた「ものまね四天王」が人気に

13 戦後日本に――を響かせた美空ひばりが6月24日に亡くなった

15 CDシングル売り上げ1位はプリンセス・プリンセスの『Diamonds』、アルバム売り上げ1位は――由実の『Delight Slight Light KISS』だった

17 草地の茂る土地。――化、――帯

19 コーン――　――チョコ

22 ファーストピッチセレモニー。日本シリーズ第3戦の――にはレーガン前米大統領が登場した

24 1月15日、――製鋼が大東文化大を下し、初めてラグビー日本一に

25 2月9日、「漫画の神様」とも呼ばれた手塚――が亡くなった

27 野球で守備側の選手のこと。投手を除いて呼ぶことも多い

28 日本では10月7日に公開された、松田優作の遺作となった映画。監督はリドリー・スコット

30 解答者がおらず、ひたすらクイズやパズルの――と答えを流し続ける異色の深夜番組『IQエンジン』

が話題に

32 エフエム山形、FM802、ベイエフエムと――局が続々開局した

34 10月にスタートしたNHKの連続テレビ小説は『和っこの――メダル』

35 この年のノーベル平和賞はダライ・――14世に贈られた

37 珊瑚損傷虚報（朝日）、グリコ・森永事件犯人取り調べ虚報（毎日）、連続幼女誘拐殺人事件犯人アジト発見虚報（読売）と、各紙の新聞――が立て続けに批判を浴びた

38 中国で民主化要求の学生らが――広場に十万人規模で集結。5月20日北京に戒厳令布告、6月4日武力弾圧

40 この年のレコード大賞『淋しい熱帯魚』を歌ったデュオ

42 おせんべいもチョコレートも

43 毛皮のこと。この年に制定された「毛皮の日」は、「いい――」の語呂合わせで11月20日

44 伊豆や十勝で群発地震が発生。多発する地面の――に、人々は不安を覚えた

45 消費税導入によって、一――玉が一躍脚光を浴びた

47 ――階段を上ると目が回る!?

49 地中海の島国。12月に米ソ首脳会談が行われ、冷戦の終結を確認。韻を踏むように「ヤルタから――へ」と言われた

51 12月、かつてのブラジル――の子孫など、日系人の在留資格を緩和するように出入国管理法を改正

52 指先のお化粧

53 予想もしなかった一撃

54 11月9日、東西を隔てていた――の壁の通行が自由化。――の壁の「崩壊」と呼ばれる

56 ごく普通の温度。この年、――核融合の観測が発表されたが、その後再現できず

58 野党欠席の衆議院本会議で予算案を強行採決。憲政史上初の事態で、与党自民党による――な国会運営が批判された

59 ――ばななの『TUGUMI』が、第2回山本周五郎賞を受賞

61 洋服にも乗り合いバスにもある

63 くみ上げすぎは地盤沈下の原因に

64 山瀬まみが出演した住友金属工業のCMの「やわらか――してます」というフレーズが話題に

66 日米貿易――解消のため、日米構造協議がスタートした

67 売り手が口にしたままの価格

68 3月18日、パリでの世界フィギュアスケート選手権で――みどりが日本人初の優勝

70 銀行にお金を預けたら、そこそこの――がつく時代だった

71 この年の邦画興行収入1位は『魔女の宅急便』。その主人公の名は

73 中部地方の県。1月の県知事選挙では梶原拓が初当選

⬇ タテのカギ

1 パスポートサイズの8ミリビデオCCD-TR55がヒットしたメーカー

3 ミカンの袋のひとつひとつ

5 プロ野球――会議の目玉は野茂英雄。史上最多の8球団が1位指名

8 ――の手を差し伸べる

11 同僚や目下を呼ぶときに使う言葉

12 9月27日、①1が米国の――映画の買収を発表

14 サルマン・ラシュディの著書。イスラム教徒を激怒させ、この年各国でデモが頻発した

16 この年の年度代表馬。オグリキャップ、スーパークリークとともに「平成三強」と呼ばれた

18 穀物、特に小麦から粉を作ること

20 男女が2人だけでいることを意味する言葉「――ショット」が流行

21 ミスやミセスのドクター

22 自分勝手な気持ち。――的な解釈

23 温めるだけで食べられる――食品

24 じっくり――を据えて取り組む

26 イモリのは惚れ薬になる？

28 5月に『君はTVっ子』でメジャーデビューしたのはザ・――

29 これの布団は軽くて暖かい

31 地上げの結果、建物のない――があちこちに見られるように

33 2月22日、佐賀県教育委員会が吉野ヶ里遺跡で弥生時代最大の環濠――・墳丘墓を発見したと発表

34 オーストラリアの首都。11月に第

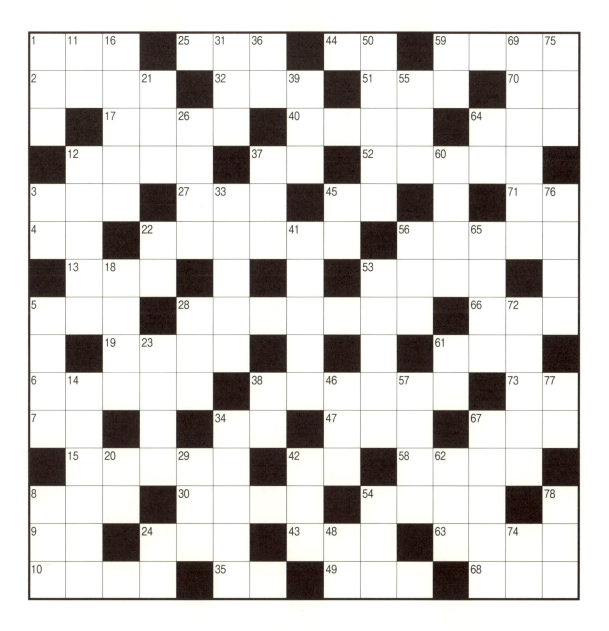

　　1　回APEC（アジア太平洋経済協力会議）閣僚会議が行われた
36　柄はなにもありません
37　1桁でいちばん大きい数
38　ランキング番組『ザ・ベスト──』終了。音楽番組は冬の時代へ
39　洋画興行収入第7位は、エディ・マーフィ主演の『星の──ニューヨークへ行く』
41　耳があって直方体でおいしい
42　8月10日、第76代内閣総理大臣となったのは──俊樹
45　列車に乗り降りできるところ
46　『恋一夜』『──の素顔』『黄砂に吹かれて』と、工藤静香の3曲がシングル売り上げ10位以内に
48　海に入って貝や海藻をとる人
50　洋画興行収入第2位の映画。ダスティン・ホフマンとトム・クルーズが主演
53　礼宮文仁親王と川嶋紀子さんの婚約が内定し、お二人は──の関係となった
54　民主化革命の波で、──に包まれていた東欧諸国の実情が明らかになっていった
55　邦画興行収入第4位は『利休』。主演は──連太郎
56　地図記号は「卍」
57　ウランバートルを首都とする国。他の社会主義国同様の民主化デモが12月に実行された
59　→4プラス1
60　9月6日、──衛星ひまわり4号の打ち上げに成功
61　→54の壁崩壊に沸いた、西ドイツの首都
62　購入者待ちの不動産
64　塩焼きや甘露煮がおいしい川魚
65　柔道の技　歩き方
67　5月25日の衆議院予算──で、リクルート事件解明のため証人喚問が行われ、中曽根康弘前首相が証人となった
69　石原慎太郎とともに『「NO」と言える日本』を著した、↓1創業者の1人
72　7月23日の──議員通常選挙で与野党逆転。女性議員大量当選のマドンナ旋風が吹いた
74　労働者の権利の1つ。「ライキ」が略されている
75　池袋がある東京都の区。11月に区内全域の住居表示実施を完了
76　西武との"10.12"を経てパ・リーグを制するも、日本シリーズでは巨人に大逆転負けしたのは──バファローズ
77　水上の移動に使う
78　ピカゴロ＋ザーザーな天気

平成元(1989)年 己巳

●できごと●

1月　天皇崩御、「平成」と改元
　　　ジョージ・ブッシュが米大統領に就任
2月　漫画家の手塚治虫が死去
　　　リクルート事件で江副前会長逮捕
　　　昭和天皇大喪の礼
3月　横浜博覧会開幕
　　　女子高生コンクリート詰め殺人事件が発覚
4月　消費税スタート。当初の税率は3％
　　　川崎の竹やぶで合計約2億円分の札束発見
　　　竹下登首相がリクルート事件の責任で辞任表明
5月　女優の和泉雅子が北極点に到達。日本人女性初
6月　宇野宗佑内閣発足
　　　中国で天安門事件
　　　国民的歌手・美空ひばりが死去
7月　都議選や参院選で自民党が歴史的大敗
8月　海部俊樹内閣発足
　　　連続幼女誘拐殺人事件の宮﨑勤が犯行を認める
　　　礼宮文仁親王・川嶋紀子さんの婚約内定
9月　横浜ベイブリッジ開通
　　　千代の富士が国民栄誉賞を受賞
10月　幕張メッセ開場
　　　田中角栄元首相が今期限りの政界引退を表明
11月　ドイツのベルリンの壁崩壊
12月　米ソがマルタ会談、冷戦の終結を宣言
　　　日経平均株価が史上最高値を記録

●世相、流行●
・昭和の終焉。昭和を振り返る番組や記事が流行
・マドンナ旋風。女性の政治意識が高まる
・渋カジ、プリントシャツ

「ベルリンの壁」崩壊で壁の上に立つ市民たち（写真提供：AFP＝時事）

●新時代「平成」始まる

　昭和64年として始まった西暦1989年だったが、1月7日の午前6時33分に天皇が崩御。同日午後、臨時閣議において新元号を「平成」と決定し、翌8日から平成が始まった。なお、「平成」の名前の由来は、『史記』五帝本紀の「内平外成（内平らかに外成る）」、『書経（偽古文尚書）』大禹謨の「地平天成（地平かに天成る）」からで、国の内外で平和が達成されるという意味だという。

　新元号発表直後はちょっとした「平成ブーム」が起き、漢字で「平成」と書いて「たいらしげる」と読む名前の男性や、同じく漢字で「平成」と書くが「へなり」と読む岐阜県武儀町（現・関市）の地名が脚光を浴びた。

●大物が続々と…

　この年は、昭和の日本の各界をリードした人物の訃報が相次ぐ1年でもあった。2月9日には『鉄腕アトム』『ジャングル大帝』などを生み出して「マンガの神様」と呼ばれた手塚治虫が逝去。4月27日には、松下電器産業を一代で築き上げ「経営の神様」とも呼ばれた松下幸之助が亡くなり、6月24日には歌謡曲・映画・舞台で活躍して「歌謡界の女王」と呼ばれた美空ひばりが52歳の若さでこの世を去った。相次ぐ大物の逝去は、昭和の終わりと新時代の到来を強く感じさせた。

●東欧民主化と冷戦終結

　昭和60(1985)年にソ連共産党書記長の座に就いたゴルバチョフは、「人類共通の利益を追求することが結果的に自国の利益につながる」とする「新思考外交」の理念のもと、東西対立の緩和を推し進めた。この考えに基づき、昭和63年(1988)年にゴルバチョフは（ソ連と同様に共産主義政党が支配していた）東欧諸国の民主化を支持する「新ベオグラード宣言」を発表。ここから盛り上がった東欧諸国の民主化運動は、この年に各国で結実していく。

　2月にはハンガリーで複数政党制が復活、6月のポーランド総選挙では民主派組織「連帯」が圧勝。8月には東ドイツ市民約1000人がハンガリーを経由してオーストリアに逃走する事件が起き、市民を抑えきれなくなった東ドイツ政府は11月に国民の旅行を自由化するとともに、東西ベルリンを隔てていたベルリンの壁を開放。12月には、ルーマニアで長きにわたり独裁を続けてきたチャウシェスク大統領が逮捕され、処刑された。

　このような動きの中、12月2～3日にはマルタ島で米ソ首脳会談が行われ、会談後に米国のブッシュ大統領とゴルバチョフにより冷戦の終結が宣言された。

●天安門事件

　昭和61(1986)年、中国共産党中央委員会総書記の胡耀邦は「百花斉放・百家争鳴」を提唱、政治改革と言論の自由化を図った。これは国民からの支持を得たが、党内保守派は反発。翌年胡耀邦は失脚し、軟禁生活を強いられた。

　その胡耀邦がこの年の4月15日に死去すると、胡を支持する北京の学生たちが追悼集会を開催。これをきっかけに、天安門広場を中心とする北京市内の各地、さらには他の都市で

も民主化を求めてデモやストライキが広まっていった。

穏健改革派の趙紫陽総書記はデモを「愛国的」と評価し学生らへの同情を示したが、保守派の李鵬首相らはデモを「動乱」と断じ、事実上の最高権力者・鄧小平中央軍事委員会主席もこの見方に同調。5月20日に北京に戒厳令が発布された。

6月3日の夜から4日未明にかけて、天安門広場の周辺に配置された人民解放軍の部隊が広場内のデモ隊に突入。デモ隊による反撃も見られたが、数時間で武力弾圧が完了した。この事件による死者は立場によって数百人とも数万人ともされるが、報道規制もあり正確な数は定かではない。

この事件で、この時期の中国での民主化運動は頓挫した。しかし事件は今なお尾を引いており、中国国内では「6月4日」はインターネットの検閲対象となっている。

●与党自民党への逆風とマドンナ旋風

4月1日、消費税が導入された。それまでも一部のぜいたく品に対しては個別に課税する物品税があったが、その物品税が廃止され、資産の譲渡やサービスの提供一般が幅広く課税対象とされたのである。およそほぼすべての売買で税金を取られることになったため、この税金を導入した与党への国民の反発は大きかった。

また、前年発覚したリクルート事件（未公開株を用いた贈収賄事件）への竹下登首相の関与疑惑から6月には竹下内閣が総辞職に追い込まれ、後任の宇野宗佑首相も就任直後に女性スキャンダルが取り沙汰された。

このように与党への逆風が吹き荒れる中、7月に参議院議員通常選挙が行われた。「消費税廃止」を掲げて選挙に望んだ野党第一党の日本社会党は、土井たか子委員長のもと多くの女性候補を擁立。無党派層の支持取り込みに成功し、46議席を獲得して「マドンナ旋風」と呼ばれた。なお、この選挙で当選した女性は全部で22人。衆参通じて史上初めて女性議員の割合が10%を超えた。

この選挙の結果を受け、宇野内閣は総辞職。また、野党の提出した消費税廃止法案が12月に参議院を通過したが、衆議院では審議未了のまま廃案となっている。

●バブル最盛期

昭和60（1985）年のプラザ合意（先進国が協調的にドル安を図るという合意）以降急激に円高が進んだことで、製造業の輸出が不振となり、円高不況が発生した。その対策で公定歩合の引き下げや公共投資の拡大が行われたため、市場に金があふれ、余った金が株式や不動産への投資に回っていった。その結果、日経平均株価はこの年の大納会（12月29日）に史上最高値となる38957円をつけた（終値ベースでは38915円）。また、不動産価格の高騰は、東京の山手線内の土地だけでアメリカ全土と同じ価値があるという算出結果まで生み出した。こうした資産価値の急騰もあって企業収益は好調となり、従業員にも還元がなされたため多くの国民の収入が増え、物は売れたしレジャーブームも起こった。もっとも、この状況は（先の土地の例でもわかるように）資産価値を実勢よりも膨らませて作られたものであり、それが泡（バブル）のように弾けたあと日本全体が大きなツケを支払わされることになる。

●DATA●

【内閣総理大臣】竹下登（自由民主党）→宇野宗佑（自由民主党）→海部俊樹（自由民主党）

【プロ野球日本一】読売ジャイアンツ

【JRA年度代表馬】イナリワン

【流行語】オバタリアン　セクシャルハラスメント　イカ天　濡れ落葉　ほたる族　24時間タタカエマスカ　デューダ　こんなん出ましたけど～

【書籍】吉本ばなな『TUGUMI』『キッチン』　井上靖『孔子』　津本陽『下天は夢か』　藤村由加『人麻呂の暗号』　スティーヴン・W・ホーキング『ホーキング、宇宙を語る』　盛田昭夫・石原慎太郎『「NO」と言える日本』　栗良平『一杯のかけそば』

【映画】『もっともあぶない刑事』『その男、凶暴につき』『黒い雨』『彼女が水着にきがえたら』『魔女の宅急便』『インディ・ジョーンズ／最後の聖戦』『レインマン』『ブラック・レイン』『ダイ・ハード』『バットマン』『バック・トゥ・ザ・フューチャーPART2』

【テレビ】『教師びんびん物語Ⅱ』『君の瞳に恋してる！』『同・級・生』『どちら様も!! 笑ってヨロシク』『平成名物TV』（番組内の「イカ天」が話題に）『春日局』『翔んでる！平賀源内』『おぼっちゃまくん』『らんま1/2』『ドラゴンボールZ』

【音楽】プリンセス・プリンセス『Diamonds』『世界でいちばん熱い夏』　Wink『愛が止まらない』『淋しい熱帯魚』　長渕剛『とんぼ』　光GENJI『太陽がいっぱい』　X『紅』　美空ひばり『川の流れのように』

【話題の商品】ハンディカム55（ソニー）　はちみつレモン　フラワーロック（タカラトミー）　プリペイドカード　ユーノスロードスター（マツダ）　ゲームボーイ（任天堂）　CLD-100（パイオニア）　『テトリス』（任天堂）

【訃報】手塚治虫（漫画家）　松下幸之助（実業家）　美空ひばり（歌手）　松田優作（俳優）　田河水泡（漫画家）

●平成元年の答え●

ソ	ク	イ		オ	サ	ム		ユ	レ		ヨ	シ	モ	ト
ニ	ン	ナ	ジ		ラ	ジ	オ		イ	ミ	ン		リ	シ
ー		リ	ョ	ク	チ		ウ	イ	ン	ク		ア	タ	マ
	コ	ワ	イ	ロ		キ	ジ		マ	ニ	キ	ュ	ア	
フ	ロ	ン		ヤ	シ	ュ		エ	ン		シ		キ	キ
サ	ン		シ	キ	ユ	ウ	シ	キ		ジ	ョ	ウ	オ	ン
	ビ	セ	イ		ウ		ヨ		フ	イ	ウ	チ		テ
ド	ア	イ		ブ	ラ	ッ	ク	レ	イ	ン		マ	サ	
ラ		フ	レ	ー	ク		パ		ア		ボ	タ	ン	
フ	ァ	ン	ト	ム		テ	ン	ア	ン	モ	ン		ギ	フ
ト	ク		ル		キ	ン		ラ	セ	ン		イ	イ	ネ
	マ	ッ	ト	ウ	ヤ		カ	シ		ゴ	ウ	イ	ン	
ス	ノ	ー		モ	ン	ダ	イ		ベ	ル	リ	ン		ラ
ク	ウ		コ	ウ	ベ		フ	ァ	ー		チ	カ	ス	イ
イ	タ	メ	シ		ラ	マ		マ	ル	タ		イ	ト	ウ

7

平成2年（1990年）

→ ヨコのカギ

1 10月3日、東西——統一。法的には東——が西——に加盟する形

2 ビリニュスを首都とする、バルト三国の1つ。3月11日にソ連からの独立を宣言した

3 日本初の原子力船。7月に初めての原子力による航行を達成した

4 「月と——」は差が大きいたとえ

6 『——の森』は、7月から放映された法廷ドラマ。主演は高嶋政伸。主題歌『壊れかけのRadio』を歌った徳永英明も出演した

7 2月11日、東京ドームでのタイトルマッチで——・タイソンはジェームス・ダグラスにまさかのKO負け。これが彼のプロ初黒星

8 ——社員は役職についていない

9 本当の名前を隠しています

10 7月にサミットが開催された、アメリカ合衆国のテキサス州で最大の都市

14 稲荷大社が名高い京都の地名

16 別冊マーガレット6月号から『イタズラなKiss』連載開始。作者は——かおる

17 4月にソ連を訪問した中国の首相。中国首相の公式訪問は26年ぶりで、中ソ雪解けを感じさせた

19 寒い時期の軒先に見られる。漢字で書くと「氷柱」

20 ゴルフボール周辺の芝や砂の状況

21 実体がなく、見せかけだけのもの。「——経済」は新語・流行語大賞の流行語部門銀賞

22 鼻が大きく羽うちわを持つ怪物

23 7月、日本人移民を両親に持つアルベルト・——がペルー大統領に就任した

24 ばれいしょともいいます

25 8月に大やけどを負い、日本へ緊急搬送されて一命を取り留めたサハリン在住の3歳児は——・スコロプイシュヌイ君

26 4月24日に、スペースシャトル・ディスカバリー号によって打ち上げられた宇宙望遠鏡の名前

27 東京都北部の区。6月、区内の建設会社社長宅で3億円が強奪される事件が発生、「——三億円事件」と呼ばれた

28 もり　ざる　かけ

30 緋色のはかまがユニフォーム？

31 ⇩13によって侵攻された⇩76にとどまった外国人たちは人質とされ、彼らは12月に解放されるまで死の——と戦うこととなった

33 仲間はずれです

36 プロ野球近鉄のスーパールーキー。MVP・最多勝・新人王など8つのタイトルを手中にした

39 日本における戦後最大の経済事件とされる——事件が発生。総合商社——株式会社をめぐる商法上の特別背任事件

41 食材に衣をつけずフライにする

43 おもな患者は女性です

45 日本の主食。この年には「きらら397」「ヒノヒカリ」などが品種登録された

47 9月、「政界の——」と呼ばれた金丸信らの訪朝団が平壌入り。金日成総書記と会見した

49 居酒屋でコップ酒を飲み、休日は競馬やゴルフをたしなむ若い女性。新語・流行語大賞の新語部門銅賞

51 ウソを見破るトランプゲーム

53 大相撲初場所、総理大臣杯の授与のため森山眞弓官房長官が土俵に上がろうとするも相撲協会が拒否。女性——ではないかと話題に

54 10月、連続ドラマ『渡る——は鬼ばかり』スタート。岡倉家の夫婦とその5人の娘・その家族を描く

56 よしと認めること。反対語は否認

57 アメリカのバンド、ニュー・キッズ・——・ザ・ブロックの『Step by Step』が世界的に大ヒット

58 11月、「鉄の女」と呼ばれたイギリスのマーガレット・——首相が辞任した

60 名前に反して、矢の先端になる

61 2月に組織された第2次海部内閣で、42歳の若さで労働大臣に就任したのは——俊平

62 圧倒的売り手市場の中、「きつい・汚い・危険」の3——労働は敬遠されて人手不足が顕著に

63 遊人の『ANGEL』などをきっかけに、特定の漫画作品を排除しようとする有害——騒動が発生した

65 デシとミリの間

66 2月に行われた総選挙で、自民党は追加公認も含め286議席を獲得、安定——を確保した

68 11月、任天堂は16——のCPUを搭載したスーパーファミコンを発売

71 2は1——、1990は4——

73 バットが——を切って空振り三振

⇩ タテのカギ

1 この年のヒット映画の1つ、『フィールド・オブ・——』。トウモロコシ畑に野球場を作るとそこに…

5 1月に右翼団体構成員に銃撃された長崎市長。「昭和天皇に戦争責任はあったと思う」という発言への反発が動機だった

11 運命の人とは、赤いこれでつながっているとか

12 ——康隆の小説『文学部唯野教授』がベストセラーに。『文学部唯野教授のサブ・テキスト』という本も売れた

13 9月、隣国のイランとの国交を回復した中東の国

14 寒い季節。この季節にあたる1月や2月が暖かかったこの年、桜の開花も全国的に平年より早かった

15 2月、ローリング・ストーンズが「スティール・ホイールズ・——」の一環として初来日した

16 3月、南アフリカからナミビアが独立。これによってアフリカ——から植民地がなくなったとされる

18 「アッシー」やら「ミツグくん」やらと並び称された便利な男性

20 南米発祥の、ペアの密着度が高いダンスとその音楽。フランスのグループ・カオマの曲を石井明美が日本語詞でカバーしてヒットした

22 大ブームとなったイタリア生まれのデザート。「私を持ち上げて」「私を元気づけて」という意味

23 「あいまいな」という意味の言葉。——制御が家電に取り入れられ、この言葉は新語・流行語大賞の新語部門で金賞を獲得した。4文字目は「ー」と書くことも

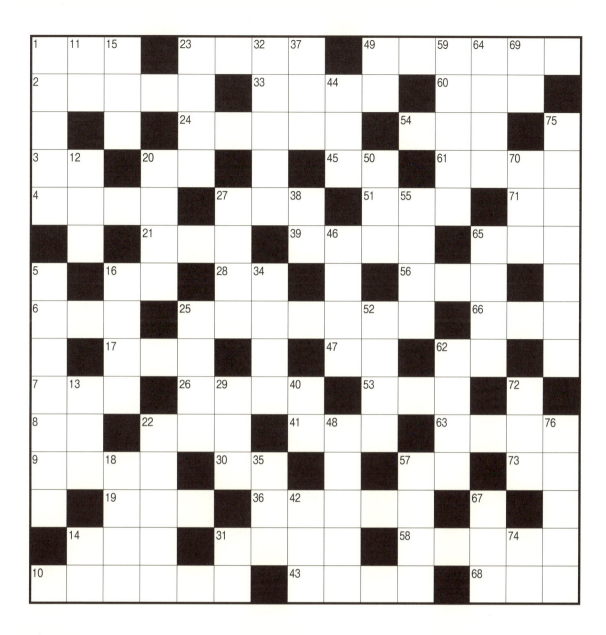

- 25 １年で言えば７〜12月
- 27 ２月、南アフリカの反アパルトヘイト運動家——・マンデラ氏が釈放された
- 29 吉本ばななのベストセラーを原作とする映画。10月に公開され、主演の牧瀬里穂は多くの映画賞で新人賞に輝いた
- 31 ９〜10月、北京でアジア競技大会が行われ、日本は38個の——メダルを獲得
- 32 ３月まで放送の深夜番組『奇妙な出来事』が、『世にも奇妙な——』の番組名でゴールデンタイムに進出。ストーリーテラーはタモリに
- 34 お湯をためて浸かります
- 35 生きている今の時代や社会
- 37 文系や体育会系ではない
- 38 米米CLUBの『浪漫飛行』が大ヒット。CDの売り上げは、２つのバージョンの合計で100万——を突破
- 40 出かけていていません
- 42 「電気」もある寝具
- 44 アニメ化されて大ヒットした『ちびまる子ちゃん』。原作者はさくら——
- 46 「流行」という意味で流行した言葉
- 48 大相撲五月場所・七月場所で連続優勝し、第63代横綱となった
- 49 木こりが使う道具の１つ
- 50 ４〜９月に開催された「国際花と緑の博覧会」（花博）。政府苑の——展示は、世界最大の花ラフレシア
- 52 給料をダウンすること。この時期には縁遠かった言葉？
- 55 11月17日、198年ぶりに——普賢岳が噴火した
- 57 花博が開催された都市
- 59 保温性に優れるダウン——が若い男性の間で流行した
- 62 ６月29日、礼宮さまと紀子さまの——の儀が皇居にて行われた
- 64 人間以外のものを人間になぞらえて表現すること
- 65 １月、初めての大学入試——試験が実施された
- 67 「——を切る」＝きっかけを作る
- 69 北京アジア大会で——投げの溝口和洋選手は銅メダルを獲得
- 70 湾岸危機の発生後、自衛隊を国連の平和維持活動に——できるようにする国連平和協力法案が国会に提出されたが11月に廃案に
- 72 洋画興行収入１位と２位は、『——・トゥ・ザ・フューチャー』シリーズの２作目と３作目だった
- 74 目上の人には通常使わない呼び方
- 75 マサカリ投法で活躍のピッチャー。10勝を挙げるもこの年限りで引退。「昭和生まれの明治男」とも
- 76 ８月２日、↓13軍がこの国に侵攻、全土を制圧。湾岸危機の始まり

9

平成2(1990)年 庚午

●できごと●

1月　第1回大学入試センター試験
　　　長崎市長が拳銃で撃たれ重傷
2月　南アフリカの活動家ネルソン・マンデラ釈放
　　　ローリング・ストーンズが初来日公演
　　　総選挙で自民党が安定多数
3月　ポール・マッカートニー初来日公演
　　　ゴルバチョフがソ連の初代大統領に就任
4月　大阪で国際花と緑の博覧会（花博）開幕
　　　スペースワールド開業
5月　南北イエメンが統合
6月　イタリアでサッカーW杯開幕
　　　ペルー大統領選挙で日系のフジモリが初当選
7月　神戸の高校で生徒が校門に挟まれ死亡
　　　海遊館開業
8月　イラクがクウェートに侵攻
　　　数学者の森重文がフィールズ賞を受賞
　　　サハリンの大火傷の少年が札幌へ緊急搬送、治療
9月　韓国と北朝鮮、分裂後初の両国首相会談
10月　東西ドイツ統一
　　　F1日本GPで鈴木亜久里が3位。日本人初の表彰台
11月　天皇陛下即位の礼
　　　雲仙普賢岳が約200年ぶりに噴火
　　　任天堂がゲーム機「スーパーファミコン」発売
12月　秋山豊寛がソユーズで日本人初の宇宙飛行
　　　サンリオピューロランド開園

●世相・流行●

・バブルが弾ける直前の年
・国際情勢は、冷戦の終結と新たな緊張
・ちびまる子ちゃん現象、野茂旋風

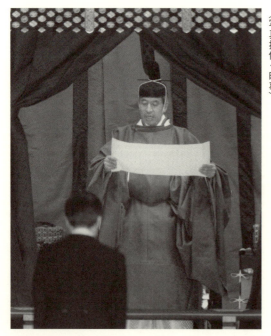

「即位礼正殿の儀」でお言葉を述べられる天皇陛下
（写真提供…時事）

●ドイツ統一と緊張緩和ムード

　前年12月の米ソ首脳会談における「冷戦終結宣言」もあり、対立していた国同士の接近や、世界的な緊張緩和のムードはこの年も継続した。10月3日に、東ドイツの5州が西ドイツ（ドイツ連邦共和国）に加盟する形で達成された東西ドイツの統一は、そのピークの1つと言えるだろう。

　緊張緩和ムードはアジアにも波及した。4月には中国の李鵬首相が、中国首相としては26年ぶりにソ連を公式訪問し、3月にソ連初代大統領となったゴルバチョフと会談。6月には韓国の盧泰愚大統領とゴルバチョフによる史上初の韓ソ首脳会談が行われ、9月には韓ソ両国は国交を樹立した。また、8月には中国とインドネシア、9月にはソ連とサウジアラビアが国交を正常化した。西アジアでは、19世紀以降南北に分断されていたイエメンが5月に統一を果たしている。

　日本と周辺国の外交関係にも変化が見られた。5月には盧泰愚が来日し、韓国大統領として史上初めて国会で演説している。また、9月には自民党の金丸信元副総理と社会党の田辺誠副委員長を団長とする代表団が訪朝し、北朝鮮側から国交正常化の提案を受けている（しかし、いまだ実現せず）。

　冷戦終結は、このように世界的な緊張緩和をもたらした。その一方で、世界のすみずみににらみをきかせていた東西両陣営の圧力が相対的に弱まったことにより、これまで抑制されてきた各地での紛争のたがは外れやすくなった。次に述べる湾岸危機はその一例と言えよう。

●湾岸危機

　昭和55(1980)年から8年続いたイラン・イラク戦争によりイラクは膨大な戦時債務を負った。イラクの外貨獲得手段はおもに原油輸出だったが、当時の原油価格は1バレル＝15～16ドル程度で、経済を立て直すには足りなかった。そこでイラクは7月、自らも加盟するOPEC（石油輸出国機構）に原油価格の1バレル＝25ドルへの値上げを要求。また、隣国クウェートが、イラクとの間にまたがるルマイラ油田で盗掘をしているとして激しく同国を非難した。前者についてOPECが拒否したこともあり、イラクは7月末にクウェート国境に戦車隊を集結させ、砲門をクウェートに向けて威嚇するに至った。

　事態の収拾のためにOPECは1バレル＝21ドルに原油価格を引き上げ、7月31日にはイラクとクウェートの2国間会談も行われた。会談自体は成果なく終わったものの話し合いの継続が示唆されたため、武力衝突は避けられたように思われた。

　ところが8月2日の現地時間未明、イラクは突然クウェート侵攻を開始。わずか6時間でクウェート全土を制圧した。国連安全保障理事会はイラクの即時無条件撤退を求める決議とイラクへの全面禁輸を行う決議を立て続けに採択したが、イラクはこれを無視。クウェートを自国に併合したほか、クウェートにとどまっていた外国人を「人間の盾」として自国内の軍事施設などに監禁した（12月までに全員解放）。

　原油輸出などをめぐりイラクと対立していたサウジアラビアは、自国も侵略される恐れがあるとしてアメリカ軍の駐留を容認。この両国と湾岸諸国、さらに歴史的にクウェートとのつながりが深い英仏を中心としてイラクに対抗する多国籍軍が結成され、翌年の湾岸戦争につながっていく。

●ちびまる子ちゃん現象

　1月7日にテレビアニメ『ちびまる子ちゃん』の放送が始まった。原作は、さくらももこによる少女漫画。作者自身の子ども時代を投影したと見られる小学3年生の主人公「ちびまる子ちゃん」の日常生活を描いたコメディ作品で、前年に第13回講談社漫画賞少女部門を受賞している。

　もともと原作が人気作品だったこともあり、ビデオリサーチ調べでの関東地区の視聴率は初回から17％オーバー。アニメ化による新たなファンの獲得もあって人気は過熱し、10月28日放送分では39.9％を記録した。これは、オンラインによる視聴率調査が始まった昭和52(1977)年以来テレビアニメでの最高記録であり、平成31年3月現在も破られていない。

　アニメのヒットにより、原作漫画の売れ行きがアップしたことはもちろん、エンディングテーマ『おどるポンポコリン』（B.B.クィーンズ）が160万枚を超える売り上げを記録。この年いちばん売れた曲となった。また、作中に登場する山本リンダが脚光を浴びたり、まる子の使う「いけず」という言葉が流行したりと、社会に大きな影響を及ぼした。こうしたことから「ちびまる子ちゃん（現象）」がこの年の新語・流行語大賞流行語部門金賞となっている。

　なお、アニメは平成4年にいったん放送を終了したのち、平成7年に再開。その後、平成30年に原作者のさくらももこは亡くなったが、平成31年3月現在も放送が続いている。

●センター試験始まる

　1月13日と14日、初めての大学入試センター試験が行われた。前年まで行われていた共通一次試験（正式名称は「国公立大学入試選抜共通第一次学力試験」）は原則として国公立大学だけが試験結果を利用するという形で行われていたが、この大学入試センター試験は私立大学にも広く門戸を広げたため、多くの受験生が対象となった。ちなみに、今でこそ「センター試験」で通じるこの試験だが、当初は「新テスト」「共通テスト」など人や組織によって呼び方はまちまちであった。

　初回の受験者は約40万人だったが、参加する大学の増加もあり、平成31年度の受験者は約55万人となっている。18歳人口が平成2年の約200万人から平成31年の約120万人まで大きく減少していることを考えると、かなりの健闘といえよう。ただしこのセンター試験、2020年度での廃止が決まっている。

●野茂旋風

　プロ野球近鉄バファローズのルーキー・野茂英雄がパシフィック・リーグを席巻した。前年のドラフトでは史上最多となる8球団からの1位指名を受けていたが、その前評判にたがわぬ活躍。シーズン当初の数試合こそ勝てなかったものの、4月末に17奪三振の完投でプロ初勝利を挙げると一気に波に乗り、18勝（8敗）、防御率2.91、287奪三振を記録。最多勝・最優秀防御率・最多奪三振・最高勝率と投手四冠を独占したほか、ベストナイン・新人王・沢村賞・MVPにも輝いた。ちなみにパ・リーグ投手として沢村賞を受賞したのは野茂が初めてで（1988年まではセ・リーグの投手だけが対象だった）、新人王・沢村賞・MVPを同時に獲得した選手は、2018年シーズンまででは他にいない。まさに空前絶後の活躍であった。

●DATA●

【内閣総理大臣】海部俊樹（自由民主党）
【プロ野球日本一】西武ライオンズ
【JRA年度代表馬】オグリキャップ
【流行語】ちびまる子ちゃん　ファジー　アッシー君
おやじギャル　あげまん　成田離婚　愛される理由
結婚しないかもしれない症候群　ボーダーレス
【書籍】二谷友里恵『愛される理由』　柴門ふみ『恋愛論』
渡辺淳一『うたかた』　筒井康隆『文学部唯野教授』
谷村志穂『結婚しないかもしれない症候群』
川上健一『雨鱒の川』
エニックス編集部『ドラゴンクエストⅣ 公式ガイドブック』
【映画】『天と地と』『タスマニア物語』『稲村ジェーン』
『あげまん』『バック・トゥ・ザ・フューチャー PART3』
『ダイ・ハード2』『ゴースト／ニューヨークの幻』
『プリティ・ウーマン』『7月4日に生まれて』
『フィールド・オブ・ドリームス』
【テレビ】『渡る世間は鬼ばかり』『世界で一番君が好き！』
『すてきな片想い』『翔ぶが如く』『凛凛と』『刑事貴族』
『外科医有森冴子』『世にも奇妙な物語』『カノッサの屈辱』『ちびまる子ちゃん』『まじかる☆タルるートくん』
『夜のヒットスタジオ』（終了）　『11PM』（終了）
【音楽】B.B.クィーンズ『おどるポンポコリン』
米米CLUB『浪漫飛行』　LINDBERG『今すぐKiss Me』
たま『さよなら人類』　THE BLUE HEARTS『情熱の薔薇』
サザンオールスターズ『真夏の果実』
中森明菜『Dear Friend』　B'z『太陽のKomachi Angel』
【話題の商品】ファジー家電　BSチューナー内蔵テレビ
スーパーファミコン（任天堂）　ヤングゴールドカード
水族館　ティラミス　再生紙、エコロジー関連商品
一番搾り（キリン）　『ドラゴンクエストⅣ』（エニックス）
【訃報】栃錦清隆（力士）　池波正太郎（作家）
藤山寛美（喜劇役者）　土門拳（写真家）　幸田文（作家）

●平成2年の答え●

ド	イ	ツ	■	フ	ジ	モ	リ	■	オ	ヤ	ジ	ギ	ャ	ル
リ	ト	ア	ニ	ア	■	ノ	ケ	モ	ノ	■	ヤ	ジ	リ	■
一	■	一	■	ジ	ャ	ガ	イ	モ	■	セ	ケ	ン	■	ム
ム	ツ	■	ラ	イ	タ	■	コ	メ	■	ツ	カ	ハ	ラ	■
ス	ッ	ポ	ン	■	ネ	リ	マ	■	ダ	ウ	ト	■	ケ	タ
イ	■	バ	ブ	ル	■	イ	ト	マ	ン	■	セ	ン	チ	■
モ	■	タ	■	ダ	■	ソ	バ	■	レ	■	ゼ	ニ	ン	ヨ
ト	カ	イ	■	コ	ン	ス	タ	ン	チ	ン	■	タ	ス	ジ
シ	■	リ	ホ	ウ	■	ダ	■	ド	ン	■	ケ	■	■	■
マ	イ	ク	■	ハ	ッ	ブ	ル	■	サ	ベ	ツ	■	バ	■
ヒ	ラ	■	テ	ン	グ	■	ス	ア	ゲ	■	コ	ミ	ッ	ク
ト	ク	メ	イ	■	ミ	コ	■	サ	■	オ	ン	■	ク	ウ
シ	■	■	ツ	ラ	ラ	■	ノ	モ	ヒ	デ	オ	■	■	エ
■	フ	シ	ミ	■	キ	ョ	ウ	フ	■	サ	ッ	チ	ャ	ー
ヒ	ュ	ー	ス	ト	ン	■	フ	ジ	ン	カ	■	ビ	ッ	ト

平成3年（1991年）

➡ ヨコのカギ

1 6月3日、長崎県の雲仙普賢岳で発生し、甚大な被害をもたらす。その後も何度か起きた
2 醜態をさらして自己——
3 4月9日に独立したグルジア（現ジョージア）の首都、トビリシの旧名。ロシア風の呼び方
4 ——桜　——咲き
5 相対性とかファジーとか
6 普通のひとびとを見下す言葉
7 天満宮で有名な福岡県の市
8 一念——をも通す
9 当時の内閣に影響を及ぼした竹下、深夜番組『カノッサの屈辱』の教授役の仲谷、どちらも名の読みは
10 『天才・たけしの元気が出るテレビ!!』から火が付き、流行語となった「ダンス——」
15 尾白——　白頭——
16 曇り——　——窓
17 4月から、——の肉やオレンジの輸入が自由化された
18 発明とか百獣のとか
19 切らないままでぐつぐつコトコト
20 10月23日、秋篠宮妃——さまが長女を出産。眞子さまと命名された
21 6月、フィリピンの——島でピナツボ火山が噴火。20世紀最大の噴火で、気温の低下、オゾン層の破壊など、影響は地球全体に及んだとされる
23 証券会社が大口客にこっそりやっていたこと。この年の新語・流行語大賞流行語部門銅賞に選ばれた
24 ——と出るか凶と出るか
25 9月24日、経済企画庁が、景気は緩やかに減速しているが引き続き拡大しており、——景気を超える58カ月連続の景気拡大になる見込みだと発表。だが実際は、バブルはすでに崩壊していて…
26 トレンディードラマ『東京——』や『101回目のプロポーズ』が人気になった
28 新素材として注目される、筒状の——の同素体・カーボンナノチューブを日本の研究者が発見。11月に、科学雑誌"Nature"に論文が掲載された
29 兵営や陣営ともいう
30 この年のNHK——ドラマは『太平記』
31 亀が背負っている
34 さくらももこのエッセイ『ももの——』がベストセラーに
36 ゲーム機の——コードバトラーが発売されて人気を博した
37 槇原敬之の『どんなときも。』や、KANの『——は勝つ』がヒットした
39 みめうるわしい
40 この年、丸の内から新宿へと移転。第一本庁舎は、高さ243m、地上48階、地下3階、当時日本一の高さを誇ったツインタワーのビル
42 粉——　こっぱ——
45 はきものの1つ
49 ——ショベル　——スポット
50 つかめば上達できる
51 最近胃弱で、食べ物の——が悪くなって困ってるんだ
53 7月、——の翻訳者、筑波大学の五十嵐一助教授が殺害された。ホメイニ師の「死刑宣告」との関係が疑われたが事件は迷宮入りに
54 5月に引退した、史上最多（当時）の通算1045勝を果たした横綱。さらに7月には横綱・大乃国も引退、若貴ブームもあって、大相撲の世代交代を実感させる年となった
55 寝るときにパンツをはかない——パン健康法がブームになった
56 ——県の古川農業試験場で開発された、米の新品種「ひとめぼれ」。ブランド米として大人気、この年の新語・流行語大賞新語部門銀賞にも選ばれた
57 12月、元NHK記者の橋本大二郎が初の戦後生まれの——となった
58 フィジーの首都
59 ——ドレス　——タウン
60 元素記号はAu
61 8月2日、計量法の14年ぶりの改訂が決定。この改訂で騒音の単位のホンはデシベルに、熱量の——はジュールに変わることとなった
63 77歳のおいわい
64 ゲートを閉ざすものの固い言い方
65 1人でやるのは大変だから、みんなで——して作業しよう
66 ——の事情　——買い
68 ——ヌードの大ブームで、見えた見えないと騒がれた
69 恥ずかしくてあわせる——がない

⬇ タテのカギ

1 一か八かの——に出た
3 新語・流行語大賞の特別部門特別賞を受賞。受賞者は「幸福の科学」の大川隆法。宇宙やあの世のナニモノかとつながる
7 この年に完結し、単行本全3巻が刊行されてベストセラーとなった山崎豊子の長編小説
11 11月に発売された、篠山紀信撮影の宮沢りえのヌード写真集
12 11月、海部俊樹に代わり、——喜一が内閣総理大臣に就任
13 ——ほど願って針ほどかなう
14 改札自動化を進めるJR東日本が、3月1日に磁気式のプリペイド乗車カード・——カードの発売を開始。山手線で利用できた
15 1月17日、多国籍軍が対イラク作戦「砂漠の嵐」を開始し、——戦争の火ぶたが切られた。4月6日、イラクが停戦決議を受諾して終戦となった
17 ぬりものに使われる
18 味噌汁よりも透き通っている
20 何度も何度も何度も身につけた服
22 ——船　ピストン——
24 浜名湖とか宍道湖が代表的
26 カトレアとかシンビジウムとか。毎年東京ドームで開催されている世界——展の第1回が開催された
27 天に任せることもある
28 9月1日、世界陸上の男子マラソンで——浩美が優勝。日本選手では大会史上初の金メダル
30 頭をぶつけてできちゃった
32 ——休養林　——発火
33 クリスマスの晩に忙しそうな鹿
35 あまり厚みのない——の包丁
37 血——　外——　空気——
38 7月、ワルシャワ条約機構解体。8月、ゴルバチョフ大統領が軟禁されるクーデター。12月には大統

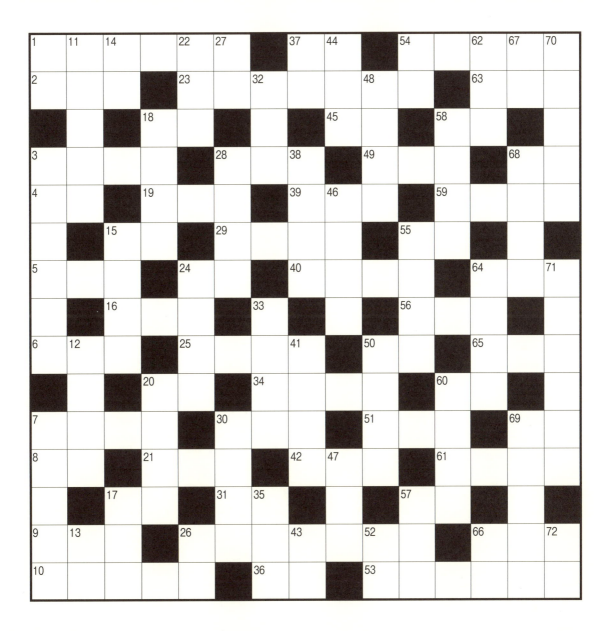

領辞任、──連邦解体宣言へ
41 板チョコをくるんでいる
43 バレリーナが履く──シューズ
44 「赤道──の地点」なら、南半球にある地ではない
46 3月にある二十四節気で早いほう
47 2月3日、「尾張のロッキー」畑中清詞がWBC世界ジュニアフェザー級チャンピオンに。そして9月19日には、「浪速の──」辰吉丈一郎がWBC世界バンタム級チャンピオンに輝いた
48 6月、南アフリカ共和国のアパルトヘイト関連法が──された。長年国際的に問題視されていた人種差別体制の終焉に向け、大きな一歩が踏み出された
50 東側諸国が加盟していた経済相互援助会議。6月28日に解散が決議された
52 ──カー　──シート
54 ──舜臣の歴史小説『諸葛孔明』

がベストセラーに
55 人物の息づかいが感じ取れるほど──に描写された小説
57 頬をすりあわせるほどに密着して2人で踊る──ダンス
58 この年のノーベル平和賞受賞者は本名が長いせいか「──女史」と略して呼ばれることが多い
60 新語・流行語大賞表現部門銀賞にも選ばれた紺ブレ。紺色のブレザーのことで、──こと「キレイめカジュアル」には欠かせない
62 風鈴を吊すあたり
64 学園祭ではよく出ている
66 「よき」ともいう道具
67 9月、朝日新聞で26年半連載されたマンガ『──三太郎』が終了
68 ──寿命　──株価　──台
69 細長くて甘い揚げ菓子
70 5月、伝説的なディスコ、──東京がオープンした。ボディコン姿の女性たちが、羽根の扇子を振り

ながらお立ち台で踊る姿が話題になり、バブルの象徴的なイメージとして今も残る
71 11月27日、自民・公明両党が衆議院国際平和協力委員会で──協力法案を強行採決。野党は牛歩戦術で抵抗した
72 改革の際に振るわれる道具

平成3（1991）年 辛未

●できごと●

1月	リトアニアにソ連が軍事介入（血の日曜日事件）
	湾岸戦争が勃発
2月	立太子の礼
3月	広島新交通システム橋桁落下事故
	JR東日本が成田エクスプレスの運行を開始
4月	新東京都庁舎開庁
	日本初の民間衛星放送局WOWOWが本放送開始
	牛肉・オレンジの輸入自由化開始
5月	信楽高原鐵道で列車衝突事故
	横綱・千代の富士が引退
	ジュリアナ東京オープン
6月	雲仙普賢岳で火砕流発生
	4大証券会社の巨額損失補填が発覚
7月	『悪魔の詩』を翻訳した筑波大助教授が殺害される
8月	世界初のウェブサイト（WWWサイト）開設
	ソ連でクーデター（未遂）
	世界陸上が東京で開催
9月	韓国、北朝鮮、バルト三国が国連に加盟
	朝日新聞の漫画『フジ三太郎』が連載終了
10月	アウンサンスーチーのノーベル平和賞受賞が決定
	秋篠宮妃紀子さまが眞子さまをご出産
11月	宮澤喜一内閣発足
	宮沢りえの写真集『Santa Fe』発売
12月	ソ連崩壊、独立国家共同体（CIS）誕生
	スナックママ連続殺人事件発生

●世相・流行●

・バブルが弾け、「失われた10年」始まる
・大相撲で若貴ブーム
・ジュリアナ東京スタイル

この年オープンした「ジュリアナ東京」の跡地。
現在はオフィスになっている（平成31年撮影）

●湾岸戦争

1月17日、湾岸戦争が始まった。

前年8月のイラクのクウェート侵攻に対し、米国・欧州各国を中心とする多国籍軍が「砂漠の嵐」作戦を展開。圧倒的な軍事力を背景にクウェート内のイラク軍を撤退させ、イラク国内の軍事・産業施設を破壊した。2月28日に両陣営ともに攻撃停止を発表、3月3日に停戦協定が結ばれた。

湾岸戦争は、その戦況が連日のテレビニュースで報道されたところが過去にない特徴であった。これは米軍による情報統制とメディア利用の結果であり、われわれはテレビの前で、まるで映画のように戦争を見ることになった。またこの湾岸戦争には、多国籍軍側のさまざまな最新兵器が投入されたが、それをテレビ番組で解説した、江畑謙介をはじめとする軍事評論家も評判となった。この年のヒット商品番付（太陽神戸三井総合研究所）にCNNの湾岸戦争報道が入っていることは、湾岸戦争がメディア戦争でもあったことを示す一例だろう。

日本は国際貢献として130億ドルの資金を拠出し戦費支援を行ったが、自衛隊の海外派遣はせず、戦後にペルシャ湾の機雷除去のための掃海艇を派遣するにとどまった。この態度には国際的な批判が高まり、国際貢献としての平和維持活動（PKO）への参加を余儀なくされることとなる。これが国際平和協力法（PKO協力法）の成立へとつながっていった。

●ソビエト連邦崩壊

ロシア革命から約70年、ソビエト連邦がその歴史を終えた。

第二次大戦後から継続し、昭和の時代には当然のものとなっていた、米ソの対立を中心とした冷戦構造。しかし昭和60（1985）年にソ連の最高指導者の座に就いたゴルバチョフにより、東西の対話と協調が進められ、その緊張は緩和しつつあった。その結果、ベルリンの壁崩壊、冷戦の終結がもたらされ、ゴルバチョフは平成2年のノーベル平和賞を受賞する。

しかし体制近代化のために進めていたペレストロイカ（再構築）とグラスノスチ（情報公開）は功を奏せず、かえって共産党支配の弱体化と経済体制への悪影響を招くことになった。改革反対派が8月にはクーデターを起こし、ゴルバチョフの指導者としての権威失墜が明らかになった。ゴルバチョフは党書記長を辞任、共産党は事実上解体することとなる。ソビエト連邦に属する共和国は次々に独立し、ついに12月、ソビエト連邦は崩壊した。

東西のパワーバランスは大きく変化し、消滅した東西の対立構造のかわりに、その後の東欧諸国での民族間対立の激化をうむこととなった。

●雲仙普賢岳・ピナツボ火山

雲仙普賢岳の火砕流は、火山の脅威を再認識させた。前年11月、現在の雲仙岳の主峰・平成新山を作ることとなった噴火活動が始まっていた。いったんは収まったが2月に再活動開始、5月には土石流発生や溶岩ドーム形成が観測された。そして6月3日、ついに大火砕流が発生した。その後も火砕流の発生は続き、終息宣言までは5年の月日を要した。「島原大変肥後迷惑」として知られる寛政4（1792）年の噴火から200年ぶりの、歴史に残る大災害であった。

同じ6月には、もう1つの歴史的な大噴火が起きている。フィリピン・ルソン島のピナツボ火山の噴火である。こちらは400年ぶりの大噴火であり、20世紀最大級の火山噴火とされている。周辺地域への被害は甚大であったが、それにくわえて影響は地球的規模に及んだ。高さ数万mに及ぶ噴煙は、成層圏に大量の硫酸エアロゾルを放出し、その結果北半球のオゾンホールを拡大させたとされる。また大量のチリが地表に到達する太陽光を減少させ、地表温を低下させた。2年後に起きた皆既月食の色が通常よりも暗かったのも、大気中のチリが残存していたのが原因とされている。

●りんご台風

9月に発生した大型で非常に強い台風19号は、27日に長崎県に上陸したあと、列島をなぞるように日本海上を北上し、28日には北海道に再上陸した。日本各地で50mを超える最大瞬間風速が観測され、死者60名以上、負傷者1000名以上という被害をもたらした。

日本を代表するリンゴ産地の青森県も大きな被害に見舞われた地の1つである。収穫前のリンゴはほとんど木から落ち、倒木や枝折れ被害にも見舞われた。しかしながら、被害を逃れたわずかなリンゴを「落ちないりんご」として販売したところ、落ちない縁起物として受験生に人気を呼ぶ結果となった。このことから平成3年台風19号は、東北地方では「りんご台風」として語り継がれている。

●ヘアヌード

2月、篠山紀信が女優の樋口可南子をモデルに撮影したヌード写真集『Water Fruit 不測の事態』が出版され、ヘアヌード解禁かと話題になった。そして11月に発売された篠山紀信撮影・宮沢りえモデル『Santa Fe』により、このブームが決定づけられた。有名女優をモデルとした有名写真家による芸術写真か、隠された性のタブーをあらわにする扇情的な写真か、解釈は人によりさまざまであっただろう。だが日本人の「性」に対する価値観を大きく変えたことは間違いない。このあと、有名女優やタレントをモデルとしたヌード写真集のブームが起こり、ヘアヌードは一般化していくこととなる。この「ヘアヌード」という言葉自体、平成の終わった今となってはすでに陳腐化していると言えよう。

●大相撲世代交代

大相撲五月場所で、横綱の千代の富士が「体力の限界」により引退した。昭和の名横綱として一時代を築き上げ、平成元年には力士として初の国民栄誉賞を受賞した千代の富士だけに、多くのファンには残念がられた。

引退のきっかけとなったのは、五月場所初日の貴花田戦での黒星といわれる。20年前の昭和46(1971)年に貴花田の父・貴ノ花が大鵬を破り引退を決意させたこと、千代の富士が幕内初優勝した場所で貴ノ花が引退したことなどの因縁も話題となった。

この年は横綱・大乃国も引退しているが、貴花田（のちの貴乃花）と兄の若花田（のちの若乃花）の「若貴」をはじめ、若手世代が活躍することで相撲人気は盛り上がっていった。

●DATA●

【内閣総理大臣】 海部俊樹（自由民主党）→宮澤喜一（自由民主党）

【プロ野球日本一】 西武ライオンズ

【JRA年度代表馬】 トウカイテイオー

【流行語】 …じゃ、あ～りませんか　地球にやさしい　若貴　損失補填　ダダーン、ボヨヨン、ボヨヨン　紺ブレ　僕は死にましぇ～ん

【書籍】 さくらももこ『もものかんづめ』　ビートたけし『だから私は嫌われる』　竹下龍之介『天才えりちゃん 金魚を食べた』　山崎豊子『大地の子』　篠山紀信・宮沢りえ『Santa Fe』　M・ハンドフォード『ウォーリーをさがせ！』

【映画】 『おもひでぽろぽろ』『就職戦線異状なし』『八月の狂詩曲』『男はつらいよ／寅次郎の告白』『あの夏、いちばん静かな海。』『無能の人』『ターミネーター2』『ホーム・アローン』『プリティ・ウーマン』『羊たちの沈黙』

【テレビ】 『101回目のプロポーズ』『東京ラブストーリー』『太平記』『ライオンのごきげんよう』『オールスター感謝祭』『たけし・逸見の平成教育委員会』『ダウンタウンのごっつええ感じ』『少年アシベ』

【音楽】 小田和正『ラブ・ストーリーは突然に』　CHAGE&ASKA『SAY YES』　KAN『愛は勝つ』　沢田知可子『会いたい』　槇原敬之『どんなときも。』　バブルガム・ブラザーズ『WON'T BE LONG』　観月ありさ『伝説の少女』　北島三郎『北の大地』

【話題の商品】 カルピスウォーター（カルピス）　画王（パナソニック）　携帯電話　家庭用ファクシミリ　ひとめぼれ　ジャック（ハウス食品）　ビーノ（東ハト）『ファイナルファンタジーⅣ』（スクウェア）

【訃報】 井上靖（作家）　本田宗一郎（実業家）　春日八郎（歌手）　相田みつを（詩人）　升田幸三（将棋棋士）

●平成3年の答え●

カ	サ	イ	リ	ュ	ウ		ア	イ		チ	ヨ	ノ	フ	ジ
ケ	ン	オ		ソ	ン	シ	ツ	ホ	テ	ン		キ	ジ	ュ
	タ		オ	ウ		ゼ		ク	ツ		ス	バ		リ
チ	フ	リ	ス		タ	ン	ソ		パ	ワ	ー		ヘ	ア
ヤ	エ		マ	ル	ニ		ビ	ケ	イ		チ	ャ	イ	ナ
ネ		ワ	シ		グ	ン	エ	イ		ノ	ー		キ	
リ	ロ	ン		キ	チ		ト	チ	ョ	ウ		モ	ン	ピ
ン		ガ	ラ	ス		ト		ツ		ミ	ヤ	ギ		ー
グ	ミ	ン		イ	ザ	ナ	ギ		コ	ツ		テ	ワ	ケ
	ヤ		キ	コ		カ	ン	ヅ	メ		キ	ン		ー
ダ	ザ	イ	フ		タ	イ	ガ		コ	ナ	レ		カ	オ
イ	ワ		ル	ソ	ン		ミ	ジ	ン		カ	ロ	リ	ー
チ		ウ	シ		コ	ウ		ヨ		チ	ジ		ン	
ノ	ボ	ル		ラ	ブ	ス	ト	ー	リ	ー		オ	ト	ナ
コ	ウ	シ	エ	ン		バ	ー		ア	ク	マ	ノ	ウ	タ

平成4年（1992年）

→ ヨコのカギ

1 バルセロナ五輪の競泳で金メダルを獲得。「今まで生きてきた中でいちばん幸せです」のセリフも有名となった当時14歳の女子選手

2 8月の高校野球で、明徳義塾高校が星稜高校の松井秀喜に対して5打席連続で行って話題となった

3 こんな少量の食事じゃ、腹の――にもならないよ！

4 本来は男性のなまめかしい様子を表す言葉だが、最近では薄笑いを浮かべる意味で使う人が多い

6 12月、気圧の単位が従来の――からヘクトパスカルに変更された

7 真ん丸ではなく、伸びている？

9 座ったときに体を支える骨

10 近畿南部にある日本最大の半島は――半島

11 一月場所と九月場所で幕内優勝を果たした力士。宮沢りえとの婚約も話題になった、若貴兄弟の弟

12 東京佐川急便からの闇献金疑惑を追及されて10月に議員を辞職した、「政界のドン」と称された政治家

14 4月、前年に亡くなったクイーンのボーカル、フレディ・マーキュリーを――するコンサートがロンドンで開催された

20 派手じゃないね

21 安くて美味しいモツ――がブームに。特に冬場は食べたい人が増加

24 ライラックともいう花。4月発売、光GENJIの『――の咲くころバルセロナへ』はバルセロナ五輪期間中によく流れた

26 コンパクト ワンボックス パト

27 バブル崩壊により資産が見る見るうちに――していくこともあった

30 期 時代 イエロー＋ゴールド？

32 b。なお、この年流行したファッションブランドの「agnès b.」のbは「ベー」と読みます

33 小錦や曙など外国人も活躍し、改めてブームが起こったスポーツ

34 10月の日本シリーズは、西武が先に3勝し、優勝へ――。だが、その後の試合はすべて延長戦となる接戦で、第7戦までもつれこんだ

36 服を着用したときの感想

37 朝日新聞を皮切りに各新聞のテレビ欄に掲載された、録画予約を簡単にする最大8桁の数字

38 ギリシア神話に登場。「そんなに見つめると…石になるわよ」

40 多くの小学校では1～3まである

41 俳句の季語を集めたくなる？的な東京の市

43 オレンジ果汁の輸入自由化、ファミレスでのドリンクバー導入などから、――が安く飲めるように

46 パンに入れても美味な干しぶどう

48 7月、テレビ番組『進め！――』が放送開始。さまざまなアポ無し企画で世間を騒がせた

50 水をくむ容器

51 かくかくしかじか、こうなんです

53 9月、スペースシャトル・エンデバーに搭乗した日本人宇宙飛行士

55 ドラマで、スタジオから外に出ての撮影を行う場所

56 『Choo Choo TRAIN』がヒット、12月には初の武道館公演を行った、ダンスにも定評があるグループ

59 3月まで放送のテレビ番組『それいけ!!――』。番組から生まれた心理テストの本はベストセラーに

60 4月にユーロディズニーランドが開業したのは、この都市の近郊

61 11月のアメリカ大統領選挙で、ブッシュを下して当選を決めた

62 歌舞伎の演目。赤頭と白頭の獅子による舞が印象的

63 オシャレ目的で髪を染める人が増え、この色の髪も目立ち始めた

65 機械も身体もしっかりケアをしないと――が来ちゃう

67 10月に連続アニメがスタートした植田まさし作の人気四コマ漫画は『――ちゃん』

69 昔の人が着用した雨具。現代だとレインコート＆フードに相当？

71 電子の移動と――の構造変化とを論じたマーカス理論を提唱した功績で、ルドルフ・A・マーカスがノーベル化学賞を受賞した

72 厳しい状態のものを緩めること。金融――、規制――

73 何も見ずに言えるよう覚えること。

「1992年、PKO協力法で自衛隊がイククニ」のような語呂合わせも役立つ

76 1月から連続ドラマも放映されたシドニィ・シェルダンの小説『真夜中は別の――』

79 井上靖の小説が原作の6月公開の映画は『おろしや国酔夢――』

↓ タテのカギ

1 バルセロナ五輪の体操で銀メダルを獲得したのは――幸雄

5 サザンオールスターズのヒット曲『――のキッス』は、テレビドラマ『ずっとあなたが好きだった』の主題歌にも起用された

8 4月に突然死でこの世を去り、多くのファンが悲しんだ歌手。若者のカリスマとも称された。

13 3月に発売された平松愛理の『部屋と――と私』がヒット曲に

15 歌舞伎役者の世界のこと

16 5月に発売された槇原敬之の『もう――なんてしない』もヒット

17 バブル経済や汚職の原因となり、人々を混乱させるもの。しかし物物交換の時代にはもう戻れないか

18 三井のリハウスやポカリスエットのCMで人気のアイドル、一色――

19 駅や学校にあり、大事なお知らせなどが貼りだされる

21 TUBEの曲『――だね』が発売されたのは――というには微妙な5月

22 フロリダ半島の近くに位置する国。ハリケーン・アンドリューに襲われ甚大な被害を受けた

23 預金に対する利子の割合。バブル崩壊により銀行普通預金のこれが1％を下回った

25 映画『沈黙の戦艦』で、スティーヴン・セガールと競演した俳優は――・リー・ジョーンズ

26 ことわざによると、耳がある

28 データベースなどで値が入っていない状態。ヌルともいう

29 9月に日清から発売のカップ麺。乾燥麺でなく生タイプ麺が特徴

31 ドラマ『愛という名のもとに』でブレイクした女優――・モレノ

33 物事の最初。すべりだいの場合は

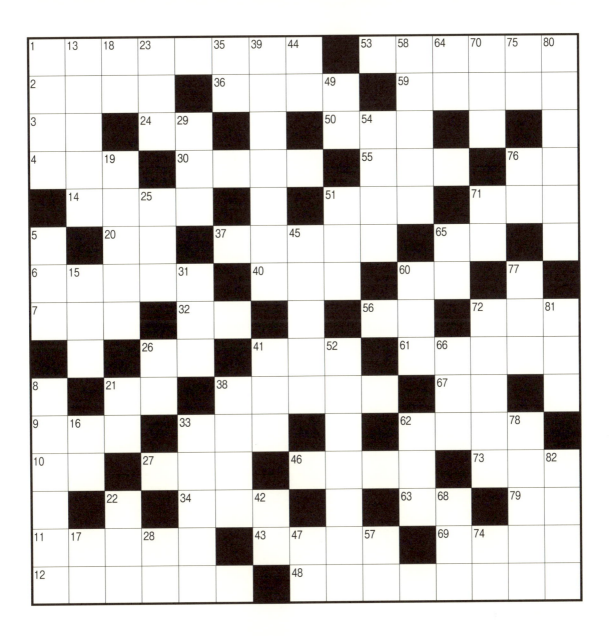

階段を上る行為が該当するの？
35 あらかじめ期待してま〜す。ワクワク
38 記憶
39 10月から放送の子ども向け番組。CGを使ったシュールなアニメも多く、大人の間でも人気に
41 電車や天体などが通る道すじ
42 都道府県のトップ。この年は埼玉や新潟で選挙が行われた
44 5人組アイドルグループ。5月に瀬能あづさが脱退し、4人組に
45 10月に刊行された小説『──の南、太陽の西』は村上春樹の作品。また⊖53は帰還後に「宇宙からは──線は見えなかった」と発言
47 釜── ──卵
49 4月に政令指定都市となった、県庁所在地でもある関東の市
51 ティラミスやモンブラン
52 『なかよし』2月号から連載開始、アニメ化で主題歌もブレイクした少女漫画は『美少女戦士──』
54 火傷をしたあとの荒れた皮膚
57 小林よしのりの漫画『ゴーマニズム宣言』がこの週刊誌で連載開始
58 卵が高級品である天然記念物の鶏
60 ナムコ・ワンダーエッグや、ハウステンボスなどさまざまなテーマ──が開園した
62 ボルトやナットを締める工具
64 自分のプラスになることばかりを考えること。利口じゃないなあ
65 1月から第6代の国連事務総長に就任したブトロス・──
66 明石家さんまと大竹しのぶが──。その会見からバツイチという言葉が広まった
68 カラスが見えないダークナイト
70 グラッセなどに使われる実
71 7月に公開されたスタジオジブリのアニメ映画『紅の──』
72 首都はプノンペン。PKO協力法で自衛隊が行く国となった
74 頭にあり、皺があるほど嬉しい？
75 ポケベルの普及により、ひらがなや漢字などの──ではなく、数字だけのコミュニケーションも実現
76 8月、サントリーが従来のWESTの後継にあたる──コーヒーの新ブランドBOSSを展開
77 オートキャンプブームによりRV車が人気。車内泊派もいれば、宿泊用のこれを積んで各地をドライブする人も
78 株式市場で、過去の高値をさらに越えたときの値段
80 テレビ番組『浅草橋ヤング洋品店』で司会を務めた芸人。くどいしゃべりで人気に
81 ヒット曲『世界中の誰よりきっと』を歌っていたのは中山美穂＆──
82 日本中を笑顔にさせた双子のおばあちゃんは、──とぎんさん

平成4(1992)年 壬申

●できごと●

1月　ロックバンドのXが東京ドーム3Days公演

2月　マーストリヒト条約調印。EU（欧州連合）創設へ
　　　アルベールビル五輪

3月　サッカー日本代表の監督にハンス・オフトが就任
　　　東海道新幹線でのぞみ号が運転開始
　　　ハウステンボス開業

4月　千葉市が政令指定都市に
　　　ロック歌手の尾崎豊が死去

5月　国家公務員の完全週休2日制スタート
　　　細川護熙らが日本新党結成
　　　『サザエさん』作者の長谷川町子が死去

6月　PKO協力法が成立

7月　山形新幹線が開業
　　　バルセロナ五輪開幕

8月　JR山手線の全駅が分煙化

9月　毛利衛がスペースシャトルに搭乗して宇宙へ
　　　全国の公立学校で毎月第2土曜日が休日に
　　　自衛隊がカンボジアへ派遣

10月　佐川献金疑惑で金丸信代議士が議員辞職

11月　米大統領選挙でビル・クリントンが当選
　　　風船おじさんが太平洋横断に出発、消息不明に
　　　力士の貴花田と女優の宮沢りえが婚約発表

12月　韓国大統領選挙で金泳三が当選
　　　気圧の単位がミリバールからヘクトパスカルに
　　　人気バンドのチェッカーズが解散

●世相・流行●

・一連の東京佐川急便事件で国民は政治不信に
・ご長寿姉妹のきんさんぎんさんが話題に
・冬彦さん現象

水泳女子200m平泳ぎ決勝で力泳する岩崎恭子選手（写真提供：時事）

●東京佐川急便事件

　2月、佐川急便の系列企業・東京佐川急便の社長が、返済の見込みがないにも関わらず巨額の融資や債務保証を暴力団系企業に行ったとして商法の特別背任容疑で逮捕された。同社が野党第一党・社会党の衆議院議員吉田和子・筒井信隆に多額の献金を行っていた疑惑も浮上。この2人は党の役職を辞任することとなった。

　8月、朝日新聞によって、同社が自民党副総裁の金丸信に対して5億円のヤミ献金を行っていたことがスクープされた。金丸は数日後に副総裁を辞任したり、検察に対して政治資金規正法違反を認める上申書を提出したりして幕引きをはかったが世論の反発は大きく、10月14日に衆議院議員を辞職するまでに追い込まれた。

　同社社長の公判中、金丸と同社のつながりが昭和62(1987)年の自民党総裁選に始まることが明らかとなった。総裁選中に右翼団体が竹下登候補に対して行っていた「ほめ殺し」を止めさせるため、同社社長に仲介を依頼したというのである。そこで11月に野党側は衆議院予算委員会での竹下の証人喚問を要求した。しかし喚問された竹下からは要領を得ない回答しか得られず、真相は明らかにならなかった。また、これに対抗するように自民党側も上記吉田・筒井両議員らの証人喚問を要求。このような大政党の疑惑や泥仕合は国民の既存政党への不信感を増大させ、翌年の新党ブーム・政権交代へとつながっていくことになる。

●最後の夏冬五輪同年開催

　2月にはフランスのアルベールビルで冬季五輪が、7～8月にはスペインのバルセロナで夏季五輪が開催された。夏季と冬季の五輪が同じ年に行われたのはこれが最後である。

　アルベールビル五輪では日本選手団は金1個・銀2個・銅4個のメダルを獲得した。冬季五輪では20年ぶりとなる金メダルを日本にもたらしたのはノルディック複合団体（三ヶ田礼一・河野孝典・荻原健司）。前半のジャンプで2位以下に大差をつけると、後半のクロスカントリーも危なげなく滑りきった。日の丸を振りながらの荻原のゴール、表彰台での3人のシャンパンファイトは大きな話題を呼んだ。また、橋本聖子（スピードスケート女子1500mで銅）と伊藤みどり（フィギュアスケート女子シングルで銀）がメダルを獲得。これらが冬季五輪における日本人女性初のメダルである。

　バルセロナ五輪では日本選手団は金3個・銀8個・銅11個のメダルを獲得した。柔道がやや伸び悩む中、日本中を沸かせたのが、水泳女子200m平泳ぎの岩崎恭子の金メダルだった。競泳での14歳7日での金メダル獲得は、平成31年現在も最年少記録である。インタビューでの「今まで生きてきた中でいちばん幸せです」というフレーズは大流行した。

　この大会で選手から生まれた名フレーズがもう1つある。男子マラソン・谷口浩美のものである。優勝候補と目されながらも20km過ぎの給水所付近で足を踏まれて転倒し、靴が脱げるというアクシデントに見舞われてしまった谷口は、その後必死に追い上げたが8位入賞にとどまった。ゴール直後の「途中で、コケちゃいました」という言葉は、谷口の親しみやすい笑顔とともに多くの人の記憶に残っているであろう。

●新時代の子ども向け番組続々

4月、臼井儀人の漫画を原作とする『クレヨンしんちゃん』の放送がスタート。母親を「みさえ」と呼び捨てにしたり、自らの下半身を使うギャグを連発したりする主人公の5歳児野原しんのすけの言動はあっという間に子どもたち（特に男児）に浸透し、親たちや保育士たちはその扱いに苦慮した。女児向けには3月に『美少女戦士セーラームーン』が放送開始。セーラーコスチュームの少女たちが団結して正義のために戦うという構図は子どもたちの支持を集め、作中の決め台詞「月に代わっておしおきよ」も流行した。

10月には『ウゴウゴルーガ』が放送開始。2人の子役が演じるウゴウゴくん・ルーガちゃんとCGのキャラクターとの会話を中心としつつ「あさのぶんがく」「おしえて！えらいひと」「ノンタンといっしょ」といった短いコーナーを挟み込むという構成で、当時珍しかった3DCGの使用やシュールなネタの多用もあって子どもだけでなく広い層からの人気を得た。

●もつ鍋ブーム

この年の新語・流行語大賞で表現部門の金賞を獲得したのは「複合不況」。もとは宮崎義一の書名だが、この言葉が流行したことからもわかるとおりバブル崩壊で日本は一気に不況に突入した。そんな中ブームになった食べ物がもつ鍋。牛モツとニラやキャベツなどを煮込むだけの料理だが、安くて栄養バランスもよいということで人気となり、新語・流行語大賞新語部門銅賞を受賞した。なお、10月から放送の深夜番組『5年後』では、平成9年から過去を振り返るという番組設定のもと、この年を「経済白書には『バブル経済は崩壊し、もつ鍋屋以外の産業は冷え切っている』と表記されている」と総括している。もちろん実際の白書にはないパロディー表現だが、不況の深刻さともつ鍋人気を表した一例と言えよう。

●冬彦さん現象

7月から放送のテレビドラマ『ずっとあなたが好きだった』に登場する主人公の夫・桂田冬彦は、表の顔はエリート銀行員だが実は猛烈なマザコンというキャラクター。冬彦役の佐野史郎と母親役の野際陽子の怪演もあって世間の耳目を集め、ドラマは回を追うごとに視聴率を上げていった。9月に放送された最終回の視聴率は34.1％で、これはこの年のドラマで最高の数字である。なお、「冬彦さん」は新語・流行語大賞流行語部門金賞を受賞している。

●ドラマ主題歌人気

平成元年に『ザ・ベストテン』、2年に『歌のトップテン』『夜のヒットスタジオ』と歌番組が立て続けに終了し、新曲と出会う機会が少なくなった。その時世に売り上げを伸ばしたのがドラマ主題歌である。上記『ずっとあなたが好きだった』の主題歌『涙のキッス』はサザンオールスターズ初のミリオンヒットとなったし、1月開始の『愛という名のもとに』の主題歌『悲しみは雪のように』も浜田省吾最大のヒットとなった。そして、4月開始の『素顔のままに』の主題歌『君がいるだけで』（米米CLUB）は約290万枚を売り上げた。これはドラマ主題歌で史上最高枚数である（平成31年3月現在）。

●DATA●

【内閣総理大臣】宮澤喜一（自由民主党）
【プロ野球日本一】西武ライオンズ
【JRA年度代表馬】ミホノブルボン
【流行語】きんさんぎんさん　冬彦さん　複合不況
　もつ鍋　ほめ殺し　カード破産　9K　歌手の小金沢クン
　うれしいような、かなしいような　こけちゃいました
【書籍】さくらももこ『さるのこしかけ』
　村上春樹『国境の南、太陽の西』　宮崎義一『複合不況』
　河合隼雄『こころの処方箋』
　それいけ!!ココロジー編集部『それいけ×ココロジー』
【映画】『シコふんじゃった。』『ミンボーの女』
　『紅の豚』『おろしや国酔夢譚』『氷の微笑』『JFK』
　『ツイン・ピークス　ローラ・パーマー最期の七日間』
　『美女と野獣』『フック』『エイリアン3』
【テレビ】『ずっとあなたが好きだった』『ひらり』
　『愛という名のもとに』『素顔のままで』
　『タモリのボキャブラ天国』『進め！電波少年』
　『TVチャンピオン』『ウゴウゴルーガ』
　『クレヨンしんちゃん』『美少女戦士セーラームーン』
【音楽】米米CLUB『君がいるだけで』
　浜田省吾『悲しみは雪のように』
　サザンオールスターズ『涙のキッス』
　大事MANブラザーズバンド『それが大事』
　平松愛理『部屋とYシャツと私』
　とんねるず『ガラガラヘビがやってくる』
【話題の商品】スウォッチ　RV車、オートキャンプ
　グッドアップブラ（ワコール）　テスティモ（カネボウ）
　ダイエットコーク　もつ鍋　フレンチカジュアル
　『ストリートファイターⅡ』（カプコン）
【訃報】尾崎豊（歌手）　いずみたく（作曲家）
　長谷川町子（漫画家）　藤村富美男（野球選手）
　大山康晴（将棋棋士）　松本清張（作家）

●平成4年の答え●

イ	ワ	サ	キ	キ	ヨ	ウ	コ	■	モ	ウ	リ	マ	モ	ル
ケ	イ	エ	ン	■	キ	ゴ	コ	チ	■	コ	コ	ロ	ジ	ー
タ	■	シ	■	リ	ラ	■	ウ	■	バ	ケ	ツ	■	ン	オ
ニ	ヤ	ケ	■	オ	ウ	ゴ	ン	■	ロ	ケ	チ	■	カ	オ
■	ツ	イ	ト	ウ	■	ル	■	ケ	イ	イ	■	ブ	ン	シ
ナ	■	ジ	ミ	■	ジ	ー	コ	ー	ド	■	ガ	タ	■	バ
ミ	リ	バ	ー	ル	■	ガ	ツ	キ	■	パ	リ	■	テ	■
ダ	エ	ン	■	ビ	ー	■	キ	■	ズ	ー	■	カ	ン	ワ
ン	■	カ	ー	■	キ	ヨ	セ	■	ク	リ	ン	ト	ン	■
オ	■	ナ	ベ	■	メ	ド	ウ	ー	サ	■	コ	ボ	■	ズ
ザ	コ	ツ	■	ス	モ	ウ	■	ラ	■	レ	ン	ジ	シ	■
キ	イ	■	メ	ベ	リ	■	レ	ー	ズ	ン	■	ア	ン	キ
ユ	■	バ	■	リ	ー	チ	■	ム	■	チ	ヤ	■	タ	ン
タ	カ	ハ	ナ	ダ	■	ジ	ュ	ー	ス	■	ミ	ノ	カ	サ
カ	ネ	マ	ル	シ	ン	■	デ	ン	パ	シ	ョ	ウ	ネ	ン

平成5年（1993年）

➡ ヨコのカギ

1 3月に中華人民共和国主席に選出された政治家

2 この年スタートしたJリーグのレッズが本拠地を置く埼玉県の地

3 テレビなどで流れる広告。この年は牧瀬里穂や観月ありさ、内田有紀らが多く出演

4 このころ露出が増えた「キャイ～ン」のボケ担当は──鈴木

5 バブル崩壊などが原因で、日没後に限らず失踪する人も増加。そんな時勢を反映して（？）映画『──屋本舗』の続編が制作された

6 愛媛県西部の地名。盆地の名前にあるほか、市や郡の名前の一部にも使われている!? うわぁ、歴史のある名前ですね！

7 マイケル・ジョーダンを擁して連覇を果たしたNBAのチーム、ブルズの本拠地があるアメリカの都市

8 ジュリアナ東京などのこれの上で、ボディコン姿でワンレングスの女性が扇子を手にして踊っていた

10 小説『無人警察』内の表現が差別的ではないかと議論になり、断筆宣言をした作家は──康隆

11 7月に日本公開され、恐竜ブームを巻き起こしたスピルバーグ監督の映画

14 ダイエーのセービングなど小売店が他社から仕入れず、──で製造・開発するPB（プライベートブランド）の商品が人気に

17 1月、東京の石神井川で矢が刺さった状態で発見され、大きく話題となった鳥

19 青森・秋田の両県にまたがる白神──も➡55に登録

20 9月に自らがガンであると告白し12月に惜しまれつつこの世を去った名司会者、──政孝

22 ピンフとか国士無双とか

23 8月に女性初の衆議院議長に就任した社会党の政治家は──たか子

27 鹿島アントラーズのアルシンド、サッカーのプレイスタイル以上に独特の──スタイルがアデランスの➡3で注目されて人気に

28 東京の石神井公園で目撃証言が相次ぎ騒ぎとなった動物。しかし、➡17とは違い実際は発見できず

30 3月に刊行され、ベストセラーとなった髙村薫の小説は『マークスの──』

31 地方部だけでなく大都市でも──価格は下落し、土地神話が崩壊

33 7月に日本公開されたトム・クルーズ主演映画の邦題は『ザ・──法律事務所』

34 シンプルな生活を提唱する中野孝次の著書『清貧の思想』がヒット。人々に教えを導く書物、すなわち──としての側面もあった

36 11月1日に発足。略称はEU

37 週休二日制が定着し、──の上でも土曜が休みとの認識が増えた

38 頑強な男。たとえば1月に外国人力士として初の横綱に昇進した曙や、7月に世界王座に返り咲いた辰吉丈一郎など

40 ヒット曲『「男」』を歌った久宝留理子、ポテトチップスの➡3にも出演したモダンチョキチョキズのメンバー濱田マリは、いずれも神戸市──区の出身

41 ゴルフで悲しい──ボール

43 人気女子プロレスラー──中野はこの年からアメリカに渡って活躍

44 4月に施行の「種の保存法」により国内希少野生動植物種となった、新潟県佐渡で飼育されている鳥

45 この年人気、シキシマの「そのまんまトースト」は、──生地にマーガリンが練りこんである

50 江口洋介、福山雅治、いしだ壱成らが兄弟を演じた4月開始のドラマは『ひとつ屋根の──』

52 4月、建設省が──の駅を登録開始。ドライブの楽しみが増えた

53 人気兄弟力士の若花田と貴花田は、この年に──名をそれぞれ若ノ花と貴ノ花に変えた

54 F1モナコグランプリでは、予選トップのプロストがフライングでペナルティ、2位のシューマッハがマシントラブルでリタイアしてセナが優勝するという──が起きた

55 12月、姫路城や屋久島などが日本で初めてユネスコの──に登録された

56 天童よしみが紅白初出場。──をきかせた歌唱を披露した

57 サッカーW杯アジア地区最終予選、第4戦終了時の日本の順位は──。しかし10月28日、対イラクの最終戦のロスタイムで同点ゴールを入れられた結果、3位となり敗退。これを「ドーハの悲劇」という

58 寒天のような見た目とコリコリの食感で人気のフィリピンの食べ物

60 サントリーのビール、モルツの➡3で「うまいんだな、これが」と言っていた女優は和久井──

61 パ・リーグを制した西武ライオンズ。アルファベット1文字では

64 イスラエルとPLO（パレスチナ解放機構）がノルウェーの首都で交渉、相互の承認などで合意。交渉した地名から──合意と呼ばれる

65 記録的な冷夏により、9月に細川内閣がタイなど諸外国からの緊急輸入を決定したものの、市場では大幅に不足して騒動となった穀物

67 田辺──の小説『ひねくれ一茶』がこの年第27回吉川英治文学賞を受賞

69 魚釣りで使うエサっぽいやつ

70 病院でお医者さんが記録します

72 10月に刊行の小説『無間人形　新宿鮫4』で、警察官である主人公・鮫島の階級

75 季節外れで役に立たない──冬扇

76 鰹節のこと。よく頭におを付ける

⬇ タテのカギ

1 先生と女生徒の禁断の恋を描いた野島伸司脚本のドラマ。森田童子の主題歌もリバイバルブームに

9 料理対決が人気のテレビ番組での、レギュラー出演者の道場六三郎や陳建一らの呼び名

12 ヒッチコック映画のタイトルにもある家屋の一部

13 付け焼き刃　急ごしらえ

15 8月になっても豪雨が続いた異常気象であったため、──明けがいつだったか明らかにならずじまい

16 高さ日本一を売り文句に、横浜ラ

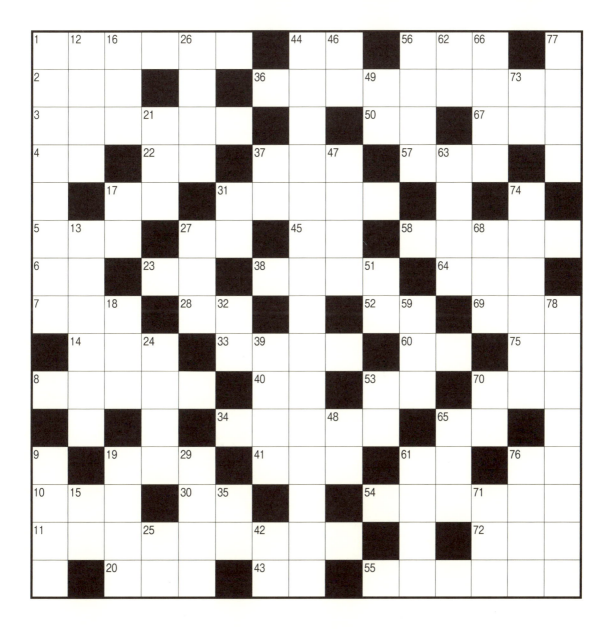

17 人の——を特に——法師という
18 ——調は和歌で聞くリズム。九九だと35？
19 ふたたびやってくる
21 戦闘力が強いコケコッコー
24 NHKで放送の、魔女が主人公の10分間アニメのタイトルだもん！
25 こっちじゃなく量が重視のことも
26 政治家が内緒でこそこそ締結？
27 12月、南アフリカのマンデラとデクラークがノーベル——賞を受賞
29 ♪夏も近づく八十八夜〜
31 ドレミの次
32 フフと笑いたくなる将棋の反則
35 5月15日Jリーグがスタート。新しいプロスポーツの——が開いた
37 数学で習う角度の単位。ラジアン
39 柴門ふみ原作で、石田ひかり、⊝10道隆主演のドラマ『——白書』
42 ロンドンでよく見る大衆酒場
44 8月に2日間の武道館公演を行った篠原涼子、穴井夕子らが所属のアイドルグループ。略称TPD
46 『料理の⊕9』で審査員も務めた料理記者は——朝子
47 プロミスリングともいう、手首につける紐。Jリーガーもよく着用
48 使い道。——不明金
49 ——免職とは、理由を告げて納得させたうえで辞めてもらうこと
51 この年に刊行された辞書『集英社国語辞典』や『辞林21』にも当然数多く掲載されている
53 洋—— 願—— 履歴——
56 8月9日、⊕66党や日本新党、新党さきがけなどの8党派連立による細川護熙内閣が発足。自民党が野党に下り、政権——となった
59 1月にスロバキアと分離した中央ヨーロッパの共和国
61 日本通貨の価値が外国通貨に対して上昇すること。1月に125円だった対ドルレートが、8月に一時100円台前半まで上昇したのもこれ
62 小型化したビデオカメラでは、手——も発生しやすくなった。防止する機能がついた商品も人気に
63 青島と書くがアオシマと読まない中国の地名。ビールが有名
65 ワインの瓶には、しっかりこれで栓をしましょう
66 6月に羽田孜、小沢一郎らが結成した日本の政党は、——党
68 露出が多い状態
70 輸入禁止となったべっこうの原料のタイマイとは、この動物の仲間
71 罰として島流しに処す
73 ボキャブラリー。⊖57と4つ差？
74 生態工学＝——エンジニアリング
76 ——あまって憎さ百倍
77 ドラマ『あの日に帰りたい』の主題歌。工藤静香の曲
78 奥山佳恵、深津絵里、常盤貴子主演のドラマ『悪魔のKISS』の主題歌。サザンオールスターズの曲

平成5(1993)年 癸酉

●できごと●

1月　東京都の石神井川で「矢ガモ」が発見される
　　　力士の曙が外国人初の横綱に昇進
　　　作曲家の服部良一が死去
2月　岩手県雫石町でアルペンスキー世界選手権開催
3月　金丸信前自民党副総裁を脱税容疑で逮捕
　　　福岡ドームが完成
4月　カンボジアで邦人国連ボランティアが殺害される
5月　プロサッカーリーグ、Jリーグが開幕
6月　皇太子・雅子さまご成婚
　　　新党さきがけ、新生党結成
　　　ゼネコン汚職で仙台市長を逮捕。以降、逮捕者相次ぐ
7月　北海道南西沖地震。奥尻島を中心に大きな被害
　　　横浜ランドマークタワーが開業
　　　第40回衆院選で新党ブーム。自民党、社会党敗北
8月　細川護熙連立内閣発足
　　　悪魔ちゃん命名騒動
　　　レインボーブリッジが開通
9月　米不足で外国米の緊急輸入を決定
10月　椿事件。偏向報道を匂わせる発言が物議を醸す
　　　ロシアのエリツィン大統領が来日
　　　サッカー日本代表、W杯出場逃す（ドーハの悲劇）
11月　EU（欧州連合）が発足
12月　姫路城など4件が日本初の世界遺産に登録
　　　元首相の田中角栄が死去
　　　元アナウンサーで人気司会者の逸見政孝が死去

●世相・流行●

・政権交代の年
・平成の米騒動。冷夏による米不足で、タイ米など緊急輸入
・Jリーグ開幕にドーハの悲劇。サッカーが盛り上がる

この年世界遺産に登録された姫路城（平成27年撮影）

●「政治改革」と政権交代

　前年の東京佐川急便事件による政治不信は、「政治改革」の声を盛り上がらせた。政治家に関する金の流れの透明化や、政治に金がかかりすぎている状況の打破を図ろうというわけである。その一環として、政治家のパーティーを規制したり政治団体の資産公開を定めたりする政治資金規正法改正が前年のうちに成立した。それと並行して、与党内の一部勢力によって選挙制度がやり玉に挙がった。当時衆議院議員の選挙で用いられていた中選挙区制を小選挙区制に改めれば、選挙運動にかかる金も減るし、政治家による利益誘導的な動きも減るというのである。しかし、小選挙区制では1つの選挙区につき1人しか当選しないため、小政党には不利であり、少数意見のくみ上げが困難となる。野党は当然反対し、少数派でも議席を獲得できる比例代表制の導入を求めた。与党内にも小選挙区制導入に慎重な勢力があったこともあり、改革の動きは膠着した。そんな中、宮澤喜一首相は5月末にテレビのニュース番組に出演、「（政治改革は）どうしてもこの国会でやる」と言ってしまう。にもかかわらず与党内の反対派を説得できず、政治改革法案は提出すらできなかった。

　この言動不一致に対し、6月18日に野党は衆議院に内閣不信任決議案を提出した。与党内で政治改革を求める羽田派などの造反があってこれが可決され、宮沢首相は衆議院解散に追い込まれた（「嘘つき解散」や「政治改革解散」と呼ばれる）。

　引き続き行われた総選挙は当然政治改革が争点となった。宮澤内閣に反旗を翻した面々は自民党を離党して新生党や新党さきがけを立ち上げ、前年に細川護熙が創立していた日本新党とともに新鮮なイメージで健闘。自民党を過半数割れに追い込み、8党派（上記3党＋日本社会党、公明党、民社党、社会民主連合、民主改革連合）による連立で細川内閣が成立した。昭和30(1955)年の自民党成立後初の政権交代だった。

●平成の米騒動

　この年の梅雨前線は日本列島近辺に停滞し続けた。気象庁は一度は梅雨明け宣言を発したものの、8月には沖縄以外で梅雨明け宣言を撤回するほどだった。夏場に雨が多いということは日照不足に直結するわけで、全国的に米の生産量が大きく落ち込んだ。作況指数(平年の収量を100として、その年の収量を数値化したもの)は全国平均で74。総収穫量は800万トンを下回り、国内の年間需要約1000万トンには遠く及ばなかった。そして間の悪いことに、この時期の日本は米農家保護のため米の輸入を全面禁止していた。多国間での通商交渉「ウルグアイ・ラウンド」で輸入解禁を求められても拒否し続けていたのである。しかし米不足には耐えられず、細川内閣はアメリカ・中国・タイから計260万トンの米を緊急輸入した。これは当時の米の総貿易量の約20％にあたり、世界的な米価の高騰を引き起こしてしまいタイでは餓死者まで出た。一方日本では、ジャポニカ米と違うインディカ米だからという理由などでタイ米を敬遠する人も多く、タイ米の廃棄も一部で見られた。これらの出来事はタイ国民の対日感情をしばらく悪化させる原因となっている。なお、翌年になると米不足は解消されたが、緊急輸入の件もあって日本はウルグアイ・ラウンドで譲歩を迫られ、米の輸入を解禁することになる。

●Ｊリーグ開幕とドーハの悲劇

　5月15日、東京の国立競技場でヴェルディ川崎と横浜マリノスが対戦。この一戦で日本プロサッカーリーグ（Ｊリーグ）がスタートした。59626人の観衆を集めたこの試合はNHK総合テレビで生中継され、関東地区で32.4％の平均視聴率を記録。裏番組だったプロ野球の広島－巨人（17.5％）を大きく上回り、新しいプロリーグの誕生に人々が大きい関心を持っていることを示した。企業名を入れない地域密着のスタイルや、「チェアマン」「サポーター」などの新しい言い回しも受け、Ｊリーグ人気はどんどん上昇。関連商品も話題となった。選手が手首に巻いていたミサンガ（別名プロミスリング。自然に切れるまで身に着けていると願いがかなうという）は多くの若者が真似たし、永谷園が発売した「Ｊリーグカレー」はそれを食べた少年がラモス選手（当時ヴェルディ川崎）に変身してしまうというCMのインパクトもあって人気を得た。

　この年は、翌年のサッカーW杯アメリカ大会の最終予選の年でもあった。これまでW杯本戦に出場経験のない日本代表は2大会ぶりに最終予選に進出しており、Ｊリーグブームとの相乗効果で注目度が格段にアップしていた。6カ国が総当たり戦を行い、上位2カ国が本戦に出場できるという最終予選で、4試合目を終了した時点で日本は1位。絶対的に有利と思われたが、最終戦のイラク戦で後半のアディショナルタイムに同点に追いつかれ、他の試合との兼ね合いで本戦出場を逃してしまった（ドーハの悲劇）。深夜にもかかわらず関東地区で48.1％の平均視聴率を記録したこの試合は、W杯出場の難しさを印象づけるとともに、サッカー日本代表人気を不動のものとするきっかけにもなった。

●恐竜ブーム

　平成2年に幕張メッセで開かれた「大恐竜博」のヒット以降、各地でさまざまな規模の博覧会が開かれて恐竜は静かなブームとなっていた。そんな中、アメリカの映画監督スピルバーグの最新作が恐竜を扱った『ジュラシック・パーク』であると発表され、恐竜ブームは一気に盛り上がった。映画ではその『ジュラシック・パーク』のほか『ドラミちゃん ハロー恐竜キッズ!!』（『ドラえもん のび太とブリキの迷宮』と同時上映）と『REX 恐竜物語』が公開されてすべてヒット（配給収入は、順に洋画1位・邦画4位・邦画2位）。テレビではNHK教育テレビ『天才てれびくん』内でCGを使ったアニメ『恐竜惑星』が始まり、出版では分冊百科の『週刊 恐竜サウルス!!』が創刊されて人気を博した。

●悪魔ちゃん騒動

　8月11日、東京・昭島市役所に「悪魔」（あくま）と命名された男児の出生届が提出された。漢字が2文字とも常用漢字の範囲であるので市側はいったん受理したが、その後命名権の濫用であるとして不受理とした。これに対して親側は東京家庭裁判所八王子支部に不服申立を行ったり、「あくま」の読みのまま別の漢字で届け出を行ったりして対抗。最終的には「あくま」と似た響きの別の名前を届け出、これが受理されて決着した。数年後から目立ち始める一風変わった命名、いわゆる「キラキラネーム」の走りともいえるかもしれない。

●DATA●

【内閣総理大臣】 宮澤喜一（自由民主党）→細川護熙（日本新党）

【プロ野球日本一】 ヤクルトスワローズ

【Ｊリーグ年間優勝】 ヴェルディ川崎

【JRA年度代表馬】 ビワハヤヒデ

【流行語】 Ｊリーグ　サポーター　規制緩和　清貧　天の声　FA（フリーエージェント）　聞いてないよ　お立ち台　新・○○（新党、新加瀬大周など）

【書籍】 さくらももこ『たいのおかしら』　中野孝次『清貧の思想』　小沢一郎『日本改造計画』　東京サザエさん学会『磯野家の謎』　R・J・ウォラー『マディソン郡の橋』

【映画】 『REX 恐竜物語』『ゴジラVSモスラ』『学校』『水の旅人 侍KIDS』『まあだだよ』『ソナチネ』『月はどっちに出ている』『ジュラシック・パーク』『アラジン』『ボディガード』

【テレビ】 『ひとつ屋根の下』『誰にも言えない』『高校教師』『あすなろ白書』『ダブル・キッチン』『料理の鉄人』『どうぶつ奇想天外!』『天才てれびくん』『忍たま乱太郎』

【音楽】 CHAGE&ASKA『YAH YAH YAH』　B'z『愛のままにわがままに 僕は君だけを傷つけない』　ZARD『負けないで』『揺れる想い』　THE 虎舞竜『ロード』　THE BOOM『島唄（オリジナル・ヴァージョン）』　サザンオールスターズ『エロティカ・セブン』

【話題の商品】 ポケベル　Windows3.1（マイクロソフト）　CD-ROM　ナタ・デ・ココ　マグヌードル（日清）　記憶形状Yシャツ　3Dステレオグラム　アウトレット　『ロマンシング サ・ガ2』（スクウェア）

【訃報】 服部良一（作曲家）　木村政彦（柔道家）　藤山一郎（歌手）　ハナ肇（コメディアン）　田中角栄（政治家）　逸見政孝（アナウンサー）

●平成5年の答え●

コ	ウ	タ	ク	ミ	ン	■	ト	キ	■	コ	ブ	シ	■	ド
ウ	ラ	ワ	■	ツ	■	オ	ウ	シ	ュ	ウ	レ	ン	ゴ	ウ
コ	マ	ー	シ	ャ	ル	■	キ	■	シ	タ	■	セ	イ	コ
ウ	ド	■	ヤ	ク	■	コ	ヨ	ミ	■	イ	チ	イ	■	ク
キ	■	カ	モ	■	フ	ド	ウ	サ	ン	■	ン	■	エ	■
ヨ	ニ	ゲ	■	ヘ	ア	■	パ	ン	■	ナ	タ	デ	コ	コ
ウ	ワ	■	ド	イ	■	タ	フ	ガ	イ	■	オ	ス	ロ	■
シ	カ	ゴ	■	ワ	ニ	■	オ	■	ミ	チ	■	ギ	ジ	エ
■	ジ	シ	ャ	■	フ	ア	ム	■	エ	ミ	■	カ	ロ	■
オ	タ	チ	ダ	イ	■	ス	マ	■	シ	コ	■	カ	ル	テ
■	テ	■	モ	■	シ	ナ	ン	シ	ョ	■	コ	メ	■	イ
テ	■	サ	ン	チ	■	ロ	ス	ト	■	エ	ル	■	カ	カ
ツ	ツ	イ	■	ヤ	マ	■	ド	■	バ	ン	ク	ル	ワ	セ
ジ	ュ	ラ	シ	ッ	ク	パ	ー	ク	■	ダ	■	ケ	イ	ブ
ン	■	イ	ツ	ミ	■	ブ	ル	■	セ	カ	イ	イ	サ	ン

平成6年（1994年）

➡ ヨコのカギ

1 この年のノーベル文学賞を受賞した日本の小説家

2 ラッシュ時のターミナル駅の状態

3 5月にベルルスコーニが首相に就任した国

4 7月25日に高知県足摺岬に上陸したのは台風——号

5 1月、日本人の女子テニス選手として史上初の世界トップ10に躍進した伊達——

6 気に入られたい相手に売りまくる

8 10月8日、サッポロビールの工場跡地に——ガーデンプレイスが開業した

9 インスタントのカレー——は形がチョコレートに似てるのもある

10 11月27日に生誕100年を迎えた「経営の神様」、——幸之助

12 挨拶としてのギュッ

14 よろしくない心

17 8月28日、初の——予報士国家試験が行われた

18 長さ2尺（約60cm）程度のかたな

20 屋根裏部屋のこと

22 この年日本ゴールドディスク大賞を受賞した、『時の扉』などのヒット曲があるロックバンド

25 10月26日、イスラエルとヨルダンの平和条約が——された

26 先祖代々伝わる教え

27 4月26日、中華航空140便が名古屋空港への——進入中に墜落し、多くの犠牲者が出た

29 鉛筆のように牛蒡を削る切り方

31 9月に初来日したロックバンドのオアシス。——を求めるファンも多かったのでは

33 日本の置き型弦楽器

35 11月にテニスのマルチナ・ナブラチロワが引退表明したが、38歳と、まだ——を感じる年ではない

37 この年の夏の甲子園は、佐賀商が初優勝。勝利は試合の組み合わせを決めるときの——にも左右される？

39 藤谷美和子と大内義昭の、——の合ったデュエットで、この年『愛が生まれた日』が大ヒット

41 7月に発売された、小室哲哉プロデュースによる篠原涼子のヒット曲は『——と せつなさと 心強さと』

43 9月に亡くなったロック歌手の中川勝彦は、のちにタレントとして活躍する中川翔子の——

45 この年のアカデミー賞で7部門を受賞したスピルバーグ監督の映画

46 7月、シューメーカー・レヴィ第9彗星が木星に——した

47 腹ぺこでも楊枝をくわえる？

48 この年のカンヌ国際映画祭でパルム・ドールを受賞した『パルプ・フィクション』の主演はジョン・——

49 この年の新語・流行語大賞のトップテンに入賞した、若い母親を表す言葉

51 エクアドル共和国の首都

53 8月2日、ビートたけしが——事故を起こし頭部に重傷を負った

54 消防士が戦う相手

56 右—— 左—— ——味噌

58 古代中国で、殷を滅ぼして天下を統一した周王朝の創始者

60 4月に劇場公開されたアニメ映画『——しんちゃん ブリブリ王国の秘宝』

61 川の中に学校がある魚

63 木梨憲武と安田成美はこの年にこの関係になった

65 9月20日、オウム真理教信者によってジャーナリスト江川紹子に対する殺人——事件が起こった

68 5月6日、ドーバー海峡を結ぶ英仏海峡——が開通

70 この年の1月1日は、——テレビのマスコットキャラクター・ビーちゃんの誕生日という設定

72 1月23日、宅麻伸と賀来千香子の——披露宴がテレビ特番で生中継された

74 7月8日、スペース——・コロンビア号で日本人女性初の宇宙飛行士向井千秋が宇宙へ飛び立った

76 おいしいお米をいただくための、腰にくる作業

77 大相撲三月場所の優勝決定戦は、曙・貴ノ浪・貴闘力の三者による

——戦となり、曙が優勝した

79 金魚すくいで破れるやつら

81 この年の映画のブルーリボン作品賞は、北方謙三原作、奥田瑛二主演の『——の哀しみ』

83 花壇や植木鉢に盛られる

84 東京・銀座のは高くて有名

⬇ タテのカギ

1 赤飯のこと

3 「同情するならカネをくれ」が流行語にもなったテレビドラマ

7 10月7日、数学者のアンドリュー・ワイルズによって「——の最終定理」の証明が発表された

11 スイッチを入れた状態

12 4月28日から6月30日までの約2カ月間という短命だった——内閣

13 3月1日、港湾都市ウォルビスベイが南アフリカ共和国から返還された国

15 ボルシチの色の元になる野菜

16 10年前の「かい人21面相事件」の発端となった——社長誘拐事件の時効が3月21日に成立した

19 9月からブラジルで放送が始まり、絶大な人気を博したアニメ『聖闘士星矢』。主人公たちはコレを身に着けて戦った

21 シミとともに、スキンケアで撃退したいもの

23 ——の覚悟で飛び込みに挑戦！

24 ⬇3で主演を務めた名子役は——祐実

26 12月に結成された新進党の初代党首は——俊樹

27 銀色の金属。元素記号Ti

28 この苦味の——がわからんとは、まだまだ若造だな

30 この年のベストセラー『大往生』は、永六輔の——物

32 髪を切ったり髭を剃ったり

34 山形と宮城の両県にまたがる日本百名山の1つ

36 片目をつぶって合図

38 この年にデビューした中日ドラゴンズマスコット・ドアラの——技はバック転や静止芸

40 12月17日にバレーボールの——リーグが開幕

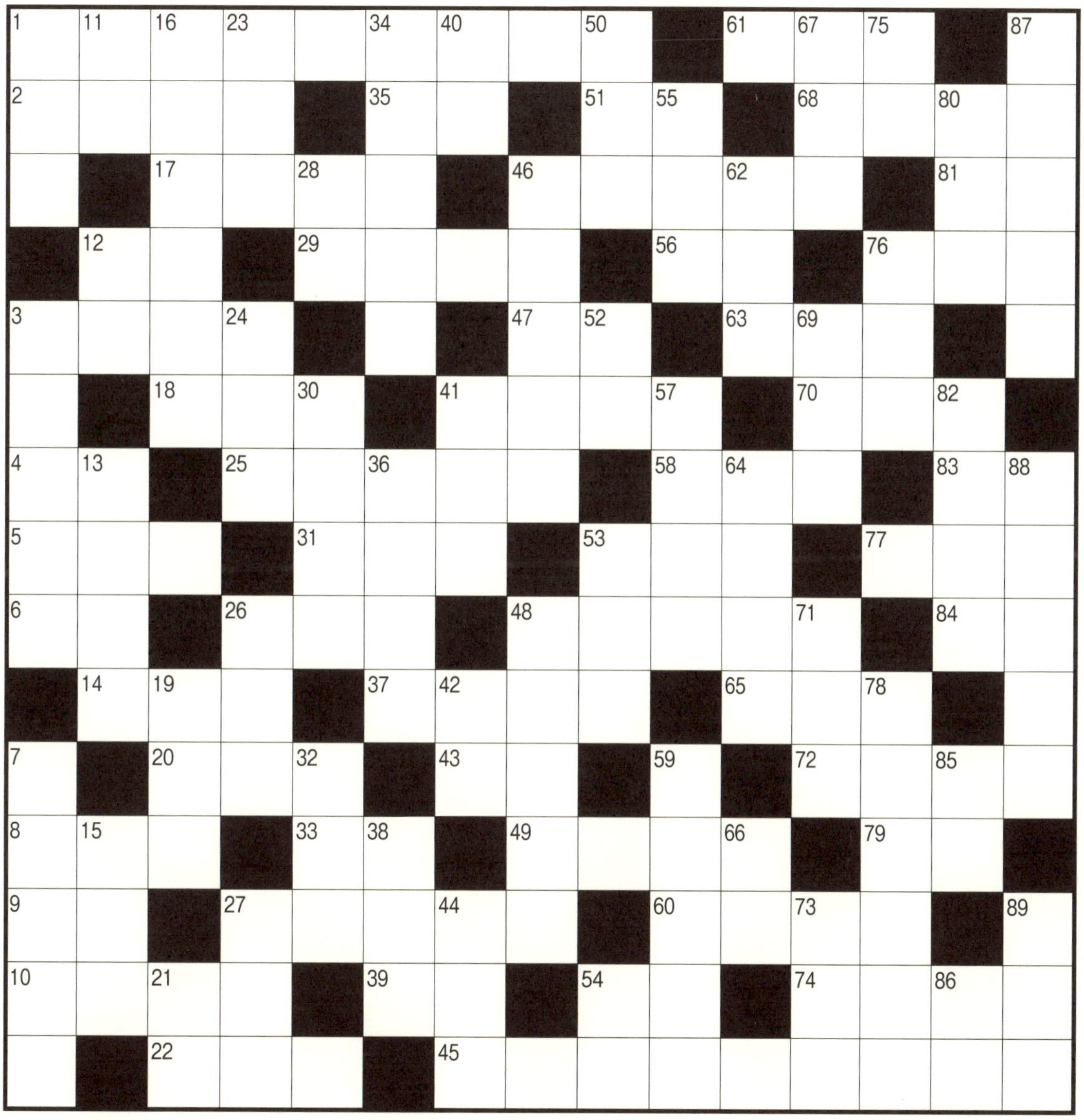

41 ビートたけしの事故が原因で、人気番組『平成教育——会』から『たけし・逸見の』の冠が外れた

42 パレスチナ解放機構とイスラエルによるオスロ合意により、この年パレスチナ——政府が設立された

44 この年の報知新聞年間最優秀——賞は80勝10敗で貴乃花光司

46 シーツや枕よりも先に準備する

48 ２月初め、ボブ・ディランが日本に——し、全11公演を行った

50 日本の——絵は海外でも人気

52 この年公開された『ライオン・キング』の主人公の動物

53 お弁当の仕切り用グリーン

54 四角形には４つある

55 ９月８日、テレビドラマ『水戸黄門』の初代黄門様を演じた——英治郎が86歳で亡くなった

57 近畿地方での鳥肌

59 イノシシのお肉

62 この年は記録的猛暑で食欲もダウン。さっぱりといただける冷や奴の正体はこれ

64 赤ちゃんが包まれてスヤスヤ

66 めったにないこと

67 剣道で突いたり打ったり

69 松竹誕生100周年記念作品『忠臣蔵外伝 四谷怪談』で主演を務めたのは——浩市

71 困っている人がいるから、——船を出そう

73 奈良県南部で桜が有名な地域

75 この年の新語・流行語大賞「すったもんだがありました」は、——チューハイのCMでのセリフ

76 ５月１日のF1レース中に亡くなったアイルトン・セナの事故原因の１つに、右リア——のパンクの可能性が挙げられている

78 オンリーワンの方法だけで押し通すこと

80 目覚まし時計が防止の命綱

82 ６月27日、オウム真理教によって——サリン事件が発生

85 ４月、明石家さんまが司会の恋愛バラエティー『——のから騒ぎ』が放送開始

86 バレーボールのアタッカーが、試合中セッターに要求するもの

87 ２月にリレハンメル五輪が開催された国

88 12月11日、ロシア連邦からの独立を目指し、第一次——紛争が勃発

89 ９月28日、エストニア船籍のクルーズ船「エストニア」が——海で沈没。これは20世紀最悪の海難事故とも言われている

平成6(1994)年 甲戌

●できごと●

- 1月　NAFTA（北米自由貿易協定）が発効
  郵便料金値上げ。ハガキ50円、封書80円に
- 2月　H-Ⅱロケット、種子島から打ち上げ成功
  リレハンメル五輪
- 3月　ロス疑惑事件の三浦和義に無期懲役の判決
- 4月　羽田孜内閣発足
  名古屋空港でエアバス機が着陸失敗、炎上し大惨事
- 5月　F1レーサーのアイルトン・セナが事故死
  南アフリカでネルソン・マンデラが大統領に
  英仏海峡トンネル（ユーロトンネル）が開通
- 6月　松本サリン事件
  村山富市内閣発足
- 7月　宇宙飛行士の向井千秋が日本人女性で初めて宇宙へ
  シューメーカー・レヴィ第9彗星が木星に衝突
- 8月　米大リーグで史上最長のストライキ決行
  ジュリアナ東京閉店
- 9月　関西国際空港が開港
  イチローが史上初の1シーズン200本安打を記録
- 10月　北海道東方沖地震
  フェルマーの最終定理が証明される
  大江健三郎のノーベル文学賞受賞が決定
- 11月　ナリタブライアンが史上5頭目の三冠馬に
  セガがゲーム機「セガサターン」発売
- 12月　新生党、公明党などが合流し、新進党結成
  ソニーがゲーム機「PlayStation」発売

●世相・流行●

・政局は大揺れ。1年に3人の総理大臣
・いじめ自殺が相次ぎ、いじめが社会問題に
・次世代ゲーム機戦争

開業間もない「ユーロトンネル」から出てくる高速列車ユーロスター
（写真提供：dpa/時事通信フォト）

●リレハンメル冬季五輪開催

　これまで夏季と冬季を同じ年に開催していた五輪だが、冬季五輪を夏季五輪の中間年に開催することになり、この年の2月にノルウェーのリレハンメルで行われた大会は前回のアルベールビル五輪からわずか2年後の開催となった。

　日本勢は、阿部雅司・河野孝典・荻原健司のノルディック複合団体が見事2連覇を達成。ノルディック複合個人の河野孝典が銀メダル、スピードスケート女子5000mの山本宏美が銅メダルなど、金1個、銀2個、銅2個のメダルを獲得した。

　大会前にトーニャ・ハーディングによるナンシー・ケリガン襲撃事件が発覚した女子フィギュアスケートでは、ケリガンが銀メダル。ハーディングは靴紐の不具合でのやり直しが認められるも、8位入賞に留まった。

●松本サリン事件発生

　6月27日、長野県松本市の住宅街で、化学兵器として使用される神経ガスのサリンが散布された。多数の住民が中毒症状を訴え、7人が死亡、約600人が負傷したとされる。

　第一通報者の男性会社員宅を被疑者不詳のまま家宅捜索し、本人にも任意で事情聴取。事件との関わりを否定しているにもかかわらず、マスコミの容疑者扱いでの報道が過熱。1年後、事件がオウム真理教の犯行であることが判明し、マスメディア各社は報道被害を認めて謝罪した。

●向井千秋が宇宙へ

　7月9日、日本人初の女性宇宙飛行士・向井千秋を乗せたスペースシャトル「コロンビア」が米・フロリダ州ケネディ宇宙センターから打ち上げられた。向井はペイロードスペシャリストとして参加し、メダカをはじめとした水棲生物の生育や宇宙環境が人体に与える影響の調査など多くの実験をこなし、2週間後の7月23日に無事地上に帰還した。

　10日、シャトルと東京とサミット開催中のイタリア・ナポリを結んだ3元中継では「暗黒の宇宙の中に薄いベールをかぶった地球が回っていく姿は、本当に美しい」とコメント。また、無重量状態で浮いている気分を「天女になったよう」と語った。

　日本人初の女性宇宙飛行士ということで内閣総理大臣顕彰受賞。また、夫で医学博士の向井万起男も、おかっぱ頭と口ひげという独特の風貌と相まって注目された。

●関西国際空港が開港

　9月4日、大阪湾内泉州沖5kmの海上に、関西国際空港が開港した。人工島を造って建設された世界初の本格的な海上空港。騒音の影響が少ない立地を活かして、日本では初めて旅客便・貨物便の両方で24時間運用が行われた。

　第1ターミナルビルは、イタリアを代表する建築家であるレンゾ・ピアノが設計。開港を記念して、3種類の80円記念切手と、記念貨幣として500円白銅貨が発行された。また、略称の「関空」は、新語・流行語大賞トップテンに選ばれた。

●初の気象予報士国家試験が行われる

　気象業務法の改正によって、気象庁以外にも、気象庁長官

から許可された者が一般向けに天気予報を発表できるようになった。それに伴い気象予報士制度が導入され、8月28日に、国家資格である「気象予報士」になるための初めての試験が行われた。

2777人が受験して合格者は500人、合格率は18%だった。人気お天気キャスターの森田正光も、第1回の試験では不合格となっている。

●10.8決戦で高視聴率

10月8日、ナゴヤ球場でセ・リーグの優勝決定戦が行われた。前日までの試合で、中日ドラゴンズは69勝60敗0引き分けと、日本プロ野球史上初めて、リーグ戦最終戦時の勝率が同率首位で並んだチーム同士の直接対決となった。

長嶋監督が「国民的行事」と呼んだこの試合では、取材に訪れた報道陣もいつにも増して多く、ファンの混乱や試合後の暴動などに備えた警備も厳重なものだった。

試合は、落合や松井などから4本の本塁打が飛び出し、6対3でジャイアンツが勝利してリーグ優勝を果たした。

視聴率は関東地区で48.8%、関西地区で40.3%、名古屋地区ではなんと54.0%を記録した。後年、この試合は日本野球機構が12球団の選手・監督・コーチらからとったアンケートにおいて「最高の試合」部門で第1位に選ばれた。

●『家なき子』大ヒット

当時12歳だった安達祐実が主演したテレビドラマで、彼女の出世作。野島伸司の原案で、同名の児童文学作品とは関係ない。家庭内暴力、いじめ、貧困などに小学生の少女・すずが犬のリュウとともに立ち向かっていく物語。「同情するならカネをくれ」と叫ぶすずの台詞は新語・流行語大賞年間大賞に選ばれた。オーバーオールに首から下げたガマ口というスタイルも印象的だった。

一方、あまりにも過激な暴力・いじめシーンなどが問題になり、社会的議論を巻き起こすことにもなった。

最終回の視聴率は37.2%。中島みゆきによる主題歌の『空と君のあいだに』もヒットした。

ドラマのヒットを受け、12月17日には劇場版が公開された。

●次世代ゲーム機戦争勃発

この年、のちに「次世代ゲーム機戦争」と呼ばれる激しい覇権争いを繰り広げる2つのゲーム機が発売された。11月22日にセガが出した「セガサターン」と、12月3日にソニー・コンピュータエンタテインメントが出した「PlayStation」。どちらも当時最高レベルの性能を誇る「32ビット機」として、鳴り物入りでデビューした。

発売日では後れを取ったPlayStationだが、販売戦略では一枚上手だった。自身の取り柄である3D処理能力をフルに活かしたゲーム、たとえば『鉄拳』や『バイオハザード』といった立体感のある動作を楽しむゲームで次々とヒットを飛ばし、セガサターンに徐々に差をつけていく。平成9年1月に人気RPGシリーズの最新作『ファイナルファンタジーVII』が出たころには、すでに大勢は決していたようだ。

●DATA●

【内閣総理大臣】 細川護熙（日本新党）→羽田孜（新生党）→村山富市（日本社会党）

【プロ野球日本一】 読売ジャイアンツ

【Jリーグ年間優勝】 ヴェルディ川崎

【JRA年度代表馬】 ナリタブライアン

【流行語】 同情するならカネをくれ　イチロー　大往生　すったもんだがありました　ヤンママ　価格破壊　就職氷河期　関空　愛だろ、愛っ。

【書籍】 浜田幸一『日本をダメにした九人の政治家』　吉本ばなな『アムリタ』　永六輔『大往生』　松本人志『遺書』　野口悠紀雄『「超」整理法』　村上春樹『ねじまき鳥クロニクル』

【映画】 『ヒーローインタビュー』『平成狸合戦ぽんぽこ』『RAMPO』『ゴジラVSメカゴジラ』『全身小説家』『シンドラーのリスト』『クリフハンガー』『トゥルーライズ』『ピアノ・レッスン』

【テレビ】 『家なき子』『妹よ』『警部補 古畑任三郎』『人間・失格～たとえばぼくが死んだら』『目撃！ドキュン』『関口宏の東京フレンドパークII』『開運！なんでも鑑定団』『めざましテレビ』『お笑いマンガ道場』（終了）

【音楽】 Mr.Children『innocent world』　広瀬香美『ロマンスの神様』　B'z『Don't Leave Me』　篠原涼子 with t.komuro『恋しさと せつなさと 心強さと』　trf『survival dAnce～no no cry more～』

【話題の商品】 カーナビ　マルチメディアPC　横長テレビ　格安ブランド　輸入ビール　ミネラルウォーター　キャロットジュース　定期借地権付き住宅　関空関連商品　PlayStation（ソニー）　セガサターン（セガ）

【訃報】 大山倍達（空手家）　山口誓子（俳人）　アイルトン・セナ（レーサー）　金日成（政治家）　吉行淳之介（作家）　乙羽信子（女優）

●平成6年の答え●

オ	オ	エ	ケ	ン	ザ	ブ	ロ	ウ	■	メ	ダ	カ	■	ノ
コ	ン	ザ	ツ	■	オ	イ	■	キ	ト	■	ト	ン	ネ	ル
ワ	■	キ	シ	ョ	ウ	■	シ	ョ	ウ	ト	ツ	■	ボ	ウ
■	ハ	グ	■	サ	サ	ガ	キ	■	ノ	ウ	■	タ	ウ	エ
イ	タ	リ	ア	■	ン	■	ブ	シ	■	フ	サ	イ	■	ー
エ	■	コ	ダ	チ	■	イ	ト	シ	サ	■	ト	ヤ	マ	■
ナ	ナ	■	チ	ョ	ウ	イ	ン	■	ブ	オ	ウ	■	ツ	チ
キ	ミ	コ	■	サ	イ	ン	■	バ	イ	ク	■	ト	モ	エ
コ	ビ	■	カ	ク	ン	■	ト	ラ	ボ	ル	タ	■	ト	チ
■	ア	ク	イ	■	ク	ジ	ウ	ン	■	ミ	ス	イ	■	エ
フ	■	ロ	フ	ト	■	チ	チ	■	ヤ	■	ケ	ッ	コ	ン
エ	ビ	ス	■	コ	ト	■	ヤ	ン	マ	マ	■	ポ	イ	■
ル	ー	■	チ	ャ	ク	リ	ク	■	ク	レ	ヨ	ン	■	バ
マ	ツ	シ	タ	■	イ	キ	■	カ	ジ	■	シ	ャ	ト	ル
ー	■	ワ	ン	ズ	■	シ	ン	ド	ラ	ー	ノ	リ	ス	ト

平成7年（1995年）

➡ ヨコのカギ

1　1月17日、阪神・淡路大震災発生。復興を願う「がんばろう──」は新語・流行語大賞にもなった

2　病気の家族を──で看病する

3　戦後50年を迎え、戦争の捉え方で──と左派の対立が激化した

4　8月、中東──高原の監視軍に自衛隊の派遣決定

5　溶岩などが噴き出すところ

6　──は丹下、名は左膳

7　5月、台湾出身で日本でも活躍した──のテレサ・テンが急死

8　セサミのオイル

9　相手を──に巻く

10　ワイン──　──ワイン

13　次期に送られる──金

14　旧国名。今の山梨県。3月山梨県の上九一色村にあった➡26の施設に強制捜査が入った

17　グリーンティー。この年に品種登録された「べにふうき」は紅茶系品種だが、──として利用するため「べにふうき──」と呼ばれる

19　安全──　ネクタイ──

21　6月、全仏オープンで伊達公子が日本人女子選手初のベスト4。7月にはウインブルドン選手権大会でこの人が日本人男子62年ぶりのベスト8に進出

23　道路は渋滞、電車はストップ…というような状態。12月、名神高速で154kmの歴代最長の渋滞発生

25　7月、いて座の方向で──が発見される。発見者2名の名からヘール・ボップ──と名付けられる

26　3月20日、この教団による地下鉄サリン事件発生

28　この年の一般会計──の語呂合わせは「70兆暮らしやすいないい日本」。70兆9871億2000万円だった

29　──・メンドーサは『あしたのジョー』に登場するボクサー

30　アルファベット25番目

31　作家の山口瞳、フランスの映画監督ルイ・マル、俳優の川谷拓三などがこの年──で亡くなった

33　7月、──がオンライン書店のサービス開始

35　この年のオークスは──豊騎手騎乗のダンスパートナーが優勝

38　このままじゃ──があかない

39　ばびぶべぼは──音

40　春、空色の花を咲かせる。英語名はforget-me-not

42　──の国、ソマリアでの内戦は泥沼化。この年PKOが撤退し国連活動もすべて撤収となった

46　ルーズソックスに白いベスト、細い──のコギャルが席巻した年でもあった

47　阪神・淡路大震災直後のメッセージ広告で、作家で尼僧の瀬戸内寂聴らが「──を救うのは──しかいない」と呼びかけた

48　4月、➡26の麻原彰晃の──と見られていた村井秀夫が刺殺された

49　一方的な取り消し。契約──

51　管理や保守。ナンスが略されてる

52　2月ドジャースとマイナー契約。その後MLB新人王に選ばれるなど大活躍

54　松本人志──『松本』がこの年のベストセラーに

55　この年公開の『午後の遺言状』は、──と死をテーマにした新藤兼人の作品

56　この年ダウンジャケットが流行。中は──じゃなくて羽毛

59　「ハマの──」佐々木主浩投手は、この年3年ぶりに最優秀救援投手受賞

61　1月、文藝春秋発行の『マルコポーロ』の「ホロコーストはなかった」とする記事に──政府やユダヤ人団体が抗議。2月『マルコポーロ』は廃刊

62　物に被せた綿。菊の──は重陽の季語

64　頭脳派名探偵が登場するジャンルは、──推理小説と呼ばれる。この年アメリカ探偵作家クラブが選出した「史上最高のミステリー小説100冊」のこのジャンルの1位はクリスティの『そして誰もいなくなった』

66　この年の大河ドラマは『八代将軍吉宗』。脚本はジェームス──

69　──取りが──になる

71　➡52の活躍で球場は興奮の──に

72　「今年の漢字」はこの年から始まる。第1回の漢字の音読みは

73　距離の単位。1──は1852m

75　マイクロソフトから、Windows 95発売。ビル・──は、そのマイクロソフト創始者の1人

77　着飾った子供たちが参加するお祭りの──行列

78　──椀　味噌──

79　1月、日本自動車工業会は、自動車の生産台数がアメリカの生産数──になったと発表。世界一の座をアメリカに譲った

⬇ タテのカギ

1　7月、ベトナムとアメリカの──が正常化

4　棋譜は囲碁や将棋の対局の記録。──は囲碁の対局の記録

6　この年大阪で発見された毒グモ。その後日本各地で確認される

11　よく降るシーズン

12　4月、世界都市──の中止を公約にした青島幸男が都知事に就任

15　8月、「侵略戦争は考え方の問題」とした──宣伸文相の発言を韓国のマスコミや外務省が批判

16　主婦とカメラマンの4日間の愛と──を描いた『マディソン郡の橋』は、この年日本公開

18　11月1日、東京──新交通──線、通称ゆりかもめが新橋－有明間で開業

19　トム・ハンクス演じる──な男が主人公の『フォレスト・ガンプ／一期一会』もこの年日本公開

20　神戸市立──海浜水族園にいるイルカのF1（エフワン）は、この年生まれ。平成31年現在、ライブに出るイルカの中ではいちばん年上

22　阪神・淡路大震災では──だと思われていた建物も崩壊。日本の安全神話も崩れた

23　紫がかった青

24　トリカブトから作られる毒

26　物の名などを各句の1文字目によみいれる和歌の技法

27　宗教法人明覚寺グループによる霊視──詐欺事件が発覚。10月に強

制捜査が入る
30 スマイル
32 ──リーダー　──ガール
34 地方自治体が中央の官僚をもてなす「官官──」は、新語・流行語大賞のトップテンに入った
36 旧ユーゴ内戦はこの年５月のクロアチアによる停戦失効などが続き、──はなかなか消えなかった
37 ８月15日に首相の村山富市が発表。第二次大戦中の侵略や植民地支配を認め謝罪した
41 ──を狙ってはずすと寒い
42 007シリーズ第17作目の『007　ゴールデン──』は、この年公開
43 ブランド物専門の──屋もある
44 藤波辰爾がパプアニューギニアのオロパ──と暮らしたり、林マヤがメキシコに行ったりした『世界ウルルン滞在記』が４月に開始
45 ──産業　──風
46 手を突っ込む防寒具

47 たとえ
48 カンではない一般の人々
49 この年の東京は７月下旬から──の日が続き、７月23日から８月28日まで連続37日間真夏日となった。これは当時の新記録だった
50 糸満市にある慰霊碑。この年公開の神山征二郎監督の映画タイトルにもなっている
53 ──者の子だくさん
55 ９月、──駐留の米兵による少女暴行事件が発生。基地の縮小や撤廃を要求する運動の契機となる
57 雁に似てるけど雁の方が大きい
58 大相撲十一月場所の優勝決定戦は、若貴による初の──対決。勝ったのは若乃花
60 抽象論じゃなく──な策が欲しい
63 ここにはソロモンの──が眠っておるのじゃ
65 どろ。──炭
66 ８月、聖飢魔Ⅱの地球デビュー10

周年を記念する黒──が行われた
67 阪神・淡路大震災直後は、民放各局で広告──を自粛した
68 ３月、無人探査機「かいこう」がマリアナ海溝10911ｍの海底に到達。深い──の底を探った
70 『原爆の図』を妻・俊とともに描いた──位里が10月19日に逝去
72 12月、──郷・五箇山の合掌造り集落が世界遺産に登録された
74 あなたの──でここまできました
76 十年──
78 アイドルの熱烈なファンの集団。関東──連合が結成されたりしたが、このころ終息した
80 ここの魚は──がいい
81 少年ジャンプで昭和59年から連載された鳥山明の大人気コミック。この年の25号でついに連載終了
82 ──もハリも照らせば光る
83 ３月、コペンハーゲンで「国連社会──サミット」が開催された

平成7(1995)年 乙亥

●できごと●

1月　WTO（世界貿易機関）発足
　　　阪神・淡路大震災
2月　野茂英雄のメジャーリーグ移籍が決定
3月　カシオが液晶デジタルカメラ「QV-10」発売
　　　地下鉄サリン事件
　　　警察庁長官が拳銃で狙撃され、重傷に
4月　統一地方選で青島幸男、横山ノックが知事に当選
5月　仏大統領選でジャック・シラクが当選
　　　オウム真理教の教祖、麻原彰晃を逮捕
6月　全仏テニスで伊達公子が日本人女子初のベスト4
　　　全日空857便ハイジャック事件
7月　PHSサービス開始
　　　通販サイト「Amazon.com」がサービスを開始
　　　九州自動車道全通。青森～鹿児島の高速道つながる
　　　ベトナムがASEAN（東南アジア諸国連合）に加盟
8月　戦後50周年記念式典。村山談話発表
9月　沖縄米兵少女暴行事件。基地問題が紛糾
　　　フランスが南太平洋での核実験を強行
10月　ゆりかもめが部分開業
11月　イスラエルのラビン首相が暗殺される
　　　野茂英雄がメジャーリーグで新人王に。日本人初
　　　マイクロソフトがWindows 95の日本語版を発売
　　　大相撲で若貴による史上初の兄弟優勝決定戦
12月　二信組事件で山口敏夫元労相が逮捕
　　　高速増殖原型炉「もんじゅ」で漏洩事故が発生

●世相・流行●
・阪神・淡路大震災、地下鉄サリン事件。深刻な社会不安
・統一地方選で無党派旋風
・アムラー、コギャル、へそ出しルック

阪神・淡路大震災で倒壊した阪神高速道路と復旧後の姿
（写真提供：時事）

●阪神・淡路大震災と避難所

　未曾有の被害をもたらしたこの震災は、1月17日午前5時46分、兵庫県南部で発生した。このときの「震度7」は観測史上初。戦後では初めての大都市直下型地震であり、6434人の死者、約64万棟の住宅被害など甚大な被害をもたらした。指定避難所の数も足らず、多くの人が公園などで暮らす生活を余儀なくされた。

　この災害はまた数々の教訓をもたらし、そののち整備されたもの、生み出されたものも多くある。福祉避難所の構想もこのとき生まれた。広めの個人スペース、歩行補助機械の設置など、介助が必要な人でもできるだけ過ごしやすいようにと配慮されたものは、平成19年の能登半島地震で初めて設置されている。平成23年の東日本大震災時には65の福祉避難所が開設されたが、医薬品、食料、燃料などの備蓄、人材の確保など課題も多く残されている。

　長期保存食品、落下防止装置、レスキューチェーンなど、こののち開発、改良された防災製品も多く、ボランティアによる支援も、このときから人々に浸透していった。

●今年の漢字が始まる

　この年から「今年の漢字」が始まった。主催は日本漢字能力検定協会。全国から募集し最も応募数の多かった一字が選ばれる。12月12日の「漢字の日」に発表されるが、清水寺で貫主(かんす)の揮毫(きごう)によってその1字が書かれることでも人気になった。

　その後、中国やマレーシアなどでも行われるようになり、漢字文化の国に広がっている。ちなみに平成30年の各国の漢字は、中国「奮」、マレーシア「変」、シンガポール「恐」、台湾「翻」など。

●地下鉄サリン事件

　3月20日午前8時すぎ、東京都内の営団地下鉄（現在は東京メトロ）日比谷線・丸ノ内線で多数の人が不調を訴える事件が起きた。のちに、オウム真理教によって車両内に毒物が撒布されたことが判明する。撒かれたものは猛毒の神経ガス「サリン」であった。死者13人、重軽傷者6200人以上。日比谷線は全線運行停止し、東京は大混乱に陥った。いまだ後遺症に苦しむ人も多くいる。なお、警視庁の発表では、薬物が置かれていたのは丸ノ内線と日比谷線に各1つだが、営団地下鉄は、少なくとも丸ノ内線2つ、日比谷線、千代田線に各1つ置かれていたとしている。

　オウム真理教は、麻原彰晃こと松本智津夫が創始した宗教教団。平成元年に東京都から宗教法人の認証を受けた。ヨガ教室から始まったこの教団は、仏教やヨガの教えに麻原独自の解釈を施し、次第に信者を増やしていく。救済の名の下に「ポア」と称して暴力、殺人を肯定し、ついに無差別テロを引き起こした。

　脱会信者の死、坂本弁護士一家殺害事件、松本サリン事件などで疑惑をもたれながら、バラエティー番組出演、衆院選出馬など積極的に世間に露出するオウム真理教に、マスメディアも警察も人々も翻弄されることになる。

　この事件後、上九一色村にあった教団施設を警視庁が強制

捜査、5月には松本智津夫逮捕、教団幹部も相次いで逮捕され、オウム真理教による一連の破壊活動はようやく終息していく。

●警察庁長官狙撃事件

3月30日午前8時半すぎ、自宅マンションを出た國松孝次警察庁長官が何者かに狙撃された。狙撃から1時間後には、テレビ朝日にオウム真理教への捜査をやめるよう脅迫する電話がかかり、翌日には、オウム真理教つぶしの陰謀だとするビラが配られる。それらのことから、教団との関わりが強く疑われた。

だが、物証に乏しい上に複数の者が犯行を自白するなど混迷し、未解決のまま、平成22年に公訴時効を迎えた。

●ロッキード事件裁判終了

昭和51(1976)年2月に発覚したロッキード事件は、米国ロッキード社が航空機の売り込みにからんで、日本の政界に賄賂を贈った疑獄事件。田中角栄元首相ら18人が逮捕された。捜査にあたって取り調べを受けた者は、官民あわせて約460人にのぼる。

起訴された16人のうち5人は公判中に死亡、この年2月に最高裁で残り11人全員の有罪が確定した。

●戦後50年の村山談話

自社さ（自由民主党・日本社会党・新党さきがけ）連立政権の首相であった村山富市が、8月15日に発表した「戦後50周年の終戦記念日にあたって」、いわゆる「村山談話」は、その後の内閣が受け継ぎ、日本政府の公式見解となっている。

日本の植民地支配や侵略的行為によってアジア諸国民に多大な損害と苦痛を与えたと公式に認め、痛切な反省と心からのおわびを表明した。同時に、唯一の被爆国として、核兵器の廃絶、核不拡散体制の強化など、国際的な軍縮を積極的に推進していくことが、過去へのつぐないとなるとしている。

野党の新進党、自民党の安倍晋三、中川昭一議員ら50名の欠席などがあったが、衆議院本会議で採択された決議である。

なお、平成31年3月現在、外務省のサイト内「会見・発表・広報－談話」に全文が掲載されている。

●メジャーリーガー

2月8日、野茂英雄投手がロサンゼルス・ドジャースとマイナー契約を結んだ。5月2日のサンフランシスコ・ジャイアンツ戦でメジャーデビューを果たし、村上雅則投手以来の日本人2人目のメジャーリーガーとなった。村上雅則投手は、昭和39(1964)年にサンフランシスコ・ジャイアンツと契約している。それ以来31年ぶりのことであった。

6月には16奪三振（球団新人最多記録）、完封勝利、4試合合計50奪三振を達成。その後も大活躍した。トルネード投法、ドクターK、NOMOマニアなど野茂を彩る言葉も多く、ディアマンテスが歌った『野茂英雄のテーマ・HIDE~O』（バナナボートの替え歌）も流行した。

野茂の活躍が道を拓き、その後、多くの日本人メジャーリーガーが誕生している。

●DATA●

【今年の漢字】震

【内閣総理大臣】村山富市（日本社会党）

【プロ野球日本一】ヤクルトスワローズ

【Jリーグ年間優勝】横浜マリノス

【JRA年度代表馬】マヤノトップガン

【流行語】がんばろうKOBE　NOMO　変わらなきゃ　無党派　官官接待　インターネット　ライフライン　安全神話　だ・よ・ね（DA・YO・NE）　マインドコントロール

【書籍】瀬名秀明『パラサイト・イヴ』　松本人志『松本』　春山茂雄『脳内革命』　Y・ゴルデル『ソフィーの世界』　W・グルーム『フォレスト・ガンプ』　堀田力『堀田力の「おごるな上司！」』

【映画】『学校の怪談』『耳をすませば』『午後の遺言状』『きけ、わだつみの声 Last Friends』『Love Letter』『写楽』『フォレスト・ガンプ／一期一会』『マスク』『スピード』『ダイハード3』『マディソン郡の橋』

【テレビ】『金田一少年の事件簿』『星の金貨』『愛していると言ってくれ』『八代将軍吉宗』『大地の子』『ためしてガッテン』『出没！アド街ック天国』『ウッチャンナンチャンの炎のチャレンジャー これができたら100万円!!』『新世紀エヴァンゲリオン』

【音楽】DREAMS COME TRUE『LOVE LOVE LOVE』　H Jungle With t『WOW WAR TONIGHT～時には起こせよムーヴメント』　福山雅治『HELLO』　Mr.Children『Tomorrow never knows』　EAST END×YURI『DA.YO.NE』　シャ乱Q『ズルい女』

【話題の商品】Windows95（マイクロソフト）　携帯電話　PHS　都市型RV車　防災グッズ　スパ王（日清）　スヴェルト（クリスチャン・ディオール）　クイックルワイパー（花王）　消臭用品

【訃報】前畑秀子（水泳選手）　土井勝（料理研究家）　山田康雄（声優）　テレサ・テン（歌手）　富山敬（声優）

●平成7年の答え●

コ	ウ	ベ	■	オ	ウ	ム	シ	ン	リ	キ	ョ	ウ	■	ド
ツ	キ	ツ	キ	リ	■	ラ	チ	■	チ	ョ	■	ミ	イ	ラ
コ	■	リ	ョ	ク	チ	ャ	■	ミ	ギ	ウ	デ	■	チ	ゴ
ウ	ハ	■	ウ	■	ア	マ	ゾ	ン	■	ダ	イ	マ	ジ	ン
■	ク	リ	コ	シ	■	ダ	ク	■	オ	イ	■	ル	ツ	ボ
ゴ	ラ	ン	■	ヨ	サ	ン	■	ハ	キ	■	ミ	キ	■	ー
フ	ン	カ	コ	ウ	■	ワ	ス	レ	ナ	グ	サ	■	シ	ル
■	カ	イ	■	ホ	セ	■	キ	■	ワ	タ	■	シ	ン	■
セ	イ	■	コ	ウ	ツ	ウ	マ	ヒ	■	イ	ス	ラ	エ	ル
ア	■	ピ	ン	■	タ	ケ	■	メ	ン	テ	■	カ	イ	リ
カ	シ	ユ	■	ワ	イ	■	マ	ユ	■	キ	セ	ワ	タ	■
ゴ	マ	ア	ブ	ラ	■	ア	フ	リ	カ	■	ン	■	イ	カ
ケ	ム	■	ス	イ	セ	イ	■	ノ	モ	ヒ	デ	オ	■	イ
グ	ラ	ス	■	ガ	ン	■	ヒ	ト	■	ホ	ン	カ	ク	ハ
モ	■	マ	ツ	オ	カ	シ	ュ	ウ	ゾ	ウ	■	ゲ	イ	ツ

平成8年（1996年）

➡ ヨコのカギ

1 1月11日、内閣総理大臣に就任

2 高校野球の聖地。この年の夏の大会から、女子マネージャーのベンチ入りが認められました

3 ──を憎んで人を憎まず

4 お茶碗を持つとき、親指以外の指をのせるところ

5 地球温暖化のせいか、東京都心でこれが屋根から下がっているのを見ることは滅多になくなりました

6 国会でよく用いられる敬称

7 小学生がよく使う文房具の1つ

8 マラソン走者・有森裕子の「──で──をほめたい」は、新語・流行語大賞の1つに

9 ↔虚

10 事件の現場に物見高く集まる人

12 10月、『ポケットモンスター──』が小学館の雑誌の通信販売限定で発売。『赤』『緑』の別バージョンです

15 大人の女性は入れません

17 鳩山由紀夫の政治信条。「排除の論理」とセットで、新語・流行語大賞の1つに

18 この年の春の天皇賞と有馬記念の優勝馬

20 山陽道の国名。現在の広島県西部

22 日本ではカレーをつくるときによく使います

24 税別の反対は、税──

26 8月4日に死去した名優。9月3日に国民栄誉賞を受賞

27 江角──はデビュー作の『幻の光』でこの年の日本アカデミー賞の新人俳優賞を受賞した

30 ──を踏む姿も美しい横綱貴乃花、三月場所から九月場所まで4連覇。十一月場所を全休も年間最多勝

31 2月5日発売のMr.Childrenの曲。ダブルミリオンの大ヒットに

32 8月4日、新潟県巻町で原発建設の是非を問うために実施された。反対が有権者の過半数に

33 12月7日、世界文化遺産に登録。いわゆる「負の遺産」の1つ

35 安田成美・香取慎吾主演で大ヒット。主題歌は今井美樹の『PRIDE』

37 1月5日、村山富市首相が──を表明

39 競輪選手の十文字貴信が、↓12五輪の自転車競技1000mタイムトライアルで──メダルを獲得した

41 「象の──」と呼ばれた沖縄県読谷村の米軍楚辺通信所で、一部の地主が賃貸借契約を更新せず、大田昌秀知事は代理署名を拒否。4月1日より不法占拠状態に

46 本文より大きな字や目立つ書体になっているのが一般的

47 近藤誠の著書『患者よ、──と闘うな』が、従来の治療法を批判して話題に

48 つまらない失敗

50 仲間全員、居合わせた者みんな

51 ペルーの首都。12月17日にここの日本大使公邸が反政府勢力に襲撃され、約600人が人質に

52 ↔貸し

53 ──且行、この年にSMAPを脱退してオートレーサーに

55 ──の子が都会の子より素朴で野性的とは限らないようです

56 誠実でないこと　真剣でないこと　軽薄なこと

58 12月8日、海上自衛隊の練習機が降着装置の不具合のため小月基地に──着陸

59 4月12日、➡1首相とモンデール駐日大使が、普天間飛行場を条件付きで日本に──することに合意

62 6月27日～29日に先進国首脳会議が開催されたフランスの都市

63 南アメリカ大陸の北東部一帯

64 体のかなめの部分

67 9月8日、沖縄県で日米──協定見直しと基地の整理縮小に関する県民投票が実施された

69 ドラえもんは、タヌキじゃなくて──型ロボット。生みの親の藤子・F・不二雄は9月23日に死去

70 この年のJリーグを制したのは、鹿島アントラーズ。アントラーとは──の枝角のこと

⬇ タテのカギ

1 グラハム・──は、超古代文明を題材にしたベストセラー『神々の指紋』の原著者

4 12月7日、世界文化遺産に登録。外国人にも人気です

11 7月20日が、──の日として初めて祝日になった

12 第1回大会から100周年の近代五輪大会が開催された都市

13 『新潮』12月号で発表された──仁成の『海峡の光』が第116回の芥川賞を受賞

14 日光を当てないで栽培する野菜

15 大地の上に果てしなく広がります

16 警察官のいちばん下の階級

19 ボート競技の種目。1チーム9人です

20 ──温泉は宮城県の名湯。鳴子温泉・飯坂温泉とともに奥州三名湯の1つです

21 「フーテンの寅さん」は、➡26の当たり役。「姓は──、名は寅次郎」

23 8月、イギリスのチャールズ皇太子とダイアナ妃が正式に──

25 物の中心部分、物事の核心部分

27 ↓12五輪のNHKのテーマソングは、大黒──の『熱くなれ』

28 安室奈美恵のファッションを手本にする若い女性のこと。新語・流行語大賞のトップテンに

29 5月13日に『アジアの純真』でデビューしたPUFFYは、亜美と──の2人組です

30 小学校や中学校では、インフルエンザに感染した児童や生徒は──停止になります

31 ↔外

33 お酒は飲めません

34 3Dゲームに対応したゲーム機・NINTENDO64がこの年発売。──たちにとっては高嶺の花でした

36 唇にぬります

38 黒くて丸い燃料

40 フジテレビ系の五輪中継テーマ曲『ありがとう…勇気』を歌ったグループ。紅白歌合戦でもこの歌を披露

42 乗り越えた末には、大きな成果が得られることが多い

43 寒いとき空から降ります。霙や雪ではないけど、濡れると凍えます

44 うろたえること、あわてふためく

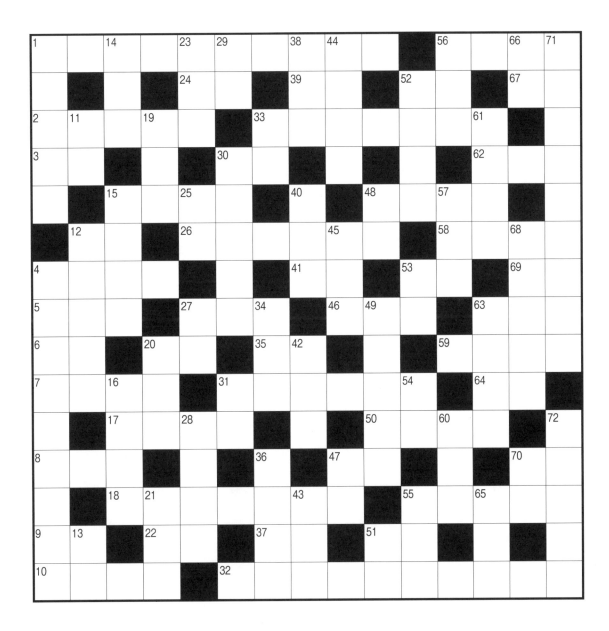

45 5人の優勝決定戦になった大相撲十一月場所は、大関武蔵丸が怒涛の——で優勝
47 地震波などの加速度を表わすのに用いる単位
48 おやゆびのこと
49 10月23日、ローマ法王ヨハネ・パウロ2世は「——の進化論はカトリックの教えと矛盾しない」と声明
51 生物にとって不可欠な元素の1つ。原子番号は15
52 2月14日、王将戦7番勝負で3連敗して——に追い込まれていた谷川浩司王将が投了し、羽生善治が全7冠制覇を達成した
53 実力を確かめるために受けます。合格可能性を判定されたりします
54 短刀じゃなくて…
55 「国のまほろば」だそうです
56 11月、プロ野球・西武の清原和博が——エージェントで巨人に移籍
57 8月17日に打ち上げられた地球観測プラットフォーム衛星
60 プロ野球セ・リーグは、巨人が大逆転で優勝。長嶋茂雄監督の「メーク——」が新語・流行語大賞の1つに
61 ルート2とかπとか
63 4月1日、資金量世界一の東京三菱——発足
65 中国・三国時代の魏の初代皇帝。曹操の長子
66 1月、パレスチナ——政府の初代議長にPLO(パレスチナ解放機構)のアラファト議長が就任した
68 隠されていた仕掛けや裏の事情などを説明すること
70 ワラビとかウラジロとかノキシノブとか
71 1月8日にスタートした青山剛昌原作の人気アニメ。「見た目は子ども、頭脳は大人」
72 2月27日にゲームボーイのソフトとして第1作が発売された『ポケットモンスター』で人気の、黄色いポケモン

平成8(1996)年 丙子

●できごと●
1月 橋本龍太郎内閣発足
　　若田光一がスペースシャトルに搭乗
　　日本社会党が社会民主党（社民党）に改称
2月 北海道の豊浜トンネルで岩盤崩落事故
　　羽生善治が将棋のタイトル七冠独占を達成
3月 TBSビデオ問題発覚。マスコミの倫理が問われる
4月 東京ビッグサイト（東京国際展示場）が開場
　　ポータルサイト「Yahoo! JAPAN」開設
　　オウム元教祖、麻原被告の初公判が開かれる
5月 2002年サッカーW杯の日韓共同開催が決定
6月 中国が核実験
　　住専処理で6850億円の公的資金投入が決定
7月 堺で大腸菌O157による集団食中毒発生
　　アトランタ五輪開幕
8月 寅さんを演じた俳優・渥美清が死去
　　新潟県巻町で原発の是非を問う住民投票。反対が多数
　　薬害エイズ事件で帝京大学前副学長の安部英を逮捕
9月 菅直人、鳩山由紀夫らが民主党を結成
10月 プロ野球で長嶋巨人がメークドラマの逆転V
　　小選挙区比例代表並立制による初の衆院選
11月 バンダイが携帯ゲーム「たまごっち」発売
12月 岡光前厚生事務次官が収賄容疑で逮捕
　　原爆ドームと厳島神社が世界遺産登録
　　ペルーの日本大使公邸が襲撃、占拠される
　　新進党の羽田孜元首相が離党、太陽党を結成

●世相・流行●
・大腸菌O157による食中毒が多発。食の安全が脅かされる
・女子高生の援助交際が社会問題化
・ババシャツ、ルーズソックス

この年開場した「東京ビッグサイト」こと東京国際展示場
（平成31年撮影）

●アトランタ五輪の日本勢
　この年の夏季五輪はアメリカのアトランタで開催。日本のメダル数は金3、銀6、銅5とやや低調だったものの、アスリートたちは数々の感動をくれた。
　女子マラソンでは、前大会銀メダルの有森裕子が今回も力走で銅。女子陸上初の2大会連続のメダル獲得を果たし「自分で自分をほめたい」という名言を残した。28年ぶりに出場した男子サッカー日本代表は、1次リーグであの強豪ブラジルを破る。結局決勝リーグには進めなかったが、この歴史的勝利は「マイアミの奇跡」として現在でも語り草となっている。ヨットでは重由美子、木下アリーシア組が日本ヨット界史上初となる五輪メダル（銀）獲得を果たした。3つの金は、すべて柔道によるもの。日本柔道の健在ぶりが見られた。一方で、金メダルが期待された田村亮子が、柔道衣を左前に着るという奇策（？）に出た北朝鮮のケー・スンヒに敗れるという波乱もあった。

●橋龍が総理に
　1月11日、村山富市首相の辞任に伴い、「橋龍」こと橋本龍太郎が総理大臣に就任した。端正な顔立ちと、ポマードで固めたようなオールバック（実際にはポマードは使っていないらしい）がトレードマークで、女性を中心に国民の人気を集めた。その人気もあってか、10月の衆院選で自民党は28議席増の239議席を獲得。11月の第2次内閣発足の際には「行政改革」を始めとする六大改革を掲げ、「火だるまになってもやる」と決意を語った。

●住専問題
　「住専」こと「住宅金融専門会社」は、各種金融機関が1970年代に相次いで設立したノンバンク。個人向けの住宅ローンを目的として作られたものだが、バブルに踊らされた結果、債務超過に陥ってしまった。この損失を穴埋めするために国は6850億円の公的資金を投入することを決定し、多くの国民の怒りを買った。
　この公的資金投入を審議、決定した第136回国会は俗に「住専国会」とよばれている。会期中、野党側は猛反発。新進党がピケを張って審議をストップさせるなどの抵抗を見せるも、いたずらに審議を長引かせただけに終わった。

●O157とカイワレ騒動
　7月、大阪府堺市の学校給食で集団食中毒が発生。児童や教職員など数千人が病院を受診し、死者も数名出てしまった。原因は腸管出血性大腸菌O157。5月の岡山県邑久町以来、広島県、岐阜県、愛知県で発生していた集団食中毒と同じ病原菌だった。
　堺市での事件のあと、厚生省は記者会見で「学校給食で使われていたカイワレ大根が感染源である可能性がある」と発表。その発表が報道されるやいなや、カイワレの出荷は停止され、全国のスーパーから姿を消した。当然、カイワレ農家にとってはたまったものではない。のちに損害賠償を求めて厚生省を訴える騒ぎにまで発展した。事態を重く見た菅直人厚生大臣がマスコミの前でカイワレを一気食いするパフォー

マンスを見せたものの、風評被害はすぐには収まらなかったようだ。

●メークドラマ

　この年のプロ野球セ・リーグのペナントレースは、長嶋巨人の「メークドラマ」で幕を閉じた。このシーズン、長嶋茂雄監督率いる読売ジャイアンツは大苦戦。中盤である夏場には首位の広島カープに最大11.5ゲーム差をつけられていた。しかし監督や選手たちは諦めなかった。11ゲーム差で迎えた7月9日の対広島戦で9打者連続安打で勝利したのをきっかけに快進撃、なんと8月終盤には早くも首位に。その後、中日とのデッドヒートを制して10月にリーグ優勝を決めた。「メークドラマ」は前シーズンの終盤に長嶋監督が造った言葉。そのときは優勝を逃したため、2年ごしの悲願達成となった。この言葉はこの年の新語・流行語大賞に選ばれ、現在でも、巨人軍（ときにはほかのチーム）の順位が低迷しているときに「メークドラマの再現なるか？」と期待とともに口にされるほどのインパクトを残した。

●インターネット事情あれこれ

　よく、日本の「インターネット元年」は平成7年だ、といわれる。その翌年であるこの年、インターネットの大衆への普及はますます進んだ。ここでは、この年のインターネットをとりまく話題をいくつかまとめてみる。

　4月、インターネット上で国内初の商用検索サイトである「Yahoo! JAPAN」が開設された。画面上の枠に好きな言葉を入れて検索するという、今ではすっかり定着している行為も、当時は斬新な検索方法だった。また、それとは別に、見出しの一覧から興味のある分野や対象を階層的にたどっていき、見たいサイトを探す検索方法（ディレクトリ型検索）もよく使われていた。

　12月にはNTTが「OCN」というインターネット接続サービスを始めた。当時、インターネットへの接続は電話回線を使った方式が主流で、電話で話しているときは使えない、料金が非常に高い、という問題があった。OCNにより、専用線による「月額固定料金」の「常時接続」が可能となった。前年にNTTがスタートした「テレホーダイ」サービス（夜間のみ定額で電話回線を使い放題のサービス）とともに、国内でインターネットが早く浸透する要因となったといえそうだ。

　このころのインターネットといえば「ブラウザ戦争」の話題も外せない。ブラウザ（ウェブページを閲覧するためのソフト）のシェアを巡り、「ネスケ」ことNetscape Navigatorと「IE」ことInternet Explorerがしのぎを削った。この年初頭までは前者が先駆者として圧倒的にリードしていたが、徐々にIE側がシェアを奪っていき、平成12年ごろにはIE側の勝利でブラウザ戦争は終結した。

　また、インターネットに関する社会問題の兆しが現れはじめたのもこの年だ。1月、警視庁はインターネット上にわいせつな写真を掲載した疑いで、会社員と高校生の自宅と、大手プロバイダー、ベッコアメの本社を家宅捜索した。その後、会社員は逮捕、起訴された。日本のインターネット史上では初めての事件だった。その後も同様の摘発は続いた。

●DATA●

【今年の漢字】食
【内閣総理大臣】村山富市（日本社会党）→橋本龍太郎（自由民主党）
【プロ野球日本一】オリックス・ブルーウェーブ
【Jリーグ年間優勝】鹿島アントラーズ
【JRA年度代表馬】サクラローレル
【流行語】メークドラマ　援助交際　ルーズソックス　友愛　チョベリバ　チョベリグ　アムラー　閉塞感　自分で自分をほめたい　ガンと闘うな
【書籍】石原慎太郎『弟』　唐沢寿明『ふたり』　猿岩石『猿岩石日記』　野口悠紀雄『「超」勉強法』　G・ハンコック『神々の指紋』　近藤誠『患者よ、がんと闘うな』
【映画】『ゴジラVSデストロイア』『Shall we ダンス？』『スワロウテイル』『キッズ・リターン』『セブン』『ミッション：インポッシブル』『ツイスター』
【テレビ】『ロングバケーション』『協奏曲』『秀吉』『ふたりっ子』『イグアナの娘』『マジカル頭脳パワー!!』『SMAP×SMAP』『名探偵コナン』『るろうに剣心 -明治剣客浪漫譚-』
【音楽】Mr.Children『名もなき詩』『花-Mémento-Mori-』安室奈美恵『Don't wanna cry』『Chase the Chance』スピッツ『空も飛べるはず』　globe『DEPARTURES』華原朋美『I'm proud』　PUFFY『アジアの純真』久保田利伸 with NAOMI CAMPBELL『LA・LA・LA LOVE SONG』
【話題の商品】インターネット　モバイル情報機器　プリント倶楽部（アトラス）　ミニ四駆（タミヤ）ルーズソックス　ババシャツ　エアマックス（ナイキ）『ポケットモンスター 赤・緑』（任天堂）
【訃報】岡本太郎（芸術家）　横山やすし（漫才師）司馬遼太郎（作家）　宇野千代（作家）　渥美清（俳優）藤子・F・不二雄（漫画家）　遠藤周作（作家）

●平成8年の答え●

ハ	シ	モ	ト	リ	ュ	ウ	タ	ロ	ウ		フ	マ	ジ	メ
ン		ヤ		コ	ミ		ド	ウ		カ	リ		チ	イ
コ	ウ	シ	エ	ン		ゲ	ン	バ	ク	ド	ー	ム		タ
ツ	ミ		イ		シ	コ		イ		バ		リ	ョ	ン
ク		オ	ト	コ	ユ	ト		ボ	ン	ミ	ス		テ	
	ア	オ		ア	ツ	ミ	キ	ョ	シ		ド	ウ	タ	イ
イ	ト	ゾ	コ		セ		オ	リ		モ	リ		ネ	コ
ツ	ラ	ラ		マ	キ	コ		ミ	ダ	シ		ギ	ア	ナ
ク	ン		ア	キ		ド	ク		ー		ヘ	ン	カ	ン
シ	タ	ジ	キ		ナ	モ	ナ	キ	ウ	タ		コ	シ	
マ		ユ	ウ	ア	イ		ン		イ	チ	ド	ウ		ピ
ジ	ブ	ン		ム		ル		ガ	ン		ラ		シ	カ
ン		サ	ク	ラ	ロ	ー	レ	ル		ヤ	マ	ソ	ダ	チ
ジ	ツ		ル		ジ	イ		リ	マ		ウ		ユ	
ヤ	ジ	ウ	マ		ジ	ュ	ウ	ミ	ン	ト	ウ	ヒ	ョ	ウ

平成9年（1997年）

→ ヨコのカギ

1 不倫の代名詞にもなった、この年の新語・流行語大賞。小説はベストセラー、映画も大ヒット

2 6月22日、岐阜県御嵩町で産業廃棄物処分場建設の賛否を問う住民投票。住民は──を突きつけた

3 デジタル──の高画質化と低価格化が進み、より手軽にキレイな写真が撮れる時代に

4 この年放送開始のアニメ『ポケットモンスター』に登場する犯罪組織といえば、ロケット──

5 この年、長野新幹線と──新幹線の2つの新幹線が開業

6 天── 牛── 親子──

7 1月にソロデビューアルバム『マグマ』を出したのは、B'zのボーカルを務める──浩志

8 7月2日、アメリカが未臨界──実験を強行。日本国内からも多くの非難の声が上がった

9 12月、地球──防止京都会議開催。温室効果ガスの削減目標などを定めた京都議定書が採択された

12 ──・ウッズが史上最年少記録となる21歳3カ月でゴルフのマスターズ優勝。アサヒ飲料の缶コーヒー「WONDA」のCMでも活躍

13 ──子 神の── 孔孟の──

15 この年のプロ野球を制したのはヤクルト・スワローズ。本拠地である──球場で日本一を決めた

16 麻雀で同じ牌を4枚集めてできる

17 この年のパ・リーグでは、イチローが3割4分5厘でトップ

19 ヘール・ボップ──が3月22日に地球に最接近。20世紀最大級とまで称される明るさに

21 アクション映画『──フォース・ワン』が11月に国内で公開

23 人気ロボットアニメの略称。この年の春、初の劇場版公開。その後夏に続きが公開された

25 6月11日、改正男女雇用──均等法成立。セクハラ規定などが盛り込まれる

28 「瑠璃懸巣」と書く美しい鳥

29 11月16日、サッカー日本代表がイ

ランを破り念願のW杯本戦初出場を決める。試合の開催地から、俗に「──の歓喜」とよばれる

33 4月まで放送のNHK連続テレビ小説『ふたりっ子』でデビューした双子の子役といえば、──カナ

34 奥さんのこと。──天下

36 この年、──證券が経営破綻。野澤社長の「社員は悪くありませんから」の言葉とともに自主廃業へ

37 ──ともえが個性的なキャラと独特のファッションでシノラーブームを起こす

39 クラブ活動で使うお金

41 9月に亡くなった横井庄一元陸軍軍曹がかつて残留していた島

43 ベネチア国際映画祭で北野武監督の『HANA-BI』が──獅子賞受賞

44 このころ、MD（ミニディスク）が全盛。パソコンにつなぎキーボードで──入力できるデッキも登場

45 記念に授与する金属製の円盤

47 ジャガイモの食べる部分は根っこでなくてこの部分

50 人ごみで財布を掠め取る犯罪

53 第117回芥川賞を受賞した作家は、『水滴』を書いた──俊

54 3月には大阪と名古屋で相次いで──球場がオープンした

56 水族館でもよく見る海獣

58 太陽のかわいい言い方

59 12月に──法が成立。介護が必要な人へのサービスを充実するための法律で、3年後に施行された

60 この年ブレイクした携帯電子ペット。社会現象化して品切れ続出、その人気は海外にまで波及した

62 給水── ──ローリー

64 ↓44の主題歌を歌ったカウンターテナーは米良──

65 ──を極める ──を尽くす

68 9月23日、日米政府が防衛協力のためのガイドラインを改定。周辺──での協力などが盛り込まれる

69 7月、タイでのバーツ急落に──を発した通貨危機が周辺国に波及

72 この年、銀行の融資の消極化、いわゆる貸し──が問題になる

74 ──符＝クエスチョンマーク

76 色の尺度。色相と彩度で表す

78 月9ドラマ『ひとつ──の下2』は最終話で最高視聴率34.1％を記録するも、結末には賛否両論

80 ──上げ ──からぼた餅

81 ──善尺魔 ー──先は闇

82 有名人のファッションを──する人を「○○ラー」と呼ぶのが流行

↓ タテのカギ

1 1月19日、──建次郎がダカール・ラリーで総合優勝。日本人初の快挙を成し遂げた

4 8月31日、イギリスの──元皇太子妃が悲劇の交通事故死。世界が悲しみに包まれた

6 11月にスペースシャトル・コロンビア号に搭乗し、日本人初の宇宙船外活動を行った宇宙飛行士

10 『モスラ──』や『スピード──』はこの年に公開された続編映画

11 京都議定書で規定された温室効果ガスの一つ。化学式はCH_4

13 篠田節子が『──たちのジハード』で第117回直木賞受賞

14 主── 仁── 暗──

15 この年のノーベル平和賞は──禁止国際キャンペーンとジョディ・ウィリアムズが受賞。12月には対人──全面禁止条約の署名式も

16 この年の流行は、ホルターネックの──ファッション

18 高速や観光もある乗合自動車

20 柑橘類に多く含まれる──酸

22 めでたいウタゲ

24 この年、野村證券や第一勧銀を始め、金融機関や大企業による総会屋への──供与が相次いで発覚

26 憲法にそむくこと。4月、愛媛県知事が靖国神社の玉串料を公費で支払った件に最高裁が──判決

27 この年のJRA賞年度代表馬。牝馬として26年ぶりに選出された「平成の女帝」

29 名を捨てて──を取る

30 アジア通貨危機でアジア諸国の通貨の──レートが暴落

31 メロンもカボチャもこの仲間

32 降っている晩。──の品定め

34 アサリ ホタテ カキ サザエ

35 やりたくない、欲しくない

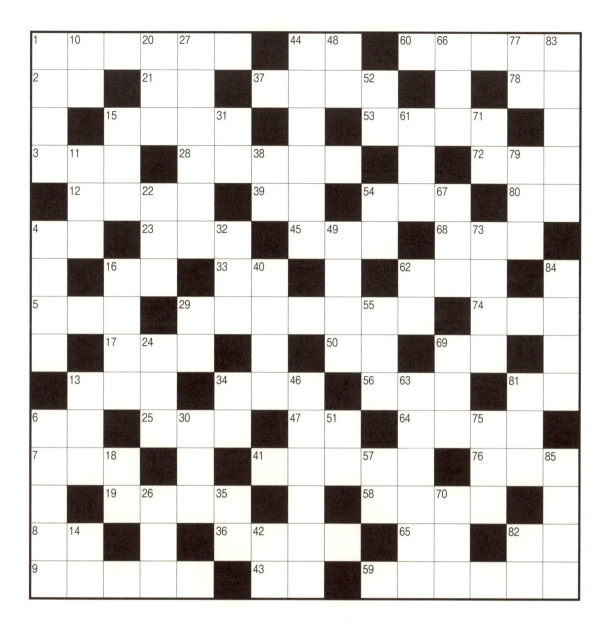

38 10月23日、↓84市場の──価が暴落し、世界同時──安に
40 1月2日、隠岐島北方でロシアの──号が沈没。日本海沿岸が重油まみれに
42 暖炉にくべて燃やす木
44 スタジオジブリ制作の長編アニメ映画。『E.T.』の持っていた国内配給収入記録を塗り替える大ヒット。キャッチコピーは「生きろ。」
46 12月18日、川崎市と木更津市を結ぶ東京湾──が開通
48 みずからが属するほう
49 この年のテニス全仏オープン混合──で、平木理化とマヘシュ・ブパシのペアが優勝。日本人女性では初の偉業
51 12月に韓国で大統領選挙実施。野党第一党である国民会議の──・デジュンが当選した
52 金銀を施したキラキラな糸や織物
54 アメリカの通貨単位

55 障壁。──フリー住宅
57 ココノツの次
61 2月23日にイギリスの研究所が発表したクローン羊の名前
62 この年ブームになった飲み物といえば赤ワイン。その赤ワインを熟成するために使う木製容器は？
63 4月1日に率が3％から5％に引き上げられたもの
66 この年、日本の航空会社各社がマイレージサービスを拡大。国内線でも──が貯まるように
67 この年から山梨実験線でのリニアモーターカーの走行実験が本格化。12月に有人で時速531キロ、──で時速550キロの最速記録
69 この年、ドラマ『ビーチボーイズ』や『バージンロード』に出演して人気急上昇したのは反町──
70 人気力士の小錦が引退。現役──の取組は不戦敗だった
71 しいていえばよい。ないより──

73 11月に経営破綻した北海道の銀行の略称。都市銀行の破綻は史上初
75 この年のＪリーグの1stステージを制したのは──アントラーズ。2ndステージはジュビロ磐田
77 ワックスをかけると出るもの
79 前年末ペルーで起きた日本大使館公邸人質事件は、4月22日、軍の特殊──突入という強攻策で終結
81 8月9日、アテネの世界陸上選手権女子マラソンで──博美が優勝
82 この年のカスパロフ対ディープ・ブルーのチェス対決は、カスパロフの──で決着。コンピューターが初めて人間の王者を破った
83 第39回日本レコード大賞で最優秀新人賞を受賞した歌手。沖縄出身、受賞曲は『precious・delicious』
84 7月1日にイギリスから中国に返還され、特別行政区に
85 「動力炉・核燃料開発事業団」の略。この年、不祥事で批判の的に

37

平成9(1997)年 丁丑

●できごと●

1月　ナホトカ号重油流出事故
　　　「聖輝のカップル」松田聖子・神田正輝が離婚
2月　神戸連続児童殺傷事件（酒鬼薔薇事件）最初の犯行
3月　大阪ドーム、ナゴヤドーム開業
　　　東海村の動燃施設で爆発事故
　　　東電OL殺人事件。過熱する報道合戦が問題に
　　　秋田新幹線開業
4月　消費税が5％に増税
　　　ペルー日本大使公邸に特殊部隊突入、人質解放
5月　カンヌ映画祭で今村昌平監督が最優秀作品賞を受賞
6月　神戸連続児童殺傷事件で14歳少年を逮捕
7月　香港がイギリスから中国へ返還
　　　タイで変動相場制導入、アジア通貨危機始まる
　　　松山ホステス殺人事件の容疑者を時効直前に逮捕
8月　ダイアナ元イギリス皇太子妃がパリで交通事故死
9月　マザー・テレサ死去
　　　ベネチア映画祭で北野武監督が金獅子賞を受賞
10月　長野新幹線開業
　　　臓器移植法施行
　　　安室奈美恵がTRFのダンサー・SAMと結婚
11月　サッカーW杯予選で「ジョホールバルの歓喜」
　　　北海道拓殖銀行、山一證券が経営破綻
　　　土井隆雄が日本人初の宇宙船外活動
12月　地球温暖化防止京都会議
　　　東京湾アクアライン開通

●世相・流行●

・少年による凶悪犯罪に国内騒然
・金融機関の破綻が相次ぐ
・失楽園現象。赤ワインもブームに

この年最接近したヘール・ボップ彗星（3月撮影）

●2つの新幹線

　この年、日本で新たに2つの新幹線がデビューした。
　1つは盛岡駅と秋田駅を結ぶ、秋田新幹線。「新幹線」といっても、専用の路線を走るわけではなく、もともとあった在来線のレールを走る「ミニ新幹線」。最高時速は東海道新幹線や東北新幹線とはほど遠い。とはいえ、東京－盛岡間を走る東北新幹線との直通運転により、東京と秋田が最速4時間弱で移動できるようになった。ピンクの帯が入ったこまち号のデザインや、ライバルである航空会社を意識したかのようなテレビコマーシャルも話題となった。
　もう1つは、高崎駅（列車運行上は東京駅）と長野駅を結ぶ長野新幹線。こちらは専用の路線を走る、正真正銘の新幹線。翌年の長野五輪開催に合わせて開業された路線で、東京と北陸地方を結ぶ「北陸新幹線」のうち、長野までの区間にあたる。しかし、当時この新幹線を「北陸新幹線」と呼ぶのは問題があった。東京方面から北陸地方へ抜ける場合、この新幹線を使うよりも、上越新幹線で越後湯沢に出て、そこから特急に乗り換えたほうが早かったのである。北陸地方を目指す利用客が間違えて「北陸新幹線」に乗ってしまうのを避けるため、一時的に「長野新幹線」という名称を使うことにしたのだった。なお、開業直後、駅の掲示板などでは「長野行新幹線」と「行」をつけた名称も使われていて、チマタではどちらの言い方を使うべきかで議論になることもあった。

●透明な存在の少年A

　この年神戸市で発生した連続児童殺傷事件は、学校の正門に置かれた、切断された男児の頭部から発覚した。中学生による犯行であったことや、その手口の残虐性から、社会に大きな衝撃を与えた。本来匿名のために使う名称である「少年A」という呼称が、現在でもこの事件の犯人を指すことがあることからも、この事件が当時もたらしたインパクトの大きさがうかがえる。また、犯人がマスコミに送った挑戦状とも受け取れる犯行声明文も話題となり、その中の一節「透明な存在」はこの年の新語・流行語大賞トップテンに選ばれた。
　この事件では、マスコミの報道姿勢についても注目された。7月に写真週刊誌の『FOCUS』が犯人の顔写真と実名を掲載、物議を醸した。該当号の販売を自粛した店も多かった。さらに、被害者宅を四六時中監視するマスコミの報道姿勢に対して、プライバシー保護の観点から問題視された。

●ダイアナ妃

　8月31日未明、イギリスのダイアナ元皇太子妃が亡くなった。訪問先、パリの地下道での交通事故死だった。その悲劇に、イギリスだけでなく全世界が驚きと悲しみに包まれた。9月6日に執り行われた葬儀のようすは日本でも中継放送され、高視聴率を記録した。
　ダイアナ妃は名門貴族の生まれ。昭和56(1981)年にチャールズ皇太子と結婚した際は、結婚式のようすが世界中にテレビ中継され、数億人が2人の門出を祝ったといわれる。前年に離婚したあとは慈善活動に尽力。エイズ患者と握手したり、戦地の地雷原を歩いたり、独自の活動を続けた。「people's princess」と呼ばれ、幅広い層の人から愛された人物だった。

また、この事件では「パパラッチ」と呼ばれる、マスコミへスクープ写真を売り込むカメラマンたちも話題となった。事故当時、ダイアナ妃の乗るベンツはパパラッチに追われていた。その追跡を振り切るために車は猛スピードでトンネルへ突入し、コンクリートに正面衝突したのだった。パパラッチの追跡がなければ事故は起きなかっただろう、ということで、パパラッチたちが厳しい批判にさらされた。

●たまごっち

前年秋に発売された「たまごっち」がこの年になって大ブレイクした。たまごっちは、画面上の電子ペットを育てて遊ぶ、キーチェーン型の携帯ゲーム。えさをやったり、フンの掃除をしたり、ご機嫌を取ったりと数々の世話をしながら、ペットの成長を見守るという内容で、こまめに世話をしないと病気になったり、いいキャラに成長しなかったり、最悪のケースでは死んでしまったりする。マスコミでの露出もあって一大ブームとなり、品切れ続出。販売店では連日行列ができ、数万円で取り引きされるケースもあったという。また、キャラクターを世話するために日常生活に支障をきたしたり、大事に育てたキャラクターの死によりペットロス症候群に似た症状を発症する人が出てきたりといった過熱ぶりで、一種の社会現象にまでなった。

たまごっちブームはほどなくして沈静化したが、人気は根強いようで、たまごっちの続編はその後も断続的にリリースされている。携帯ゲーム機向けに移植されたり、赤外線通信機能がついたり、スマートフォンと連携できたりと、時代時代の最新要素を取り入れつつ、現在まで受け継がれている。

●ゴルフ界の新ヒーロー

アメリカのプロゴルファー、タイガー・ウッズが鮮烈なデビューを飾った。前年にプロ転向したばかりのウッズは4月、マスターズに出場。メジャーデビュー戦だったにもかかわらず、2位のトム・カイトに12打差という圧倒的な成績で優勝してしまった。21歳3カ月という年齢での優勝は、史上最年少記録。6月には世界ランキング1位に到達。平成31年3月現在でも破られていない「世界ランキング1位保持の最長記録」の始まりだった。この年の賞金王にも輝いている。

試合以外では、アサヒ飲料の缶コーヒー「WONDA」のCMに出演した。こちらでの印象が強い人も多いかもしれない。

●今世紀最大級の大彗星

この年を中心に、ヘール・ボップ彗星が夜空に明るく輝いた。前年からすでに話題になっていた彗星だが、地球に最接近した3月前後には都会の明るい空でもはっきり見えるほどの明るさに。天文ファンを始め、多くの人々が今世紀最大級の彗星ショーを鑑賞した。その後、太陽から遠ざかるにつれて見えにくくなっていったが、南半球では年末近くまで見え続けたという。最終的には、約1年半もの間、地球から肉眼で観測できた大彗星だった。

なお、ヘール・ボップ彗星の公転周期は約2500年。次に地球の近くにやってくるのは西暦4530年前後の見込みだという。残念ながら私たちは二度とお目にかかれないようだ。

●DATA●

【今年の漢字】倒
【内閣総理大臣】橋本龍太郎（自由民主党）
【プロ野球日本一】ヤクルトスワローズ
【Jリーグ年間優勝】ジュビロ磐田
【JRA年度代表馬】エアグルーヴ
【流行語】失楽園（する）　たまごっち　もののけ姫
パパラッチ　透明な存在　ガーデニング　マイブーム
日本版ビッグバン　チャイドル
【書籍】渡辺淳一『失楽園』　妹尾河童『少年H』
浅田次郎『鉄道員』　柳美里『家族シネマ』
ビストロスマップ制作委員会『ビストロスマップ完全
レシピ』　Ｓ・Ｒ・コヴィー『7つの習慣』
【映画】『もののけ姫』『失楽園』『うなぎ』
『萌の朱雀』『HANA-BI』『ラヂオの時間』
『新世紀エヴァンゲリオン劇場版』
『インデペンデンス・デイ』『フィフス・エレメント』
『ロストワールド／ジュラシック・パーク』
【テレビ】『ひとつ屋根の下2』『ラブジェネレーション』
『失楽園』『あぐり』『バージンロード』『いいひと。』
『ビーチボーイズ』『踊る大捜査線』『伊東家の食卓』
『ぐるぐるナインティナイン』
【音楽】安室奈美恵『CAN YOU CELEBRATE?』
KinKi Kids『硝子の少年』　Le Couple『ひだまりの詩』
GLAY『HOWEVER』　SPEED『White Love』　globe『FACE』
【話題の商品】たまごっち（バンダイ）　ポータブルMD
ロスタロット（資生堂）　キティちゃんグッズ
ねるじぇら（雪印乳業）　ベルギーワッフル　赤ワイン
キシリトールガム　ハイパーヨーヨー　デジキューブ
『ファイナルファンタジーⅦ』（スクウェア）
【訃報】鄧小平（政治家）　勝新太郎（俳優）
小平邦彦（数学者）　伊丹十三（映画監督）
三船敏郎（俳優）　星新一（作家）

●平成9年の答え●

シ	ツ	ラ	ク	エ	ン		モ	ジ		タ	マ	ゴ	ッ	チ
ノ			エ	ア		シ	ノ	ハ	ラ		イ		ヤ	ネ
ヅ		ジ	ン	グ	ウ		ノ		メ	ド	ル	マ	ン	
カ	メ	ラ		ル	リ	カ	ケ	ス		リ		シ	ブ	リ
	タ	イ	ガ	ー		ブ	ヒ		ド	ー	ム		タ	ナ
ダ		エ	ヴ	ア		メ	ダ	ル		ジ	タ	イ		
イ		カ	ン		マ	ナ		ブ		タ	ン	ク		ホ
ア	キ	タ		ジ	ョ	ホ	ー	ル	バ	ル		ギ	モ	ン
ナ		ダ	リ	ツ		ト		ス	リ		タ	ン		コ
	オ	シ	エ		カ	カ	ア		ア	シ	カ		ス	ン
ド		キ	カ	イ		ク	キ		ヨ	シ	カ	ズ		
イ	ナ	バ		ワ		グ	ア	ム	ト	ウ		シ	キ	ド
タ		ス	イ	セ	イ		ラ		オ	ヒ	サ	マ		ウ
カ	ク		ケ		ヤ	マ	イ	チ		ゼ	イ		マ	ネ
オ	ン	ダ	ン	カ		キ	ン		カ	イ	ゴ	ホ	ケ	ン

39

平成10年（1998年）

→ ヨコのカギ

1 昭和最後の日に「平成」と書かれた額を出した人。この年の7月、第84代総理大臣に就任

2 この年の講談社漫画賞を受賞した福本伸行の『賭博黙示録——』

3 「級」より格上のランク

4 4月からNHK教育テレビ『英語であそぼ』で体操のお兄さんを担当したのは——・コスギ

5 座るときに椅子に乗っかるところ

7 1月31日公開のホラー映画。貞子がテレビから這い出る場面が有名

8 知らせたり居所が悪かったりする

9 3月、超小型カメラの探査により青龍、白虎、天文図が確認された奈良県明日香村の古墳

10 小麦粉を水でこね、汁で煮た料理

11 スポーツ振興くじの愛称。5月20日に国会で根拠法が成立

14 成分を抽出した香料。バニラ——

18 4月9日に二谷友里恵と離婚し、同日に告白本『ダディ』を発表したのは——ひろみ

20 南の反対方向または大阪駅の周辺

21 イタリアセリエAを代表する赤黒縦縞のクラブはAC——。この年ザッケローニ監督が就任し、98−99シーズンは3年ぶりにリーグ優勝

23 靴も靴下も履いてない状態のこと

24 「今年の漢字」。和歌山カレー事件や環境ホルモン問題などが理由

25 ブラジルの「サッカーの王様」。この年まで母国ブラジルのスポーツ大臣を務めた

27 8月8日、「東の羽生、西の——」と並び称された将棋棋士の——聖がA級在籍のまま逝去

29 この年にヒットしたトヨタの量産型ハイブリッド自動車。コピーは「21世紀に間に合いました。」

31 11月25日に中国の国家元首として初めて日本を訪れた人物

32 地図に前線を描いたり宣言したり

33 趣味にして楽しむこと。——家

34 ぬかに——　——を刺す

36 風格に欠けて卑しい

38 9月に放送終了したテレビアニメ『るろうに剣心-明治剣客浪漫譚-』で主人公役を演じたのは涼風——

40 男性の中に女性が1人だけ混ざっている状態。例えば→1内閣の野田聖子郵政大臣

42 この年、大リーグでマグワイアとソーサが本塁打王を争う。どちらも偉大な——

43 ——24時間レースで、星野一義ら日本人ドライバー3人のチームが3位に入り、表彰台にのぼった

45 東京の新宿と福岡の——を結び、「キングオブ深夜バス」の異名を持つ夜行高速バスは——号

46 家畜や人間の血を吸う節足動物

49 生まれた家柄や土地など

51 5月2日、X JAPANでこの楽器を担当していたhideが急逝

52 五月場所後若乃花が大関から昇進。貴乃花と史上初の兄弟同時——に

53 4月に金正日総書記に招待されたプリンセス天功が平壌で披露した

54 ビーフはこの動物の肉

56 この年の紅白歌合戦に初出場したDA PUMPのボーカルでリーダー

57 9月6日の没後、国民栄誉賞を受賞した映画監督。代表作は『七人の侍』『羅生門』『生きる』など

59 夜更かしばかりすると荒れそう

61 漠然と正午に近い時間帯

64 主食の丁寧な呼び名。——券

65 この年漫才協団（現・漫才協会）の第5代会長に——桂子が就任

67 ——力　——騒ぎ　——正直

68 釣った魚をすくう小さい網のこと

70 童謡で毬を蹴れない山寺の——

72 底面と点でできた立体。三角——

73 中山美穂と木村拓哉主演による、10月開始のドラマは『眠れる——』

75 7月12日の第18回参議院議員通常選挙で大敗した政党の略称

77 この年のエルニーニョ現象による海水温の上昇で白化が問題となった海の生き物。——礁

78 3月に日本で公開されヒットした映画。ローワン・アトキンソンの演じる「Mr.——」シリーズの一環

79 最後のこと

80 一般的な四季の順番では最後

82 この年、日本プロ野球記録の18連敗を喫したマリーンズの本拠地

84 負けた方が再戦依頼「——の1回」

85 扉を開けるもの　謎を解くヒント

↓ タテのカギ

1 6月14日にサッカーW杯へ日本が初出場したときの代表監督

6 11月27日に発売された家庭用ゲーム機。湯川専務と滝沢秀明がリヤカーで売り歩くCMが話題に

12 学校のクラブに必要な構成員

13 海や湖が陸地に食い込んだところ

15 福音を伝えるキリスト選抜の12人

16 1月9日スタートのドラマ『聖者の行進』の主題歌の1つ。もともと中島みゆきが1992年に発表した曲で、2010年代にもヒット

17 この年の11月に沖縄県で選挙が行われ稲嶺惠一が——に

18 この年、週刊少年ジャンプで連載開始した『HUNTER×HUNTER』の主人公は——＝フリークス

19 5月30日に、TAKARAZUKA1000days劇場が開場。こけらおとしで『WEST SIDE STORY』を上演したのは真琴つばさが所属のこの組

22 『——チャンス』は、『雷波少年』の企画でSomething ELseが12月23日にリリースした運命の曲

24 長野五輪の男子フィギュアスケートでフランスのキャンデロロがダルタニアンを演じ——メダル獲得

25 スペインの旧通貨。銀行間取引では12月で使用終了、ユーロに移行

26 マトンに対して子羊の肉のこと

28 →51などの音を増幅する装置

30 海外のこと

32 この年ドラマ『おそるべしっっ!!!音無——さん』に主演した榎本加奈子は、新語・流行語大賞を受賞したハマの大魔神とのちに結婚

33 11月1日東京11レース天皇賞（秋）で、1枠1番一番人気のサイレンススズカがレース中に粉砕骨折。予後不良と診断され——の処置に

35 鼻の長い動物

36 ——は身を助ける

37 生活している家

39 →1・梶山静六・小泉純一郎を表現した「凡人・軍人・変人」で新語・流行語大賞を受賞した田中眞

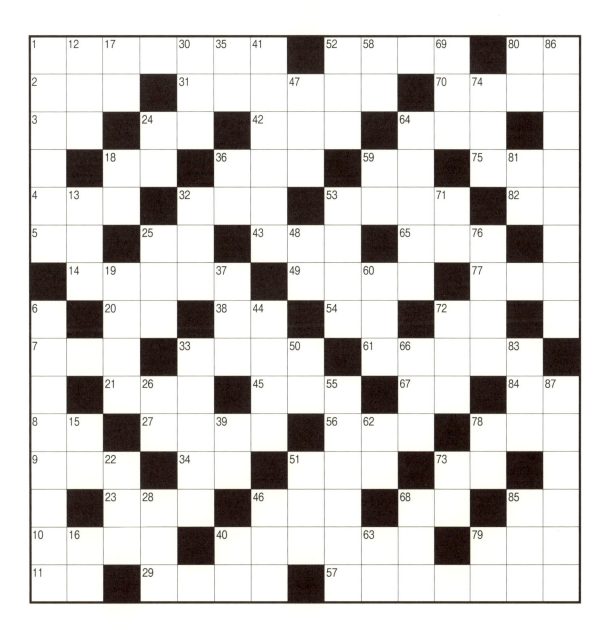

　　紀子は1月14日生まれの──座
40　手のひらの裏にあるのは手の──
41　『Automatic/time will tell』で12月にデビュー。平成の歌姫の1人
44　この年の甲子園を春夏連覇したのは──高校、プロ野球で日本一となったのは──ベイスターズ
46　口かネズミかパソコンの入力装置
47　成功のためあれこれ骨を折ること
48　多くすること。割──料金を取る
50　サナギから出て飛べるようになる
51　この年のバーミンガム・サミットのは「アジアの通貨危機」など
52　祭の前夜に行われる宵祭のこと
53　6月22日に──監督庁が総理府の外局として発足。現在は──庁
55　3月発表の第70回アカデミー賞で11部門を制覇した映画。セリーヌ・ディオンが歌う主題歌もヒット
58　仕事などで詰めすぎると体に悪い
59　5月23日に太宰治の遺族が『人間失格』の草稿を公開。「──の多い

　　生涯を送って来ました。…」
60　日本のヤマネコはイリオモテヤマネコと──ヤマネコ。この年改訂の哺乳類レッドリストに両方記載
62　翌年からJ──が創設されるため落ちるチームを決めるJ1参入決定戦を開催。ポイントシステムで不利益を被ったコンサドーレが敗退
63　8月20日、アメリカがアフガニスタンとスーダンの──関連施設を①76攻撃
64　10月31日公開の映画『踊る大捜査線 THE MOVIE』の主演。事件は会議室で起きてるんじゃない！
66　10月29日に横浜フリューゲルスの消滅が明らかに。フリューゲルはドイツ語で──の意
68　7月4日、日本で初の火星──機「のぞみ」が打ち上げに成功
69　4月に中原誠永世十段との不倫を週刊誌で暴露したのは元女流棋士の林葉──

71　マカロニもストローもこんな形状
72　おとめ座にある一等星
73　この年流行のメールソフト・ポストペットのピンク色のテディベア
74　ホン──　ブナ──　ヒラタケ
76　8月31日に北朝鮮が発射し三陸沖に着弾。名前はテポドン
78　最下位。この年の阪神タイガース
79　9月19日、スカイマーク──ラインズが羽田－福岡間に新規参入
80　授けること
81　4月4日にアントニオ猪木が東京ドームで引退した際に諳んじた詩「迷わず行けよ　行けばわかるさ」
83　他人に迷惑をかけない礼儀
85　2月7日の長野五輪開会式で6カ国を同時中継し歌われたのはベートーベン交響曲9番の『──の歌
86　2月2日にこれまでの5桁から7桁へ変更。官製はがきの赤枠
87　12月12日公開の『モスラ3』で、モスラが対戦した宇宙超怪獣

平成10(1998)年 戊寅

●できごと●

1月　太陽党ほか3党が合流して民政党に
2月　郵便番号が7桁化される
　　　長野五輪
3月　長野パラ五輪
4月　アントニオ猪木が東京ドームで引退試合
　　　明石海峡大橋開通、神戸淡路鳴門自動車道全通
　　　民主党に民政党らが合流、新「民主党」結成
5月　インドとパキスタンで核実験
　　　大相撲で貴乃花と若乃花の兄弟横綱誕生
6月　国民歌謡作曲家の吉田正が死去
　　　サッカーW杯に日本初出場
7月　参院選で自民党惨敗。小渕恵三内閣発足
　　　和歌山毒物カレー事件
8月　高校野球で松坂大輔擁する横浜高校が春夏連覇
　　　原宿の歩行者天国が廃止
　　　北朝鮮がテポドン発射。日本上空を通過
9月　映画監督の黒澤明が死去
　　　スカイマークが定期航空事業35年ぶりの新規参入
10月　金韓国大統領が日本訪問。日韓共同宣言採択
　　　任天堂がゲーム機「ゲームボーイカラー」発売
　　　日本長期信用銀行が経営破綻
11月　「クモ男」アラン・ロベールが新宿センタービル登頂
　　　政府が24兆円規模の緊急経済対策決定
　　　日中共同宣言発表
12月　大量破壊兵器査察を拒否したイラクを米英が空爆

●世相・流行●
・大手企業や銀行の倒産が相次ぎ、金融不安に
・映画「タイタニック」ブーム
・ネイルアート、キャミソール、トートバッグが流行

横浜ベイスターズの優勝パレードに詰め掛けたファンで埋め尽くされた沿道（写真提供：共同通信社）

●長野五輪・パラ五輪

　2月、第18回冬季五輪が長野で開催された。国内での開催は、昭和47(1972)年の札幌五輪以来26年ぶり。72の国や地域の選手たちが長野に集まり、技を競い合った。国内開催ということもあり日本人選手のメダル獲得への期待がひときわ高まる中で始まった大会だが、日本勢は期待にきっちり応える大活躍。冬季五輪史上初となる10個のメダルを手にした。
　スキージャンプ団体では、岡部孝信、斎藤浩哉、原田雅彦、船木和喜の「日の丸飛行隊」が逆転優勝の金。特に、前回大会でまさかの失速に泣いた原田の復活劇に会場もお茶の間も沸いた。個人でも、船木がラージヒルで完勝の金、原田が銅を獲得している。
　女子モーグルでは里谷多英が金メダル。試合前の注目度は高くなかったが、持ち前の技量と本番の強さを発揮して、みごと冬季五輪では史上初の日本人女性金メダリストに輝いた。スピードスケート男子500mでは、日本スケート陣のエース清水宏保が金。1回目で出した五輪新記録を2回目でさらにぬりかえる圧倒的な速さだった。清水は1000mでも銅メダルを獲得している。また、ショートトラック男子500mでは「浪速の弾丸」西谷岳文が金。決勝できっちりロケットスタートを決めて世界王者を破った。
　3月には、長野パラ五輪も開催された。冬季のパラ五輪がヨーロッパ以外の地域で開催されたのは、この大会が初めて。この大会でも日本勢は輝かしい成績を残した。
　最初の快挙は、大会2日目。チェアスキー選手の大日方邦子がアルペン女子滑降座位で優勝し、パラ五輪では日本人初となる金メダルを獲得した。その後も日本人選手は次々と偉業を達成。終わってみれば、金メダル12個を含む合計41個ものメダルを獲得した。中でも圧巻だったのはアイススレッジスピードスケート女子。松江美季が金3銀1、土田和歌子が金2銀2、武田豊が金3銀1と、メダルを量産した。

●小渕総理の異名あれこれ

　7月30日、小渕恵三が第84代内閣総理大臣に就任した。直前の参院選で彼の所属する自民党は大敗。さらに彼が橋本前首相と同じ派閥だったこともあって、低支持率での出発だった。しかし、翌年には自由党や公明党との連立により政権基盤を安定化、周辺事態法、国旗国歌法、通信傍受法といった重要な法案を成立させるなど一定の結果を残した。
　官房長官時代に「平成」の色紙を掲げて「平成おじさん」と呼ばれた彼だが、総理就任前後にもいろいろなあだ名をつけられた。ニューヨーク・タイムズ紙がつけたのは「冷めたピザ」。彼の魅力のなさをたとえたあだ名だ。田中眞紀子議員の生み出した流行語「凡人・軍人・変人」の一角である「凡人」も彼を指している。「真空総理」は中曽根康弘元首相による評。中身が空っぽだからとか、なんでも吸い込んでしまうからだとか言われる。また、むやみに敵を作らない穏やかな性格から「人柄の小渕」という異名もあった。そんな小渕総理だが、本人は自身のことを「ボキャ貧」と自嘲していた。ボキャブラリー（語彙、言葉）が貧困、という意味だそう。しかし、「冷めたピザ」と言われつつも記者たちに温かいピザを振る舞うなど、行動にユーモアはあったようだ。

●「毒」にまみれた1年

この年の「今年の漢字」には「毒」が選ばれた。おもな理由は、和歌山市で起きた毒物カレー事件。夏祭りで振る舞われたカレーにヒ素が混入されていて、小学生を含む4名が死亡、60名以上が中毒症状を訴えるという凶悪事件だった。

この事件に触発されてか、この年は毒物に関する事件が夏以降に続発してしまった。新潟市の木材加工会社では、男性社員がポットのお湯にアジ化ナトリウムを混入させた。東京都港区の中学校では、女子生徒が「やせ薬」と称したクレゾールを別の生徒に送りつけた。須坂市ではスーパーの缶入りウーロン茶に青酸カリが混ぜられる無差別殺人事件が発生した。そして12月には、自殺志願の女性が配達された青酸カリを飲んで自殺するという事件が起きた。送り主がインターネット掲示板で名乗っていたハンドルネームから、俗に「ドクター・キリコ事件」と呼ばれている。平成11年版の『警察白書』によれば、この年、毒物等混入事件は35件にも上ったそうだ。

なお、今年の漢字の選出理由としては、ほかにもダイオキシンや環境ホルモンといった、この年社会問題となった物質も挙げられている。まさに「毒」にまみれた1年だった。

●モーニング娘。がメジャーデビュー

1月28日、のちに国民的アイドルグループとなる「モーニング娘。」がメジャーデビューを果たした。初期メンバーは中澤裕子、石黒彩、飯田圭織、安倍なつみ、福田明日香の5人。メジャー初シングルは『モーニングコーヒー』で、オリコン初登場6位。5月には保田圭、矢口真里、市井紗耶香も加入、9月にリリースした3rdシングル『抱いてHOLD ON ME!』では、みごとオリコン1位を獲得している。この年初出場を果たした紅白歌合戦で歌ったのもこの曲。

モーニング娘。は、元々はテレビ東京系のオーディション番組『ASAYAN』で誕生したグループ。前年行われた番組内企画オーディションの最終選考で落ちた5人組で、「5日間でCDを5万枚売り切ったらメジャーデビュー」という条件下での出発だった。インディーズデビューシングル『愛の種』はキャンペーン4日目の名古屋で5万枚完売。今も続くモー娘。の伝説はここから始まった。

●明石海峡大橋

4月5日、明石海峡大橋が開通した。兵庫県の神戸市と淡路島を結ぶ吊り橋で、全長3911m、中央支間1991m。当時はもちろん、令和元(2019)年5月現在でも世界最長の吊り橋だ。着工は昭和61(1986)年4月。元々の計画では鉄道も走る予定だったが、諸事情から道路単独橋に変更されて工事が始まった。工事真っ最中の平成7年1月にはほとんど直下で阪神・淡路大震災が発生。地盤が変化してしまい、結果として長さが予定より約1m伸びてしまった。しかし、橋そのものには損傷はなく、建設工事はほどなく再開できたそうだ。

愛称は一般公募で「パールブリッジ」と決められた。夜間のライトアップで鑑賞できる真珠が連なっているかのような光景は、まさに「パール」にふさわしい。残念ながら、あまり浸透しなかったようだが。

●DATA●

【今年の漢字】 毒

【内閣総理大臣】 橋本龍太郎（自由民主党）→小渕恵三（自由民主党）

【プロ野球日本一】 横浜ベイスターズ

【Jリーグ年間優勝】 鹿島アントラーズ

【JRA年度代表馬】 タイキシャトル

【流行語】 だっちゅーの　凡人・軍人・変人　ハマの大魔神　老人力　環境ホルモン　貸し渋り　ショムニ　冷めたピザ　モラル・ハザード　不適切な関係　ビビビ婚

【書籍】 五木寛之『大河の一滴』　郷ひろみ『ダディ』　赤瀬川原平『老人力』　鈴木光司『ループ』　最相葉月『絶対音感』　髙村薫『レディ・ジョーカー』　R・カールソン『小さいことにくよくよするな！』

【映画】 『タイタニック』『踊る大捜査線 THE MOVIE』『不夜城』『愛を乞うひと』『ディープ・インパクト』『GODZILLA』『ムトゥ　踊るマハラジャ』『ポケットモンスター ミュウツーの逆襲』

【テレビ】 『GTO』『眠れる森』『ショムニ』『天うらら』『神様、もう少しだけ』『ザ！鉄腕！DASH!!』『進ぬ！電波少年』『おじゃる丸』

【音楽】 SMAP『夜空ノムコウ』　GLAY『誘惑』　L'Arc～en～Ciel『HONEY』『花葬』　Kiroro『長い間』　ブラックビスケッツ『Timing』　モーニング娘。『抱いてHOLD ON ME!』　B'z『B'z The Best "Pleasure"』

【話題の商品】 Windows98（マイクロソフト）　iMac（アップル）　バイオノート505（ソニー）　麒麟淡麗＜生＞（キリン）　FinePix700（富士フイルム）　桃の天然水（JT）　65円バーガー（マクドナルド）

【訃報】 福井謙一（化学者）　石ノ森章太郎（漫画家）　吉田正（作曲家）　村山聖（将棋棋士）　黒澤明（映画監督）　淀川長治（映画評論家）

●平成10年の答え●

オ	ブ	チ	ケ	イ	ゾ	ウ	■	ヨ	コ	ヅ	ナ	■	フ
カ	イ	ジ	■	コ	ウ	タ	ク	ミ	ン	■	オ	シ	ョ	ウ

（答えの表）

オ	ブ	チ	ケ	イ	ゾ	ウ	■	ヨ	コ	ヅ	ナ	■	フ	■
カ	イ	ジ	■	コ	ウ	タ	ク	ミ	ン	■	オ	シ	ョ	ウ
ダ	■	ド	ク	■	ダ	シ	ャ	■	オ	コ	メ	■	ビ	■
タ	■	ゴ	ウ	■	ゲ	ヒ	ン	■	ハ	ダ	■	ジ	ミ	ン
ケ	イ	ン	■	カ	イ	カ	■	キ	ジ	ュ	ツ	■	チ	バ
シ	リ	■	ペ	レ	■	ル	マ	ン	■	ウ	ツ	ミ	■	ン
■	エ	ッ	セ	ン	ス	■	シ	ュ	ツ	ジ	■	サ	ン	ゴ
ド	■	キ	タ	■	マ	ヨ	■	ウ	シ	■	ス	イ	■	ウ
リ	ン	グ	■	ア	イ	コ	ウ	■	マ	ツ	ピ	ル	マ	■
ー	■	ミ	ラ	ン	■	ハ	カ	タ	■	バ	カ	■	ナ	キ
ム	シ	■	ム	ラ	ヤ	マ	■	イ	ツ	サ	■	ビ	ー	ン
キ	ト	ラ	■	ク	ギ	■	ギ	タ	ー	■	モ	リ	■	グ
ヤ	■	ス	ア	シ	■	マ	ダ	ニ	■	タ	モ	■	カ	ギ
ス	イ	ト	ン	■	コ	ウ	イ	ッ	テ	ン	■	エ	ン	ド
ト	■	ト	■	プ	リ	ウ	ス	■	ク	ロ	サ	ワ	ア	キ	ラ

平成11年（1999年）

➡ ヨコのカギ

1 プロ野球セ・リーグの新人王、巨人の上原浩治投手の言葉。新語・流行語大賞にも選ばれた

2 4月から、――の輸入の関税化が実施された

3 釘を叩くのに使う

4 河童の――流れ

5 赤―― ――ジェットプリンター

6 ゴルフ場の草ぼうぼうエリア

7 2月、日本初の――移植実施。臓器移植法成立以降で最初の例

8 犬や馬がすむのもある

9 9月9日発売の、モーニング娘。7枚目のシングル。オリコンカラオケチャートで17週連続1位、記録更新

11 カーナビは車の現在――がわかる

14 生年月日から、性格を虎やペガサス、ひつじやたぬきなどに分類して占う――占いが大ヒット

16 ――自治州の民族紛争を発端に、3月にNATO軍がユーゴ空爆開始。6月の停戦後は国連による暫定統治が始まった

18 1月に異例の速さで厚生省が医療用医薬品として承認し、3月から国内販売が開始された、性的不能治療薬

20 サボっていた――が回ってきた

22 老舗の「しにせ」ではない読み方

25 得の反対

27 へんてこだなあと感じちゃう

29 このころからインターネット関連ベンチャーが急増。IT――の幕開けだった

31 地面でひっくり返し合うオモチャ

33 まもりふだ

35 ゲームの面の終盤に登場

37 堅くて軽くて腐食にも強い金属。この年、英領ジブラルタルがミレニアム記念に世界初の――製硬貨を発行した

39 プロボクシングだと3分間

41 ページを入れ替えられるノート

43 4月に東京都知事選。青島幸男知事は不出馬宣言。民主党推薦の鳩山邦夫、自民党推薦の元国連事務次長明石康などで盛りあがった。当選したのは――慎太郎

45 ――になったら使えない

47 12月31日、エリツィン露大統領がしたこと

48 ――な解決案ではうまくいかない

49 6月公開の、高倉健主演、降旗康男監督の映画。9月のモントリオール世界映画祭で、高倉健が日本人初の主演男優賞を受賞した

53 5月1日、瀬戸内――が開通。広島県尾道市と愛媛県今治市を結ぶ本州四国3ルートの最後の1本

55 ――の長いフカフカのじゅうたん

57 相場の用語でブルともいう

59 日本9月公開、キアヌ・リーブス主演の映画。のけぞる姿勢の代名詞ともなった

60 乳幼児用も高齢者用もある

61 麦芽。――ウイスキー

62 ――を探しても見当たらないよ

64 中身がない。――集合

66 金融機関統合の流れの中、住友財閥系の住友銀行と、三井財閥系の――銀行が、財閥を超えた合併の意志を示した

67 プロ野球パ・リーグの新人王――大輔投手の言葉「リベンジ」は新語・流行語大賞に選ばれた

69 転ばぬ先の――

71 加入者急増のため、1月に携帯電話やPHSの番号が1――増えて11――になった

73 欧州連合の単一通貨。1月1日、フランスやドイツなど11カ国が、帳簿上の通貨として導入した

75 8月、第一勧業銀行・富士銀行・日本興業銀行が統合を発表。――バンク誕生のさきがけだった

77 美容院やブティックなどのカリスマ――がブームになった

81 からだ。建築物だとスケルトンとも呼ばれる柱や梁など

83 7月公開、高畑――監督『ホーホケキョ となりの山田くん』は、スタジオジブリ初のフルデジタル長編アニメ映画

85 ――組織 ――茎

87 ――承諾 ――処理

89 ガングロやヤマンバがブームになった。日焼けサロンに通って――を焼く若い女性も多かったとか

91 5月、佐渡――保護センターで雛が誕生。約20年にわたる人工繁殖の初の成功例となった

93 ――をおさめる＝戦いを止める

⬇ タテのカギ

1 ゲームでは、――キャラはすぐに倒される

3 9月30日、茨城県――のウラン加工施設で、国内初の臨界事故発生。効率優先でマニュアルを無視したウランのずさんな扱いが原因

7 9月22日、「ブルースの女王」と呼ばれた歌手の淡谷――が亡くなった

10 指先をハンコ代わりに使う

12 SF映画『スター・ウォーズ』シリーズ4作目となる、『スター・ウォーズ エピソード――／ファントム・メナス』が公開された

13 ――明王 成田――

15 英語読みだとジェイコブな使徒

17 ――の出張だから日帰りできるな

19 このころは底の厚いのが流行した

21 ――の正面だぁれ

23 木偏に山と書くと

24 平成11年は西暦1999年、7月に世界が滅亡するという「ノストラダムスの大予言」の年だったが、結局すべて――となりました

26 4月1日から9月30日まで、日本国内で流通した――振興券

28 ドネル――はトルコ料理

30 見ると唾液がわきそうな漬物

32 NHK教育テレビ『おかあさんといっしょ』から誕生したヒット曲、『――3兄弟』。和菓子業界にまで影響を与えるブームに

34 6月にソニーから発売されたロボット犬

36 小渕恵三首相が、数多くの著名人に直接電話したことから生まれた言葉。新語・流行語大賞を受賞した

38 もとはコンピューター用語だが、物語の展開に関わる因子としても普及した言葉。死亡――が立つ

40 日本の国立天文台がハワイのマウナケア山頂に建設、1月から観測が始まった大型光学赤外線望遠鏡

の愛称。主鏡の有効口径は8.2m、当時の世界最大
42 １月に奈良県明日香村飛鳥池遺跡で出土した富本銭は、日本で初めて鋳造された——とされている
44 ナメクジ退治に使う調味料
46 袷(あわせ)の着物にはあるが単物(ひとえもの)にはない
48 ８月25日に施行された、——法制の関連法、周辺事態法
50 ノーベル平和賞は「国境なき——」が受賞した
51 1999年すなわちミレニアム終焉のこの年、Y2Kこと——問題の対策に多くの人手が割かれた
52 鳥の名前がついた工事の道具
54 ——業者に工事を依頼した
56 千里の道も——から
58 アメリカラクダやリャマともいう
59 12月、——がポルトガルから中国に、パナマ運河が米国からパナマに返還された
61 NTTドコモの携帯電話サービス、ｉ——が開始され、ケータイメールも一気に普及
63 ブッキングやリザベーション
65 ５月に、外国人としては２人目の横綱になったハワイ生まれの力士
68 ８月、——国歌法が制定された。卒業式での「日の丸・君が代」実施問題で、板挟みになり自殺に追い込まれた校長先生の悲劇もきっかけとなった
70 柔道で投げられたあとにとる
72 荷物を入れて背負う
74 上司としての——を果たす
76 美白がブームで、——サロンもにぎわったかな？
78 この年、初の日本一に輝いた福岡ダイエーホークス。ホークはワシではなく——ですね
79 ——シーターのスポーツカー
80 安土桃山時代の楽市——
82 身近な商品を名指しで取り上げ、我々に——をもたらす危険性があると主張した本『買ってはいけない』が話題になった
84 これを取り合うゲームもある
86 収入＞支出ならば
88 対話より武断を選択。東ティモールの独立を問う８月の住民投票後、独立支持の結果に不服で住民弾圧をした残留派民兵はまさにこれ
90 ひさしぶりに実家へ——帰り
92 お値段は——になりますでしょう
94 年間ベストセラー第１位は、乙武洋匡(ひろただ)『——不満足』
95 強い毒性を持つ有機塩素化合物。２月、埼玉県所沢市の野菜から検出されたというテレビ報道があって大騒ぎに。結局は誤報だったが風評被害で野菜の価格が暴落。７月には——類対策特別措置法が制定されることとなった
96 ——を焦ってしくじった

平成11(1999)年 己卯

●できごと●

1月　日本最古の通貨と目される富本銭が発掘される
　　　地域振興券の発行始まる
　　　昭和のプロレスラー、ジャイアント馬場が死去
2月　ｉモードサービスがスタート
　　　初めての脳死臓器移植が実施
3月　日本銀行がゼロ金利政策実施
　　　日本海で不審船発見、北朝鮮に逃走
　　　コソボ紛争にNATO軍が介入、ユーゴを空爆
4月　石原慎太郎が東京都知事に当選
　　　アメリカでコロンバイン高校銃乱射事件
5月　瀬戸内しまなみ海道が開通
　　　中国産トキのペアに初めてのヒナ誕生
6月　ソニーが子犬型ロボット「AIBO」発売
　　　男女共同参画社会基本法が成立
7月　全日空61便ハイジャック事件
8月　国旗国歌法成立
　　　神奈川県の玄倉川で増水、水難事故に
9月　神奈川県警の不祥事が相次いで発覚
　　　池袋通り魔殺人事件、下関通り魔殺人事件
　　　東海村の核燃料施設で国内初の臨界事故
10月　自自公連立による小渕改造内閣発足
11月　文京区音羽で幼児殺害事件。近所の主婦逮捕
12月　マカオがポルトガルから中国に返還
　　　パナマ運河がアメリカからパナマに返還
　　　2000年問題の対応に追われつつの年越し

●世相・流行●
・カリスマ美容師やカリスマ店員が話題に
・ノストラダムスの大予言や2000年問題で世間が動揺
・「いやし」を求める社会

ソニーのエンタテインメントロボットAIBO（写真提供：時事通信フォト）

●ミレニアム最後の大問題

　「Y2K」とも略された西暦2000年問題。コンピューターでの処理上、年数を4桁ではなく下2桁で扱うようにしていたのが根本原因である。すなわち1999年を「99」と表していた場合、2000年は「00」と表されるが、これが「1900」すなわち1900年と扱われる可能性がある。カレンダーが過去に戻ることでシステムの誤作動が起こり、さまざまな不具合や大規模な事故へもつながりかねないとあれこれ予測された。99年の次が100年となって、年数表示がおかしくなるだけですむシステムもあったが、発電所や水道、航空機や医療機器、さらには弾道ミサイルの制御システムなど、誤作動が人命にも関わりかねないものもあり、プログラムの確認と訂正は全世界規模で行われた。

　ちなみに2000年は400年に1回の特殊な閏年で、こちらによる不具合も予想された。

　2000年問題は、年数を4ケタで扱っていれば起こらない問題ではあったのだが、初期のコンピューターのシステムではこの2ケタ分のメモリでさえも貴重だったという事情がある。ともかくも、コンピューターに管理されるシステムが社会に浸透していることを改めて再確認させられた。この年の年末に向けてのプログラム確認と対策、起こりうる不測の事態への対応などのために多くの人員と時間とが割かれた。最終的にはこの年の大晦日、誤動作に備えて泊まり込みで待機する羽目になった人々も多数いたという。

　振り返ってみれば、結果的に大きな事故もなく終わったと言えそうだが、「なにもなかった」のは決して空騒ぎではなく、危機回避のための多大なコストが注がれた結果だということも忘れてはならないだろう。さらに、人間のできる予測にはつねに限界があり、臨機応変に地道な不断の対処対策は欠かせないものであることも心に刻んでおくべきだろうか。

●進化するケータイ

　携帯電話やPHSが普及し、加入者が急増。1月には電話番号のケタ数が10ケタから11ケタに。ポケベルから携帯電話への乗り換えも進み、翌年には携帯電話・PHSの契約数が、固定電話の契約数を超えることとなる。

　このころ、自分で音階を打ち込みオリジナルの着信音を作成できる機種が普及しており、着信音を自分好みの楽曲に変えることが流行した。流行曲の楽譜集が人気となり、多くのムックや書籍が発行された。初期は単音のみでの出力しかできなかったが、そのシンプルな機能で多彩なメロディを演奏させるため、さまざまなテクニックが駆使されていた。

　2月にはNTTドコモがｉモードを開始。携帯電話でインターネット接続を可能にしたこのサービスにより、普及にさらに拍車がかかることとなり、またインターネット普及の新たな原動力にもなった。

　初のカメラ付きPHSが発売されたのもこの年であった。画像をメールで送信したりネットにアップしたりするのが一般的になるのはまだしばらくかかるのだが、のちの「自撮り」「インスタ映え」に代表される動きが目覚め始めていた。

　消費者のニーズにこたえるための新機能競争が繰り広げられる結果、日本独特の「ガラパゴス携帯電話」通称ガラケー

が形作られていくことになる。

●あらたな消費者の姿

この年、東芝の顧客クレーム処理対応を告発するサイトが話題にのぼった。報道機関によらない、個人によるウェブサイトでの情報発信が可能になったゆえであり、企業と消費者の立場が変化しつつあることが示された。また一連の報道の中で、「クレーマー」という言葉が人口に膾炙されるようになった。

変化する消費者を反映するものとしては、この年のベストセラー『買ってはいけない』(週刊金曜日編集部)もあげられるだろう。さまざまな有名商品の問題点を告発するこの書籍は、製品の可否を自分で判断できる賢い消費者でありたい意識の表れとも見られるであろう。類書がぞくぞく発刊されるとともに、『買ってはいけない』自体も批判の対象となり、主張の真偽や妥当性などが論争の俎上に載ることとなった。

●新人王2人の言葉

プロ野球パ・リーグの新人王に選ばれた、西武ライオンズの松坂大輔投手。「怪物」と呼ばれた高校時代には、平成10年の甲子園で春夏連覇、夏の大会ではノーヒットノーランも達成。同年の国体決勝で完投し、史上初の全国3冠。4月の西武入団後は、公式戦先発初登板で初勝利と見事なデビューを飾り実力を見せつけた。新語・流行語大賞にも選ばれた彼の言葉が「リベンジ」。「(高卒新人だから)4、5勝しかできないと予想した人を見返したかった」のだという。

そして松坂と好対照を示したセ・リーグの新人王、読売ジャイアンツの上原浩治投手の、同じく新語・流行語大賞に選ばれた名文句が「雑草魂」。大学浪人もしている上原、その背番号19には「苦しかった19歳のときを忘れないように」という思いが込められているのだとか。新人として19年ぶり、セ・パ両リーグを通じて9年ぶりの20勝をあげ、最多勝・最優秀防御率・最多奪三振の投手三冠に加えて、沢村賞も獲得することとなった。

●求められる「いやし」

この年の新語・流行語大賞トップテンにも選ばれた「癒し」。癒しブームを象徴するものの1つが、坂本龍一のマキシシングル『ウラBTTB』。シングル内の『energy flow』が、三共製薬(当時)のリゲインEB錠のCMソングに使われ話題になり、インストゥルメンタルCDとしては初の週間オリコンチャート1位に輝いた。平成直前に「24時間、戦えますか」の勇ましいキャッチコピーで売り出されたリゲインが、10年を経て、疲れた人の心を癒し安らげるヒーリングミュージックの人気へとつながった。

ちなみに「癒し」の受賞者は、「JAPAN EXPO 南紀熊野体験博」を開催した和歌山県の西口勇知事。パビリオン中心のいわゆるハコ物万博ではなく、地元の市町村が一致協力して開催された地方博覧会であり、癒しの地としての南紀熊野の魅力を全国に発信して、知名度アップに貢献したのが受賞理由。これがのちに「紀伊山地の霊場と参詣道」世界遺産登録への大きな原動力になったとも言われている。

●DATA●

【今年の漢字】末
【内閣総理大臣】小渕恵三(自由民主党)
【プロ野球日本一】福岡ダイエーホークス
【Jリーグ年間優勝】ジュビロ磐田
【JRA年度代表馬】エルコンドルパサー
【流行語】ブッチホン　リベンジ　雑草魂　学級崩壊
　カリスマ○○　ミッチー・サッチー　西暦2000年問題
　だんご3兄弟　iモード　癒し　クレーマー
【書籍】乙武洋匡『五体不満足』　大野晋『日本語練習帳』
　浅田次郎『鉄道員(ぽっぽや)』　鈴木光司『バースデイ』
　桐生操『本当は恐ろしいグリム童話』
　週刊金曜日編集部『買ってはいけない』
【映画】『鉄道員(ぽっぽや)』『リング2』『梟の城』
　『スター・ウォーズ エピソード1／ファントム・メナス』
　『アルマゲドン』『マトリックス』『シックス・センス』
　『恋に落ちたシェイクスピア』
　『ポケットモンスター 幻のポケモン ルギア爆誕』
【テレビ】『魔女の条件』『氷の世界』『ケイゾク』
　『救命病棟24時』『リング〜最終章〜』
　『サラリーマン金太郎』『爆笑オンエアバトル』
　『笑う犬の生活-YARANEVA!!-』『ONE PIECE』
【音楽】速水けんたろう・茂森あゆみ『だんご3兄弟』
　宇多田ヒカル『Automatic』　aiko『花火』
　椎名林檎『本能』『歌舞伎町の女王』
　モーニング娘。『LOVEマシーン』　坂本龍一『ウラBTTB』
【話題の商品】iモード(NTTドコモ)　cdmaOne(IDO他)
　10万円以下PC　ヴィッツ(トヨタ)　200万画素デジカメ
　リアップ(大正製薬)　ファービー(トミー)　たれぱんだ
　『ダンスダンスレボリューション』(コナミ)
【訃報】三木のり平(コメディアン)　ジャイアント馬場
　(プロレスラー)　東山魁夷(画家)　淡谷のり子(歌手)
　盛田昭夫(実業家)　土居まさる(アナウンサー)

●平成11年の答え●

ザ	ツ	ソ	ウ	ダ	マ	シ	イ	■	マ	ト	リ	ッ	ク	ス
コ	メ	■	ソ	ン	■	オ	シ	ャ	カ	■	ユ	ー	ロ	■
■	イ	チ	■	ゴ	フ	■	ダ	■	オ	ム	ツ	■	ジ	ゴ
ト	ン	カ	チ	■	ラ	ウ	ン	ド	■	サ	ク	ラ	■	タ
ウ	■	バ	イ	ア	グ	ラ	■	ケ	ア	シ	■	ク	タ	イ
カ	ワ	■	キ	イ	■	ジ	ニ	ン	■	マ	ツ	ザ	カ	■
イ	ン	ク	■	ボ	ス	■	セ	■	モ	ル	ト	■	ハ	ダ
ム	■	ツ	ケ	■	バ	イ	ン	ダ	ー	■	メ	ガ	■	イ
ラ	フ	■	バ	ブ	ル	■	ネ	■	ド	コ	■	イ	サ	オ
■	ド	ウ	ブ	ツ	■	ア	ン	イ	■	ツ	エ	■	ト	キ
ノ	ウ	シ	■	チ	タ	ン	■	ツ	ヨ	キ	ス	ジ	■	シ
リ	■	ロ	ウ	ホ	■	ポ	ツ	ポ	ヤ	■	テ	ン	イ	ン
コ	ヤ	■	メ	ン	コ	■	ル	■	ク	ウ	■	チ	カ	■
■	■	コ	ソ	ボ	■	イ	シ	ハ	ラ	■	ケ	タ	■	ホ	コ
ラ	ブ	マ	シ	ー	ン	■	シ	マ	ナ	ミ	カ	イ	ド	ウ

平成12年（2000年）

➡ ヨコのカギ

1 この年、五輪とパラ五輪が開催された地

2 ポップアートの旗手、アンディ・──の『2000年委員会』は、2000年を祝う委員会設立基金のために描かれた作品

3 1月、肌の色──も若々しかったご長寿双子姉妹の姉、成田きんさんが107歳で亡くなりました

4 ➡28と共同でこの年のノーベル化学賞を受賞したのは──・ヒーガーと──・マクダイアミッド

5 ➡1五輪で岡本依子選手が銅メダルを獲得した競技

6 先生と呼ばれる職業の1つ

7 12月、エチオピアでアファール猿人の幼女の全身骨格の──が発掘されました。全身骨格が発掘されるのは非常に希少な例です

8 五七五に込めた気持ち

9 これだよ、とわかるようにつける

10 カップ── ──コース

12 船から岸に行く通路用にかける板

16 しつこくつきまとう輩。この年、──規制法が制定されました

18 ──カー、通称パトカー。この年、昇降機を装備したものもできました

19 10月6日──県西部でマグニチュード7.3の地震が発生

22 この年、太田房江が大阪府の──に。初の女性──の誕生

23 7月1日、金融監督庁が──に

24 この年、日中文化交流の使節団が、親善と交流を深めるため、──をはじめとする中国各地を訪問しました

27 サラブレッドもポニーもロバもゼブラも奇蹄目──の動物です

28 この年のノーベル化学賞を受賞した化学者

30 ──の店だからツケがきくんだ

31 この年デビューしたホンダのロボット

32 イスラエルの国旗は上下の──のラインの中央に六芒星。この年、イスラエルとPLO（パレスチナ解放機構）の和平交渉が決裂

34 途中── ──駅

35 落字とも言います

36 鮭のたまご

38 ──が万事

40 この年──株式会社は株価もページビューも1億超え

42 ラジオ関西の「校内放送──バトル」（現在は高校生──バトル）はこの年が第1回

44 ➡1パラ五輪では、日本の選手は13個の──メダルを獲得

45 12月、木村拓哉と──静香が結婚

47 仲直りしたんだけど、まだ──が消えないんだ

49 『なんとなく、──』の田中康夫、長野県の➡22に

50 紫蘇を加えた梅酢は赤酢、加えないと──

53 電源ボタンを──してパソコンを強制終了

54 GPS──は動物の行動調査などにも使われます。5月、アメリカ政府はGPSデータに加えられていたSA（精度劣化措置）を解除しました

56 この年、先──時代（旧石器時代）の遺跡や遺物とされていたものが捏造だったことが発覚

57 湯呑みの中のラッキーアイテム

59 ロシア初代大統領。後継に指名したプーチンが、この年第2代大統領に就任しました

61 「──のプリンス」と呼ばれた加藤紘一衆議院議員が目論んだ「加藤の乱」。結局失敗に終わりました

64 ➡1五輪で高橋尚子選手は陸上競技の──で日本女性初の優勝

65 6月、アメリカが主導した「ヒト──計画」に参加している遺伝学者コリンズと生化学者のベンターが、ヒト──解析終了を発表。クリントン大頭領が解析結果のドラフト（下書き版）を公表しました

67 カナディアンやカヤックの種目がある五輪競技。➡1五輪ではハンガリーとドイツがそれぞれ4つの金メダルを受賞

69 12月中旬生まれなので──座です

70 「好き」とはビミョーに違う感情。──アニメ、──キャラなど、このころマスコミもこの言葉を使う

ようになりました

71 フェンシングの種目の1つ。➡1五輪の男子──団体はイタリアが優勝

73 ──カー ──スカート

⬇ タテのカギ

1 12月、京福電鉄が正面──事故を起こしました

4 この年の新語・流行語大賞。パソコンやインターネットが急速に普及して社会が変わっていきました

11 ──ちゃんこと田村亮子選手も➡1五輪で優勝

13 ズボンをずり下げてはく──パンがこの頃流行りました

14 ハッピーマンデー制度はこの年の──の日から運用されました

15 3月、NHKが──番組でリアルタイム字幕放送を始めました

17 膝やももが出るズボン

19 3月15日、大阪万博で埋められたタイムカプセルの1つが、30年の──を経て開封されました。そののちまた埋め戻されています

20 ──がさめるまでおとなしくしていよう

21 おそ松くんのいちばん下の弟

22 新語・流行語大賞は『現代用語の基礎──』の読者アンケートを元に選出されます。この年の大賞は⬇4と「おっはー」

24 5月、この国ではフジモリ大統領が3選。しかし11月に辞任

25 11月シアトルマリナーズに入団。日本人野手初めての大リーガー

26 1年でいちばん夜が長い日。この年は12月21日

28 この年放送された「月9ドラマ」の『やまとなでしこ』。松嶋菜々子演じる神野桜子が結婚──を抜け出すシーンもありました

29 『オーロラの──へ』は、この年公開されたアメリカ映画

31 競馬の──記念の旧称は「中山グランプリ」

32 この年の全日本有線放送大賞グランプリを受賞した浜崎あゆみ。通称は──

33 言語。COBOL（コモンビジネスオ

リエンテッド——）などの古いプログラミング言語では西暦を下2桁で処理していたため、コンピューターの誤作動を心配する「2000年問題」が起きました
35 カカトをこするのに使ったりする火山砕屑物
37 この年の大相撲五月場所で優勝した力士。現在は浅香山親方
39 9月、——島の火山活動が活発化し、全島民に避難指示が出ました
41 ——から太陽が顔をのぞかせる
43 バイプレーヤー。この年発表された第72回アカデミー賞助演男優賞を受賞したのはマイケル・ケイン
46 12月公開の『バトル・ロワイアル』で主役の七原秋也を演じたのは、——竜也
48 子どもを育てているママやパパがおもな読者かな
51 ——すれば鈍する
52 臓器などを提供する人。この年、韓国骨髄バンクから初めて日本に骨髄が提供されました
54 儲けが少ない。——多売
55 ——多くして功少なし
56 アニメーションの訳語。テレビアニメ『サクラ大戦』や『トランスフォーマー　カーロボット』は、この年放送
57 3月、——日比谷線で脱線事故発生。12月——大江戸線全線開通
58 地中海と紅海の間の地峡。——運河は1869年に開通しました
60 香淳皇后、小渕恵三、竹下登、小倉遊亀、ジャンボ鶴田、青江三奈などの方々がこの年——に入りました
62 6月、——で17歳の少年が金属バットで母親を撲殺する事件が発生
63 昔からのならわし。節分の日に恵方を向いて無言で、などの——にのっとって食べる恵方巻は、このころ全国に広まりました

65 1年でいちばん昼が長い日。この年は6月21日
66 高校球児の髪型といえば——で刈り上げた坊主頭。この年の甲子園、春は東海大相模、夏は智弁和歌山が優勝
68 イタリアンな葉野菜
69 ——食いは普通はあまり食べないものを食べます
71 ネクローシスとも言います
72 鞘から抜き放った刀身。この年の第9回「淀川長治賞」を受賞した大島渚監督『御法度』のDVDジャケットは、主演の松田龍平が——を眺めている写真
74 この年無敗の競走馬。天皇賞（春・秋）、宝塚記念、ジャパンカップ、↓31記念と出場したGIレースすべてに優勝
75 この年発行された——札。守礼門と源氏物語絵巻が描かれています。今でも使えます

平成12(2000)年 庚辰

●できごと●

1月　この年の成人の日から、ハッピーマンデー開始
　　　新潟で9年間監禁されていた少女が保護される
2月　大阪府知事選で太田房江が当選。初の女性知事
3月　ソニーがゲーム機「PlayStation 2」発売
　　　東京の営団日比谷線で列車脱線衝突事故が発生
　　　北海道の有珠山が23年ぶりに噴火
4月　介護保険制度がスタート
　　　小渕首相が入院、辞任。森喜朗が後任に
5月　豊川で少年が殺人事件。以降、17歳の凶悪犯罪続く
　　　プーチンがロシア大統領に就任
　　　森喜朗の「神の国発言」が議論を呼ぶ
6月　平壌で朝鮮半島分断後初めての南北首脳会談
　　　雪印集団食中毒事件が発覚
7月　金融監督庁の改組により、金融庁が発足
　　　三宅島の雄山が噴火。9月までに全島民が避難
　　　新紙幣二千円札が発行される
　　　沖縄サミット
8月　新五百円硬貨が発行される
9月　シドニー五輪開幕
10月　白川英樹のノーベル化学賞受賞が決定
　　　プロ野球の日本シリーズで「ON対決」実現
11月　上高森遺跡の旧石器発掘が捏造だと発覚
　　　イチローが日本人野手初の大リーガーになる
　　　ストーカー規制法施行
12月　インターネット博覧会（インパク）開幕

●世相・流行●

・20世紀最後の年。「ミレニアム」という言葉が流行
・少年犯罪が深刻化。特に17歳前後の凶悪犯罪に注目集まる
・シドニー五輪フィーバー

宣誓するプーチン新ロシア大統領とエリツィン前大統領
（写真提供：AFP＝時事）

●沖縄サミットと二千円札

　この年の7月21日から23日まで、沖縄県名護市で「第26回主要国首脳会議」（通称沖縄サミット）が開催された。おもな議題は「IT、感染症対策、犯罪・薬物、再生可能エネルギー」で、ITでは「グローバルな情報社会に関する沖縄憲章」が採択された。感染症対策では、HIV・結核・マラリアの数値目標を掲げ、取り組みの強化を合意。犯罪、薬物では、ハイテク犯罪に対して協調していくこと、また薬物の生産と不法取引から生じる脅威に対抗する、国際的な協力強化が合意された。再生可能エネルギーでは、特に途上国の人々の生活改善の検討に取り組むプロジェクトチームの立ち上げが決定された。
　会場となった名護市の万国津梁館(しんりょう)は、沖縄県立のリゾートコンベンション施設で、このサミットから利用が開始された。
　このサミットと西暦2000年を記念して発行されたのが二千円札である。とはいえ、記念紙幣ではなく通常の日本銀行券で、今でも使える。表面は守礼門、裏面は左に源氏物語絵巻第38帖『鈴虫』その二の絵の一部と詞書（ことばがき）、右に紫式部の絵が配されている。
　表面に人物の肖像画が無いこと、最新の偽札防止策が施されていること、一と五以外の金額であること、などで発行前から話題になった。なお、製造期間が短かったため、すべてが「大蔵省印刷局製造」となっている。
　発行当時は対応するATMや自販機も多くあったが、最新型のATMに取り替えられるに従って、使えないところが大半となり次第に見かけなくなっている。沖縄県では今でも広く流通し、自販機などでも使用できる。

●平成中村座・歌舞伎の話

　平成中村座は五代目中村勘九郎、のちの18世中村勘三郎が、演出家の串田和美らと立ち上げた芝居小屋であり、公演の名称でもある。この年の11月に浅草の隅田公園に仮設劇場を設け『隅田川続俤（すみだがわごにちのおもかげ）　法界坊』を上演したのが皮切り。
　江戸時代、幕府に公認された劇場は「山村・中村・市村・森田（守田）」の四座があった。山村座が廃絶したのちは、残る三座が「江戸三座」と呼ばれるようになる。初めは堺町、葺屋町（いずれも現在の中央区人形町辺り）木挽町（中央区東銀座辺り）とそれぞれ別の場所にあったが、天保の改革によって浅草の猿若町（現在の浅草6丁目）に集められた。
　平成中村座は江戸三座時代の芝居小屋を摸しており、当時の雰囲気が楽しめる造りになっている。この小屋はその後の公演にも使われている。
　隅田公園での初演ののち、ほぼ1年に1度公演が行われている。名古屋、大阪、松本などでも行われ、平成16年にはニューヨーク、20年にはベルリンでも上演された。

●シドニー五輪・Qちゃんとヤワラちゃん

　マラソンの高橋尚子選手や柔道の田村亮子選手の活躍で盛り上がった五輪だった。
　マラソンの五輪優勝は日本の女子陸上界初であり、ゴールタイムも五輪新記録の快挙であった。かけていたサングラスをはずしてスパートをかけたこと、Qちゃんという愛称、ゴ

ール前に優勝を確信してさっさと祝杯をあげた小出監督の逸話など、印象的なレースとなった。

高橋尚子がQちゃんなら、田村亮子（現在は谷亮子）はヤワラちゃん。五輪前に語った「最高で金、最低でも金」は、この年の新語・流行語大賞特別賞を受賞した。その言葉通り女子柔道48kg級で金メダルを獲得。ちなみに、Qちゃんの愛称は高橋選手が会社の歓迎会で『オバケのQ太郎』の歌を歌ったことからついたそうだ。ヤワラちゃんの方は、浦沢直樹の漫画『YAWARA！』の主人公猪熊柔にちなんだもの。

男子柔道では、野村忠宏、瀧本誠、井上康生がそれぞれ優勝。銀メダルだった篠原信一の決勝戦は、誤審の疑いが強く、それがなければ篠原の優勝だったといわれ、のちに「世紀の大誤審」などと呼ばれる後味の悪い試合になってしまった。

●シドニーパラ五輪

シドニーパラ五輪に参加した国・地域は122にのぼり、それまでのパラ五輪史上最大のものであった。また、この大会からセーリングと車いすラグビーが正式競技となり、競技数は18となった。

「水の女王」と呼ばれる成田真由美は、今大会でも金メダル6個（内1個はリレー）・銀メダル1個を獲得。この年の内閣総理大臣顕彰を授与された。

日本人選手は、陸上100mT34クラスで荒井のり子、陸上400mT34クラスで前場一也、自転車タンデム1kmタイムトライアルオープンクラスで葭原滋男、柔道66kg級で藤本聰、水泳100m背泳ぎS12クラスで酒井善和、水泳50m自由形S11クラスで河合純一、水泳男子4×100mメドレーリレーS11－13クラス、水泳女子4×50mフリーリレーMax20Ptsクラスでそれぞれ金メダルを獲得している。

●出雲大社は大きかった

この年から翌年にかけて、出雲大社境内から巨大な柱が発掘された。杉の巨木3本が1組となった構造で、あわせた直径は3mにもなる。柱の配置や構造などは、本殿の設計図として伝わる『金輪御造営差図（かなわのごぞうえいさしず）』に描かれたものとよく似ていた。その後の調査により、この柱は鎌倉時代の宝治2（1248）年に造営された本殿の柱であると推定されている。

現在は本殿の高さ約24mで、これでも破格の高さだが、古代は48mもしくは96mだったと言われている。この柱の出土によって、かつての出雲大社が少なくとも48m級の巨大神殿だったことの可能性が高くなった。

●敬意表現

国語審議会はこの年「敬意表現」を提唱した。言葉遣いの在り方を考える上での重要な概念と位置づけている。敬意表現とは、相手や場面を考えて使い分ける言葉遣いのことで、必ずしも敬語を使う必要はない。

例えば「この問題解いて」は敬意表現ではないが「忙しいときに申し訳ないけど、この問題解いてみてくれない？」というのは敬意表現になる。さらには「優しい声で話す」などの気配りも大切としている。

●DATA●

【今年の漢字】金

【内閣総理大臣】小渕恵三（自由民主党）→森喜朗（自由民主党）

【プロ野球日本一】読売ジャイアンツ

【Jリーグ年間優勝】鹿島アントラーズ

【JRA年度代表馬】テイエムオペラオー

【流行語】おっはー　めっちゃ悔し〜い　Qちゃん
パラパラ　17歳　IT革命　シャッター通り商店街
最高で金、最低でも金　〜ってあるじゃないですかあ

【書籍】大平光代『だから、あなたも生きぬいて』
J・K・ローリング『ハリー・ポッターと賢者の石』
辰巳渚『「捨てる！」技術』　大江健三郎『取り替え子』
飯島愛『プラトニック・セックス』

【映画】『ホワイトアウト』『どら平太』
『ミッション：インポッシブル2』『グリーンマイル』
『トイ・ストーリー2』

【テレビ】『ビューティフルライフ』『やまとなでしこ』
『オヤジぃ。』『フードファイト』『伝説の教師』
『相棒』『クイズ$ミリオネア』『あいのり』
『仮面ライダークウガ』『とっとこハム太郎』

【音楽】サザンオールスターズ『TSUNAMI』
福山雅治『桜坂』　SMAP『らいおんハート』
浜崎あゆみ『SEASONS』　MISIA『Everything』
モーニング娘。『恋のダンスサイト』
倉木麻衣『Love, Day After Tomorrow』

【話題の商品】IXY DIGITAL（キヤノン）　ユニクロ
パラパラ　甘栗むいちゃいました（カネボウフーズ）
生茶（キリン）　PlayStation 2（ソニー）
『ドラゴンクエストⅦ』（エニックス）

【訃報】成田きん（タレント）　荒井注（コメディアン）
鶴岡一人（野球選手）　ジャンボ鶴田（プロレスラー）
ミヤコ蝶々（漫才師）　鈴木その子（美容研究家）

●平成12年の答え●

シ	ド	ニ	ー		シ	ラ	カ	ワ	ヒ	デ	キ		イ
ヨ		ユ		ペ	キ	ン		キ	ン		セ	イ	カ	イ
ウ	オ	ー	ホ	ル		ゲ	シャ		ド	キ		モ	エ
ト		ス	ト	ー	カ	ー		ク	ド	ウ		ゲ	ノ	ム
ツ	ヤ		ボ		ナ	ジ	ミ		ナ	ガ	オ	シ		オ
	ワ	タ	リ	イ	タ		ヤ	フ	ー		カ		エ	ペ
ア	ラ	ン		チ		カ	ケ	ジ		チャ	バ	シ	ラ	
イ		パ	ト	ロ	ー	ル		ワ	ダ	カ	マ	リ		オ
テ	コ	ン	ド	ー		イ	ク	ラ		テ		カ	ヌ	ー
イ	シ		マ		ア	シ	モ		ハ	ツ	シ	ン	キ	
ー		ト	ッ	ト	リ		マ	イ	ク		キ		ミ	
カ	セ	キ		ウ	マ	カ		ク	リ	ス	タ	ル		セ
ク	イ		チ	ジ		イ	チ	ジ		エ	リ	ツ	イ	ン
メ	ジ	ル	シ		ア	オ		シ	ロ	ズ		コ		エ
イ	ン		キ	ン	ユ	ウ	チ	ョ	ウ		マ	ラ	ソ	ン

平成13年（2001年）

→ ヨコのカギ

1 1月の中央省庁再編後の1府12省のうち、唯一の「府」である行政機関
2 お金のコレはトラブルの原因にも
3 意味不明＝──がわからない
4 公営ギャンブルの一種。2001年より新人王レースに代わり「ヤンググランプリ」が6年ぶりに復活、優勝は荒井崇博
5 「──の明星」とは金星のこと
6 神社にいる女性といえば
7 第1次小泉内閣で財務大臣を務めた塩川正十郎の愛称
8 カギ爪を意味する言葉。アイアン──はプロレス技で有名
9 朝→昼→？
10 4月よりテレビドラマ『水戸黄門』がリニューアル。4代目黄門様を──浩二が演じた
13 ミカンや牛肉や小説にある
15 松→84→？
18 2001年生まれの赤ちゃんは、特に「──ベイビー」と呼ばれました
20 下積み中の落語家さん
22 7月28日、『忍法帖』もので知られた作家・──風太郎が永眠
24 グラムの100万倍
25 9月4日、千葉県──舞浜に東京ディズニーシーが開園した
26 「土埃」を意味する淡い茶色
28 ──は21世紀に！ 携帯電話の普及、インターネットの高速化など、デジタル革命が進みました
30 玩具ではベイブレードやゲームボーイアドバンスが子どもたちの間で大──となった
31 いいかげんな性格のこと
33 正統からは正反対
34 ──ミュージシャン・三木道三の『Lifetime Respect』が5月23日に発売。キャッチーなリズムやフレーズで大ヒットとなった
37 英語ではブレスレット
39 チョウザメの卵から作る珍味
40 第1次小泉内閣は「聖域なき構造──」をスローガンに、新自由主義経済をおし進めた
41 ダウンタウンの──雅功がアニメ映画『シュレック』の吹き替えやテレビドラマ『明日があるさ』で主役をつとめた
43 つけすぎた料理は失敗作
45 10月1日、落語家・古今亭志ん朝が死去。──な名人の死が各界で悼まれた
48 9月11日にアメリカ──多発テロが勃発。世界に衝撃を与えた
50 3月31日、──此花区桜島にユニバーサル・スタジオ・ジャパンがグランドオープンした
52 7月13日の国際オリンピック委員会総会で、2008年の──開催地として北京が選ばれた
53 12月1日、敬宮──内親王ご生誕。日本中が祝賀ムードに沸きました
54 学者や文化人は豊富に持っている
56 ラグビーで、相手のゴール領域にボールをつけるプレー
58 溶いたエッグでふんわり仕上げ
60 鼻孔をくすぐる
62 3月の旧名
66 この年の春の甲子園で常総学院が茨城県勢として初優勝。──の優勝旗を茨城へ持ち帰った
68 人の──も75日
69 ↔後ろ
70 1月、ハロー！プロジェクト所属のユニット「ミニモニ。」が『ミニモニ。──ぴょん！』でCDデビュー。小学生を中心に大人気となった
71 新語・流行語大賞のトップテンに「ブロードバンド」が選出され、授賞式にはソフトバンクの社長・孫──が登場した
73 映画『2001年──の旅』が公開されたのはもちろん2001年…ではなく1968（昭和43）年
75 表通りほど広くはない？
76 降りそうな空なら持って行こう
77 ──を失う＝気絶
78 水が水蒸気に
79 11月18日から19日未明にかけて、──座流星群が日本でも見られた
82 向いてくると人生好転
84 松→？→15
85 この年のNHK紅白歌合戦では北島三郎が『山』で白組の──をつとめました
86 雨が多い時期

↓ タテのカギ

1 12月25日に開催されたM-1グランプリ2001で優勝した、兄・剛と弟・礼二による漫才コンビ
5 この年のレコード大賞を浜崎──『Dearest』が受賞
7 野依良治、ウィリアム・ノールズ、バリー・シャープレスの3氏が、「キラル──を用いる不斉水素化および酸化反応の開発」でノーベル化学賞を受賞した
11 世界的ベストセラーの映画化第1作目『ハリー・ポッターと賢者の──』が12月に公開され、興行収入200億を超える大ヒットに
12 サザンオールスターズの桑田──がソロで『波乗りジョニー』『白い恋人達』をヒットさせた
14 スキとキライの両方の感情
16 議論の筋道
17 田んぼのガードマン
19 組織・団体を司る中心メンバー
21 シアトル・マリナーズで──リーガーとしての初シーズンを迎えたイチローは、最多得票でオールスターゲームにも選出された
23 1月20日にジョージ・W・ブッシュが、ビル・──の退任に伴い第43代アメリカ大統領に就任
25 ──のごとく人が集まる
27 LDKの「L」を日本語で
28 リアルタイムなプライス
29 7月20日公開の映画『──と千尋の神隠し』が、興行収入300億円を突破する歴史的ヒット作に
30 11月21日発売の『大乱闘スマッシュ──DX』が、ゲームキューブ用ソフト売り上げ歴代1位となるヒット作に
32 9月26日、近鉄の北川博敏がプロ野球史上初の「──逆転サヨナラ満塁優勝決定本塁打」を放った
34 背後　地縛　浮遊
35 ニガウリともいう野菜
36 夢も──もありゃしない
38 晩成すると言われる
40 9.11テロの影響でアメリカとイス

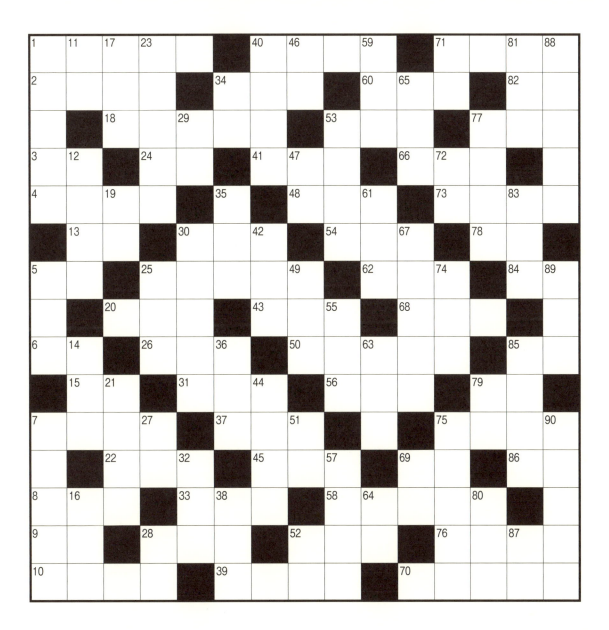

ラム——との対立が明確になり、対テロ戦争へと突入していった
42 二子山親方の——である横綱・貴乃花光司が五月場所で優勝。小泉純一郎首相のスピーチ「痛みに耐えてよく頑張った！ 感動した！」も話題に
44 9.11テロの首謀者と目されたウサマ・ビン・——はイスラム原理主義組織アルカイダの頭目
46 帰るところ、住むところ
47 英語ではウィンドウ
49 「ミスタージャイアンツ」こと長嶋——監督が勇退。読売ジャイアンツの終身名誉監督に就任した
51 この年のNHK紅白歌合戦では——アキ子が『夢』で紅組の⇨85をつとめました
52 「～でござる」「～じゃよ」など
53 恨みある相手にリベンジ
55 夫婦と書いてフウフと読まずに
57 この年の主要国首脳会議（サミット）の開催国
59 五七五を品評し合う集まり
61 神様や仏様がおわすところ
63 漢字で「晒」と書く、漂白した織物
64 人間、あるいは男性
65 穀類を固めた和菓子。東京・浅草の「雷——」が有名
67 1月に横綱・曙太郎が現役引退を表明。引退後に日本相撲——から功労金1億円が贈られた
69 子どもの子どもは
71 映画『⇨29と千尋の神隠し』で、湯婆婆と銭婆の声を演じた女優は夏木——
72 —— 乙丙丁
74 魚ヘンに弱いと書く
75 10月より放送の『3年B組金八先生』第6シリーズに出演した女優。性同一性障害の生徒・鶴本直役を好演し、注目を集めた
77 有利に立とうとダマシを行う
79 罪から逃れたいときに切る
80 自分のすごいところをアピール
81 美人やイケメンは——端麗
83 温泉や夏祭りで着る
85 プロゴルファーの伊澤——が初の賞金王に。当時の日本ツアー史上最高の賞金獲得額となった
87 東尋坊やグランドキャニオン
88 4月26日、森喜朗首相が辞任。名前の音読みから、ぼんやりした「——」内閣とマスコミに揶揄された
89 4月1日、情報公開法を施行。国民のいわゆる「知る——」を保証するための制度の一環
90 4月から放送された国仲涼子主演の朝の連続テレビ小説。沖縄方言で「美しい」を意味する言葉がタイトルの由来

平成13(2001)年 辛巳

●できごと●

1月　中央省庁再編。1府22省庁から1府12省庁に
　　　インターネット百科事典「ウィキペディア」開設
　　　JRの新大久保駅で乗客転落事故
2月　実習船えひめ丸が米潜水艦に衝突、沈没
3月　ユニバーサル・スタジオ・ジャパン開業
4月　家電リサイクル法、情報公開法施行
　　　小泉純一郎内閣発足
5月　ハンセン病訴訟で原告側が勝訴
6月　大阪の私立小学校で児童殺傷事件
7月　世界水泳シンクロで立花美哉・武田美保組が金
　　　明石の花火大会で群衆雪崩事故
　　　参院選で小泉旋風、自民党圧勝
8月　H-IIAロケット試験機1号機の打ち上げ成功
9月　新宿の雑居ビルで火災、大惨事に
　　　東京ディズニーシー開業
　　　アメリカで同時多発テロ（9.11事件）
　　　国内で初めて狂牛病感染を確認
　　　巨人の長嶋監督が勇退、球団初の終身名誉監督に
10月　アメリカがアフガニスタンへの侵攻を開始
　　　野依良治のノーベル化学賞受賞が決定
　　　アップルが携帯音楽プレイヤー「iPod」発売
11月　JR東日本がICカード乗車券「Suica」を導入
12月　皇太子妃雅子さまが愛子さまをご出産
　　　湘南新宿ラインが運転開始
　　　阪神の野村監督が夫人の脱税事件の責任を取り辞任

●世相・流行●

・小泉旋風。国民の圧倒的支持で小泉内閣が誕生
・同時多発テロやアフガン侵攻などで世界は戦乱の渦
・経済はデフレが進行。失業率が5％台に

この年登場したSuicaの普及で、「タッチで改札通過」が一般的に
（平成31年撮影）

●ウィキペディア誕生　お世話になっています

　1月15日「誰でも参加できるフリー百科事典」ウィキペディア英語版が開設された。最初は、アメリカのジミー・ウェールズの個人的なプロジェクトだった。5月には日本語版を含む13の非英語版が開設された。日本語版は当初日本語文字に対応していなかったため、ローマ字表記になっていた。平成15年6月からはウィキメディア財団（非営利団体）によって運営されている。

　ウィキペディアの自己紹介によると「信頼されるフリーなオンライン百科事典、それも質・量ともに史上最大の百科事典を、共同作業で創り上げることを目的とするプロジェクト、およびその成果である百科事典本体」が、ウィキペディアである。

　ウィキペディアは「集合知」の実例として取り上げられることも多い。個人の記述が基になっているため、利用には注意が必要といわれているが、反面、情報の更新や修正が数多くの利用者によって行われ、結果、信頼できるものとなっているとされている。ただし、創設者のウェールズは「原典ではなく出発点として利用すべき」と語っている。

　日本語版で編集回数が最も多いのは『ZIP!』、ついで『海賊戦隊ゴーカイジャー』『ONE PIECEの登場人物一覧』で、いずれも5,000回を越えている。（ウィキペディア調べ）

　ウィキペディアは世界中に広がり、平成31年3月現在303言語が開設されている。

　2008年にアンドレシェフカ天文観測所（ウクライナの私設観測所）が発見した小惑星は「ウィキペディア」と名付けられている。

●えひめ丸衝突事故

　2月9日（日本時間では10日）、オアフ島沖で愛媛県立宇和島水産高校の実習船「えひめ丸」が、急浮上したアメリカの原子力潜水艦「グリーンビル」に衝突され沈没した。乗員35名中9名が行方不明。うち4名が高校生、2名が教員だった。

　当初船体の引き上げは困難とされたが、10月にようやく引き上げられ、9名のうち8名の遺体が収容された。

　グリーンビルは民間人を乗船させており、それが事故の遠因、また救助の遅れにつながったといわれている。アメリカはすべての責任を認め、民間人乗船プログラムの見直し指示も出された。

　当時の森喜朗首相のこの事故への対応のまずさは、4月に森首相が辞任した一因となっている。

●H-IIA1号機宇宙の旅

　日本初の純国産ロケット「H-II」の技術をもとに開発された「H-IIA」は、現在日本の大型ロケットの主力として活躍している。その試験機1号機はこの年の8月29日に打ち上げられた。リフトオフ40分後には、レーザー測距装置を静止トランスファ軌道（静止軌道にのせる前に一時的に投入される軌道）に投入することに成功。飛行中のデータは試験機2号機に活かされ、開発が進められた。平成14年9月10日に打ち上げられた3号機からは「試験機」の名称がはずされている。

　H-IIAは世界的にもコストパフォーマンスが良いことで知

られている。大きさはJAXAによると「六畳ひと間の17階ビル」といった感じだそうだ。平成30年までの17年間に40号機までが打ち上げられている。残念ながら6号機は失敗に終わったが、気象衛星「ひまわり」や月周回衛星「かぐや」など、多くの人工衛星・探査機の打ち上げを担っている。

ちなみに「H」は水素のH。燃料に水素が使われていることからこの名になった。

●toto発売開始　6億円を夢見て

3月3日「スポーツ振興くじ　toto」が全国で発売された。サッカーの試合結果や各チームの得点数を当てるもので、売上金はスポーツ施設の整備などの助成に使われている。そののちtoto GOALやBIGなど色々発売された。totoは自分で予想することもできるが、BIGはコンピューター任せの運勝負。最高6億円（通常）を手中にすることも可能といえば可能である。

●9.11　アメリカ同時多発テロ

アルカイダにハイジャックされた旅客機によって、アメリカ合衆国に4つの攻撃が行われた。その朝起こったことを時系列に並べると以下のようになる。

8時46分　アメリカン航空11便、ニューヨークのワールド・トレード・センター北棟に激突

9時3分　ユナイテッド航空175便、同ビル南棟に激突

9時37分　アメリカン航空77便、バージニア州の国防総省本庁舎（ペンタゴン）1階に突入

9時59分　ワールド・トレード・センター南棟倒壊

10時3分　ユナイテッド航空93便、ペンシルベニア州シャンクスヴィルに墜落

10時28分　ワールド・トレード・センター北棟倒壊

ユナイテッド航空93便は、ホワイトハウスもしくは議事堂を狙ったと推測されているが、攻撃に至らずに墜落している。携帯電話などでテロを知った93便の乗客たちの反撃が攻撃阻止につながったとも言われる。この反撃によって攻撃を阻止できたのか否かは意見が分かれてもいるが、反撃を決行したことは確かであり、のちに映画にもなっている。

この事件ののち、米軍のアフガニスタン侵攻、イラク戦争、度重なるテロの勃発と、報復の連鎖が続いていく。

この年のノーベル平和賞は国連とアナン事務総長に贈られた。いったんはアメリカとイギリスのイラク攻撃を食い止め、国際社会の平和に貢献したことを評価しての授賞だが、結局イラク戦争は起きてしまう。

●家電リサイクル法　「捨てる」から「再利用」へ

この年の4月から「特定家庭用機器再商品化法」通称「家電リサイクル法」が施行された。これまでは鉄など一部の金属の回収はしていたものの、ほとんどが廃棄物となっていた家電製品をできるだけ再活用しようという目論見。家電を捨てる際に生じる運搬料金とリサイクル料金は、消費者が払う。

前年に施行された「容器包装リサイクル法」でビンやペットボトルのリサイクルも始まり、使い捨てが当たり前のようだった時代から、できるだけ活用するリサイクルの時代に変わっていった。

●DATA●

【今年の漢字】戦

【内閣総理大臣】森喜朗（自由民主党）→小泉純一郎（自由民主党）

【プロ野球日本一】ヤクルトスワローズ

【Jリーグ年間優勝】鹿島アントラーズ

【JRA年度代表馬】ジャングルポケット

【流行語】米百俵　聖域なき構造改革　骨太の方針　狂牛病　ブロードバンド　塩爺　生物兵器　明日があるさ　ドメスティック・バイオレンス　ヤだねったら、ヤだね

【書籍】S・ジョンソン『チーズはどこへ消えた？』　宮部みゆき『模倣犯』　綿矢りさ『インストール』　R・キヨサキ『金持ち父さん　貧乏父さん』

【映画】『千と千尋の神隠し』『陰陽師』　『バトル・ロワイアル』『冷静と情熱のあいだ』　『ハリー・ポッターと賢者の石』『A.I.』　『パール・ハーバー』『ダイナソー』

【テレビ】『HERO』『ちゅらさん』『ほんまもん』　『明日があるさ』『ロケット・ボーイ』『白い影』　『ザ！世界仰天ニュース』『ズームイン!!SUPER』

【音楽】宇多田ヒカル『Can You Keep A Secret?』　浜崎あゆみ『Dearest』　桑田佳祐『波乗りジョニー』　モーニング娘。『恋愛レボリューション21』　CHEMISTRY『PIECES OF A DREAM』　三木道三『Lifetime Respect』　氷川きよし『箱根八里の半次郎』

【話題の商品】カローラ（トヨタ）　フィット（ホンダ）　ADSL　レヴュー マジカルチェンジ（カネボウ）　東京ディズニーシー　ユニバーサル・スタジオ・ジャパン　e-kara（タカラ）　ベイブレード（タカラ）　『ファイナルファンタジーX』（スクウェア）

【訃報】蟹江ぎん（タレント）　並木路子（歌手）　三波春夫（歌手）　團伊玖磨（作曲家）

●平成13年の答え●

ナ	イ	カ	ク	フ		カ	イ	カ	ク		マ	サ	ヨ	シ
カ	シ	カ	リ		レ	ゲ	エ		カ	オ	リ		ウ	ン
ガ		シ	ン	セ	イ	キ		ア	イ	コ		イ	シ	キ
ワ	ケ		ト	ン		ハ	マ	ダ		シ	コ	ン		ロ
ケ	イ	リ	ン		ゴ		ド	ウ	ジ		ウ	チ	ュ	ウ
	ス	ジ		ブ	ー	ム		チ	シ	キ		キ	カ	
ア	ケ		ウ	ラ	ヤ	ス	シ		ヤ	ヨ	イ		タ	ケ
ユ		ゼ	ン	ザ		コ	ゲ	メ		ウ	ワ	サ		ン
ミ	コ		カ	ー	キ		オ	オ	サ	カ	シ		ト	リ
	ウ	メ		ズ	ボ	ラ		ト	ラ	イ		シ	シ	
シ	オ	ジ	イ		ウ	デ	ワ		シ		ウ	ラ	ミ	チ
ヨ		ヤ	マ	ダ		イ	ダ	イ		マ	エ		ツ	ユ
ク	ロ	ー		イ	タ	ン		タ	マ	ゴ	ト	ジ		ラ
バ	ン		ジ	ダ	イ		ゴ	リ	ン		ア	マ	ガ	サ
イ	シ	ザ	カ		キ	ャ	ビ	ア		ジ	ャ	ン	ケ	ン

平成14年（2002年）

➡ ヨコのカギ

1 1月1日に流通が開始されたEUの共通通貨

2 2月に放送開始した、平成仮面ライダーシリーズ第3作『仮面ライダー──』

3 扉の一部に設けた小さな出入口

4 レジャーのこと

5 木星の第1衛星

6 飛行機やドローンを使ってカメラを回す

8 他国をさすらう人々

9 この年のソルトレークシティ冬季五輪で日本が取れなかったメダルの色

10 質量分析のためのソフトレーザー脱離イオン化法を開発したことにより、この年のノーベル化学賞を受賞したエンジニア

11 エイベックスが3月に採用し、他社が追随したCCCDとは、──コントロールCDのこと

14 この年、CMソングから『──のうた ～ピクミンのテーマ』が大ヒットした

17 この年のサッカーW杯でカメルーンのキャンプ地として話題になった大分県──村

18 10月にモスクワで発生した劇場占拠事件では、──部隊の強行突入により一般人にも多数の被害者が出た

20 1月に事務方との対立により更迭された元外務大臣。その後、公設秘書給与流用問題が浮上した

22 悪夢を食べてくれるという動物

24 五輪やW杯に臨む選手の中には、試合前に験担ぎで食べた人がいるかも

25 タクラマカン砂漠のような広大な砂漠

26 この年『──のズンドコ節』がヒットした氷川──

27 滝の近くで感じる？ この年の家電量販店の店頭には──商品があふれかえっていた

28 この年のサッカーW杯で優勝した国

30 8月26日に現役引退を表明した、福岡ダイエーホークスの初代主将

32 みやび言葉ともいう、和歌などに使われる平安時代の言葉

34 同行者のいないトラベル

36 親分にはつきもの

38 この年公開された映画『スパイダーマン』の監督はサム・──

40 この年の日本シリーズは4勝0敗のストレート勝ちで巨人が日本一に。選手たちは勝利の──に酔ったことだろう

43 京都の三大漬物の1つ。上賀茂の名産

45 春女苑に似た、白い花を咲かせる背の高い雑草（はるじょおん）

47 いろいろ試してみたが、とうとう──尽きて諦めた

50 この年公開された『たそがれ清兵衛』の主演。日本アカデミー賞最優秀主演男優賞を受賞した

52 にらめっこでは相手の顔を──しなければダメですよ

54 ──ケア　──サービス

56 6月19日、↓78が──を受け取った容疑で逮捕された

58 中島みゆきがこの年の紅白歌合戦で『地上の星』を歌った富山県のダムの通称

60 アワビによく似た小型の食用貝

63 1月に発覚した雪印牛肉偽装事件の余波で、雪印乳業の単独提供だった人気テレビ番組『料理バンザイ！』が3月31日放送分で終了。20年の歴史に──を閉じた

65 11月、江沢民が中国共産党中央委員会総書記の──を降りた

66 スナック菓子やファストフードなどは──フードと呼ばれる

67 この年行われたサッカーW杯は日本と──の共同開催

68 9月10日に国連に新たに加盟した永世中立国

69 10月に放送開始したバラエティ番組『もしもツアーズ』。──勤も隔週でレギュラー出演していた

70 この年のNHK連続テレビ小説『さくら』の主演は高野──

71 この年公開された、宇宙人の侵略を描いたメル・ギブソン主演の米映画

72 12月にたばこ・発泡酒などの増税を決定した、自民・公明・保守の3つ

74 あるなし

76 寄席の入り口

77 長崎、尾道、函館、熱海などが多いことで有名

⬇ タテのカギ

1 この年から始まった学校の完全週5日制に代表される考え方

7 10月、東京都千代田区で全国初の罰則ありの──禁止条例が施行された

12 チューリップやカタクリはこの仲間

13 ヨーロッパとアジアをまとめてこう呼ぶ

15 7月に放送された『FNS27時間テレビ──のうた～あの素晴らしい日本をもう一度～』の総合司会はみのもんたが務めた

16 この年のサッカーW杯の得点王

19 一番ショート、といっても野球ではない

21 この年は平井堅の『大きな古時計』など、──曲のヒットが目立った

23 加熱用と生食用が売られている海の幸

24 宝くじの一等が当たる──は、交通事故に遭う──より低いらしい

26 10月15日、北朝鮮に拉致された日本人5人が──した

27 この年のNHK大河ドラマは『利家と──～加賀百万石物語～』

28 1月29日の一般教書演説で「悪の枢軸」発言をした米大統領

29 ストレスやピロリ菌が原因のいたたたた

31 先祖代々の一族の格式

33 日暮れに沈んでいくもの

35 勝手に思いつきで行動する様子

37 年末に公開された──シリーズ第26作は『──×メカ──』で、主演は釈由美子だった

39 この年の日本レコード大賞最優秀歌唱賞は『──畑』を歌った森山良子が受賞

41 レタスの和名。萵苣と書く

42 煙突の中に溜まる黒

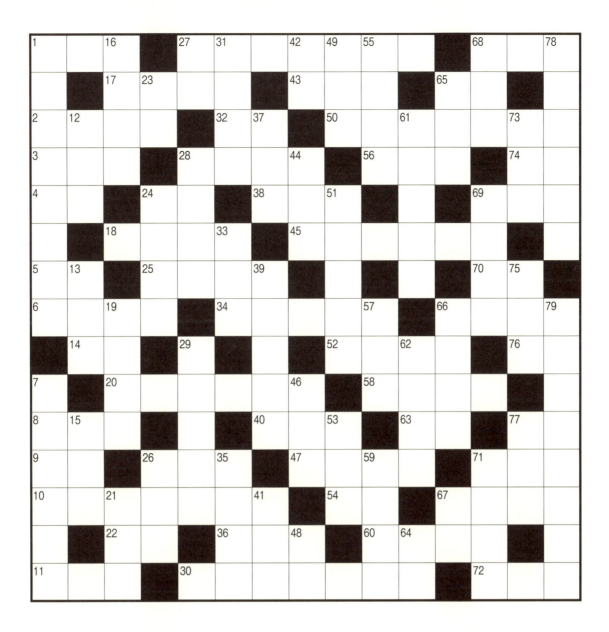

44 同じ種類のものについての差異などを調べること
46 この年にノーベル物理学賞を受賞した日本人学者は──昌俊
48 新語・流行語大賞にも選ばれるほど話題になったアゴヒゲアザラシの──ちゃん
49 畳表を織るのに使う
51 この年のミス・ユニバース日本代表は千葉美苗(みな)。選ばれるのには、──だけでなくて内面も重要
53 右手が「馬手」なら左手は
55 5月19日、──復帰30周年記念式典が行われ、小泉総理が出席した
57 飛行機のお尻にあり、姿勢を保つのに必要
59 ──孝が書いた『声に出して読みたい日本語』がこの年のベストセラーになり、新語・流行語大賞トップテンにも選ばれた
61 8月に稼働した「住基ネット」の正式名称は「住民基本──ネットワークシステム」
62 表に出てこない陰の実力者
64 昔から伝わってきていることがら。──成語
65 この年テレビ朝日系列で放送されたドラマ『トリック2』の主題歌『流星群』を歌ったのは鬼束──
66 この年は加藤紘一、辻元清美、大橋巨泉など大物政治家の議員──が続出した
67 春の七草のスズナのこと
68 船舶が通る道
69 陸上自衛隊に配備されているキャタピラーつきのクルマ
71 小粒でもピリリな鰻の薬味
73 この年、アニメ『忍たま乱太郎』の主題歌が、光GENJIのものからYa-Ya-yahの『──100%』に変わった
75 冗談じゃないよ
77 7月11日、アフリカのチャドで人類の祖先としては──とみられる猿人化石が発見されたとの報道がされた
78 国後島の「日本人とロシア人の友好の家」の工事についての疑惑で話題になり、関係した言葉がこの年の新語・流行語大賞トップテンに選ばれた衆議院議員
79 この年TBS系列で放送された人気ドラマ『木更津キャッツアイ』の脚本家

57

平成14（2002）年 壬午

●できごと●
1月　ユーロ紙幣と硬貨の流通が始まる
　　　雪印の牛肉偽装が発覚
　　　田中眞紀子外相を更迭
　　　ブッシュ米大統領による悪の枢軸発言
2月　ソルトレークシティ五輪
　　　マイクロソフトのゲーム機「Xbox」国内発売
3月　「看護婦」「看護士」が「看護師」に統一される
　　　北九州監禁殺人事件が発覚
　　　辻元清美衆院議員が秘書給与流用問題で辞職
4月　完全学校週5日制の「ゆとり教育」スタート
5月　瀋陽総領事館に北朝鮮からの亡命希望者が駆け込む
　　　東ティモールが独立。21世紀初の独立国
　　　日韓サッカーW杯開幕。日本の成績はベスト16
6月　鈴木宗男衆院議員があっせん収賄容疑で逮捕
　　　千代田区で全国初の罰則つき歩きタバコ禁止条例
7月　アフリカ連合（AU）発足
8月　住民基本台帳ネットワーク稼働
　　　多摩川にアザラシの「タマちゃん」出現
　　　環境開発サミット開幕
9月　初の日朝首脳会談。拉致問題への関心高まる
10月　小柴昌俊、田中耕一が相次ぎノーベル賞に決定
　　　バリ島で爆弾テロ事件
　　　ロシアのモスクワで劇場占拠事件
11月　高円宮さまご逝去
12月　東北新幹線が八戸駅まで延伸開業

●世相・流行●
・有名政治家の逮捕や辞職が続出
・日朝首脳会談の影響で、北朝鮮拉致問題の関心が高まる
・タマちゃん、くぅ～ちゃん、ベッカムが話題に

多摩川で撮影されたタマちゃん（写真提供：時事）

●初めて尽くしのサッカーW杯開催
　初のアジア地域での開催が初の2カ国共催となった日韓サッカーW杯が、5月31日から行われた。トルシエ監督率いる日本代表は開催国として予選免除。グループリーグを突破して初の決勝トーナメント進出を果たすも、1回戦で敗退した。
　優勝国はブラジルで、得点王はロナウド。最優秀選手にはドイツのGKオリバー・カーンが選ばれた。
　各自治体によるキャンプ地誘致合戦も巻き起こった。中でもカメルーン代表のキャンプ地に選ばれた大分県中津江村は「いちばん小さな自治体のキャンプ地」として着目されながら同国の選手団の到着が遅れたことなどが話題になり、この年の新語・流行語大賞に選ばれた。カメルーンと中津江村との交流はその後も続いている。
　イングランドのベッカムを初めとする海外のイケメン選手も注目を浴びた。イタリアのデルピエロやトッティ、トルコのイルハン、韓国の安貞桓など。ベッカムの特徴的な髪型、ソフトモヒカンが「ベッカムヘアー」として流行した。
　公式ソングを歌うために日本・韓国の歌手により結成された企画ユニットVoices of KOREA/JAPANは、前夜祭・開幕式・閉幕式に参加。W杯史上初めてFIFAの公式イベントとして開催された「2002 FIFA WORLD CUP KOREA/JAPAN OFFICIAL CONCERT」にもエアロスミス、B'z、ローリン・ヒルらとともに出演した。

●ユーロ通貨スタート
　1月1日に現金通貨としてのユーロが発足し、導入国の従来の通貨に代わり、ユーロが法定通貨となった。
　EU加盟の12カ国（オーストリア、ベルギー、ドイツ、スペイン、フィンランド、フランス、ギリシャ、アイルランド、イタリア、ルクセンブルク、オランダ、ポルトガル）が自国の通貨を廃止して統一通貨ユーロの硬貨や紙幣の発行・流通を開始。ユーロ紙幣はユーロ参加各国とも全て同一のデザインで、印刷されている番号の先頭の文字によって国が判別されるようになっている。ユーロ硬貨は、片面が共通のデザイン、もう一方の面には各国独自のデザインが描かれている。
　モナコやバチカンなど、通貨同盟の相手国がユーロを導入したことで自らもユーロを法定通貨とした国もある。

●牛肉「偽装」事件相次ぐ
　BSE（牛海綿状脳症）対策の一環で行われた国産牛肉買い取り事業を悪用した食肉卸業者による補助金詐取事件が多発。
　1月に取引先の冷蔵会社社長による内部告発によって雪印食品の牛肉産地偽装が発覚。輸入牛肉を国産の箱に詰め替えて、買い取り費用を不正請求していた。結果、雪印食品は4月に解散となった。5月には雪印食品の役員が逮捕されたが、その後も6月には日本食品、8月には日本ハムと、次々と牛肉偽装・隠蔽が発覚した。

●大物政治家の議員辞職続出
　小泉純一郎総理により1月に外務大臣を更迭された田中眞紀子が、8月に公設秘書給与流出疑惑の責任を取り議員辞職した。3月には衆院議員の辻元清美が、これも秘書給与流用

問題の責任を取り議員辞職。4月には加藤紘一元自民党幹事長が、元事務所代表の脱税疑惑や自身の政治資金流用問題などで議員辞職した。他に、民主党の大橋巨泉参議院議員も党との意見相違を理由に議員辞職した。

また、ムネオハウス問題で注目された鈴木宗男衆議院議員が自由民主党を離党ののち6月に収賄容疑で逮捕されるなど、政治の世界が大いに揺れることになった。

●ソルトレークシティ五輪開催

アメリカ・ユタ州のソルトレークシティで2月に行われた冬季五輪は、冬季五輪開催地として最も標高の高い都市（約1,300m）での大会となった。

開会式では、前年の同時多発テロの現場である世界貿易センタービルの跡地から発見された星条旗が入場し、冬季五輪では初めて大統領（ジョージ・W・ブッシュ）が出席した。

日本勢のメダルは、男子スピードスケート500mの清水宏保が銀、女子モーグルの里谷多英が銅を獲得したが、その2つにとどまった。これまで好調だったスキージャンプは5位、テレビ中継もされた女子カーリングは8位に終わった。

ショートトラックスピードスケートの男子1000mの決勝では選手が次々と転倒するというアクシデントが発生。その中で、オーストラリアのスティーブン・ブラッドバリーが優勝、南半球の国では初となる冬季五輪での金メダルを獲得した。

フィギュアスケートのペア競技で「フランスの審判員に不適切な行為があった」という理由から、当初2位であったカナダペアにも2個目の金メダルを授与するという異例の事態がおこった。この事件はその後、フィギュアスケート競技の採点方法が全面的に変更されるきっかけとなった。

ショートトラックで韓国の金東聖が失格の判定を受けたことに反発し、IOCなどに対するサイバーテロが発生。女子クロスカントリースキーではロシアのラリサ・ラズチナがドーピング検査で陽性になり、獲得したメダル3個も剥奪された。大会終盤になってもアルペン、クロスカントリーの選手がドーピングで大量失格になるなど、この大会ではさまざまなトラブルが起こった。

●タマちゃんが大人気

8月、多摩川の丸子橋付近にオスのアゴヒゲアザラシが出現。新聞やニュース等で取り上げられ話題となり、「タマちゃん」と呼ばれ人気者になった。その後、鶴見川や帷子川、荒川などにも出没。

横浜市西区からは「ニシ タマオ」として特別住民票を与えられた。これ以後、各地で野生動物が一定期間出没するなどしたときに特別住民票を発行するという自治体が増えた。

タマちゃんを題材とする楽曲も多数作られた。

●ダブルで受賞したノーベル賞

小柴昌俊東京大学名誉教授がノーベル物理学賞、田中耕一島津製作所社員がノーベル化学賞を受賞。日本人の同年ダブル受賞は初めてで、博士号を持たない化学賞受賞者も初。

この年のイグノーベル平和賞も犬語翻訳機「バウリンガル」の開発で日本の3名が受賞した。

●DATA●

【今年の漢字】帰
【内閣総理大臣】小泉純一郎（自由民主党）
【プロ野球日本一】読売ジャイアンツ
【Jリーグ年間優勝】ジュビロ磐田
【JRA年度代表馬】シンボリクリスエス
【流行語】タマちゃん　W杯　貸し剥がし　真珠夫人
　ダブル受賞　内部告発　ベッカム様　ムネオハウス
　中津江村　声に出して読みたい日本語
【書籍】J・K・ローリング『ハリー・ポッター』シリーズ
　齋藤孝『声に出して読みたい日本語』
　向山淳子ほか『ビッグ・ファット・キャットの世界一簡単な英語の本』　日野原重明『生きかた上手』
【映画】『猫の恩返し』『たそがれ清兵衛』
　『ゴジラ・モスラ・キングギドラ 大怪獣総攻撃』
　『千年の恋 ひかる源氏物語』
　『ハリー・ポッターと秘密の部屋』
　『スター・ウォーズ エピソード2／クローンの攻撃』
【テレビ】『空から降る一億の星』『人にやさしく』
　『ごくせん』『利家とまつ〜加賀百万石物語〜』
　『行列のできる法律相談所』『NARUTO -ナルト-』
　『北の国から』（終了）
【音楽】浜崎あゆみ『H』『Voyage』
　宇多田ヒカル『traveling』　元ちとせ『ワダツミの木』
　Dragon Ash『Life goes on』　平井堅『大きな古時計』
　島谷ひとみ『亜麻色の髪の乙女』
　ストロベリー・フラワー『愛のうた』
【話題の商品】写メール（J-PHONE）　アミノサプリ（キリン）
　玩具菓子　Suica　アブトロニック　Ag+（資生堂）
　ニコレット（J&J）　バウリンガル（タカラ）
　コンビニATM　Xbox（マイクロソフト）
【訃報】海老一染太郎（曲芸師）　五代目 柳家小さん
　（落語家）　ナンシー関（版画家）　村田英雄（歌手）

●平成14年の答え●

ユ	ー	ロ		マ	イ	ナ	ス	イ	オ	ン		ス	イ	ス
ト		ナ	カ	ツ	エ		ス	グ	キ		チ	イ		ズ
リ	ュ	ウ	キ		ガ	ゴ		サ	ナ	ダ	ヒ	ロ	ユ	キ
キ	リ	ド		ブ	ラ	ジ	ル		ワ	イ	ロ		ウ	ム
ヨ	カ		カ	ツ		ラ	イ	ミ		チ		セ	キ	ネ
ウ		ト	ク	シ	ュ		ヒ	メ	ジ	ョ	オ	ン		オ
イ	オ		リ	ュ	ウ	サ		カ		ウ		シ	ホ	
ク	ウ	サ	ツ		ヒ	ト	リ	タ	ビ		ジ	ャ	ン	ク
	ア	イ		イ		ウ		チ	ョ	ク	シ		キ	ド
ア		タ	ナ	カ	マ	キ	コ		ク	ロ	ヨ	ン		ウ
ル	ミ		イ		ビ	シ	ュ		マ	ク		サ	カ	
キ	ン		キ	ヨ	シ		バ	ン	サ	ク		サ	イ	ン
タ	ナ	カ	コ	ウ	イ	チ		デ	イ		カ	ン	コ	ク
バ		バ	ク		テ	シ	タ		ト	コ	ブ	シ		ロ
コ	ピ	ー		ア	キ	ヤ	マ	コ	ウ	ジ		ヨ	ト	ウ

平成15年（2003年）

➡ ヨコのカギ

1 SMAPの大ヒット曲。第54回NHK紅白歌合戦の大トリで歌われた
2 深夜番組『トリビアの──』がゴールデンタイムに昇格。番組内で使用される「へぇ～」が流行した
3 4月1日、さいたま市が政令指定──に移行
5 5月9日、小惑星探査機──が内之浦宇宙空間観測所から打ち上げられ、小惑星イトカワに向かった
6 ベンチもソファもこの仲間
8 液体のあぶらと固体のあぶら
9 夏目漱石の小説『坊つちやん』の主人公は──の無鉄砲なのだとか
11 読売ジャイアンツからニューヨーク・ヤンキースに移籍した──秀喜が1年目から活躍した
12 養老孟司の著書『──の壁』がベストセラーに
14 上巻・中巻・──
16 菅野──、浅野ゆう子ら出演のドラマ『大奥』が放映された
18 1月公開の映画『黄泉がえり』では、柴咲──がRUI名義で主題歌の『月のしずく』を歌った
22 人体模型やガイコツがありそう
24 ──羅漢　──円硬貨
26 動画↔──画
27 何も起こらず平穏で安らか
28 10本足の三角頭
30 宮崎駿監督のアニメ作品。第75回アカデミー賞で長編アニメ映画賞を受賞した
32 麻雀で山から牌を引くこと
34 「実は私がやったんです…」
36 ベッドが2つある客室
37 8月10日に沖縄都市モノレールが那覇空港－首里間で開業。愛称は──レール
39 ドライバーで締めます
40 木村拓哉演じる──が主人公のドラマ『GOOD LUCK!!』が高視聴率をおさめた
42 4月、『──決死隊のトーク番組アメトーク！』が放送開始
44 ──ちゃんの愛称で親しまれた柔道選手・田村亮子が、野球選手の谷佳知と12月に結婚した
46 ダイキリやモヒートなどのカクテルに使う酒
48 混雑時のレジ前にできるもの
49 『白い巨塔』が、唐沢寿明主演で4度目のテレビドラマ化。主人公は大学病院の──・財前五郎
51 上腕と前腕とをつなぐ関節
52 10月10日、最後の日本産トキである──が死亡
55 吸ったり読んだりのまれたり
56 3月5日に発売された森山直太朗のシングル曲のタイトル。卒業式シーズンによく歌われる
57 ゴルフ場のグリーンにあけるもの
59 新語・流行語大賞の1つ「──まんじゅう」。授賞式には野中↓51が現れた
61 記録的に──が遅く、冷夏となって農作物に大きな被害が出た
63 幕末の日本では──攘夷運動が高まりを見せた
64 黒と黄色の猛獣。↓75の優勝などから「今年の漢字」に選ばれた
66 プレゼントや髪を華やかに彩る
67 2月1日、スペースシャトル──号が地球帰還直前に空中分解、7人が犠牲となった
69 かまぼこの土台部分
70 この仕事がうまくいくか──は君にかかっているんだ
73 互いに話をすること。若者の──の場を設けた
74 朱肉につけてペタリ
75 海のない地方には出ない──警報
76 『キャッツ』『ライオンキング』などで知られる劇団──が創立50周年の記念公演を行った
78 10月7日、アーノルド・シュワルツェネッガーがカリフォルニア州──に当選
80 飛鳥、藤原、平城、平安…と何度も移されているもの
81 韓国のドラマ『──のソナタ』が日本で放映され、ヨン様ブーム、韓流ブームを起こした
83 木を蒸し焼きにして作るもの
85 11月、グルジアで──革命が起きシェワルナゼ政権が退陣。革命の名は野党支持者たちが持っていた花にちなんでつけられた
87 改正祝日法の施行により、──の日、敬老の日が月曜日に移動した

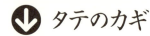

⬇ タテのカギ

1 学習塾で授業を受ける人
4 12月、↓45を独裁的に──していたサダム・フセインが米軍によって拘束された
7 二重唱や二重奏をおこなう人々。男性──のゆずはこの年の紅白歌合戦に初出場した
10 いちばん盛り上がる場面のこと
13 長嶋──が第26回日本アカデミー賞新人俳優賞を受賞。出演作品は『ミスター・ルーキー』
15 学期と学期のあいだは長め
17 エビに姿が似ている生き物
19 刃物の手で握る部分
20 辞書を引いて調べることも
21 ──海の海賊を描いた映画『パイレーツ・オブ・カリビアン／呪われた海賊たち』が公開された
23 5月23日、個人情報──法が参議院本会議で可決された
25 4月1日、日本──公社が──事業庁の業務を引き継いで発足。小泉内閣の掲げる──民営化へ向け一歩前進した
27 高校の年中行事の1つ。演劇や模擬店などがつきもの
29 4月25日、東京に六本木──が開業。──族なる言葉も生まれた
31 この年の干支は癸──（みずのと──）
33 金属を鍛えて加工品を作る人
35 暦の上ではもう春
38 テツand──のネタ「なんでだろ～」が流行
39 7～8月のヨーロッパは──に襲われ気温が上昇。各地で1540年以来の猛暑となった
41 白い壁のこと。ホワイトハウスは──館
43 カイコやクモが出すもの
44 国会やプロ野球の試合で飛び交う
45 3月20日、米軍によるバグダッドへの空爆で──戦争が開戦
47 泡立てた卵白に砂糖や香料などを加えて作る
50 ある事柄について意見を述べるこ

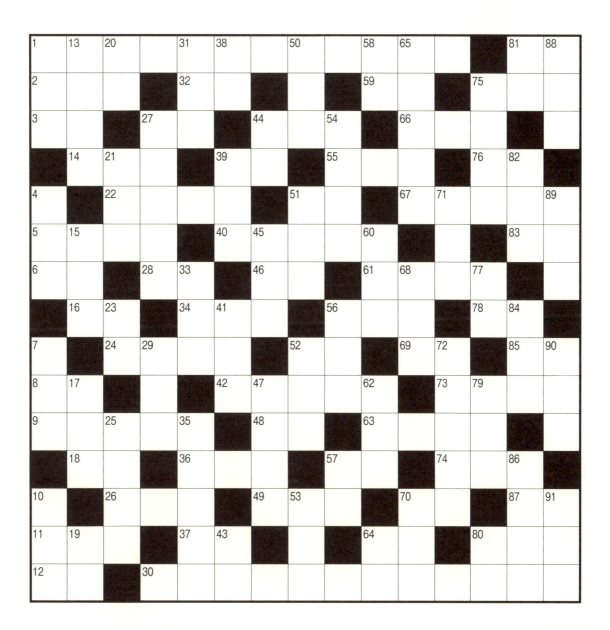

と。外務大臣の――
51 10月、衆院選を前に中曽根康弘、宮澤喜一、野中――が政界を引退
52 台風の中心ではぐんと低い
53 北海道ではご祝儀なしで――制の結婚式が多いのだとか
54 雲があまりない日の夕方、西の方角に見える
56 1月1日、京都パープル――が第82回天皇杯全日本サッカー選手権大会にて初優勝を果たした
57 小説『世界の中心で、――をさけぶ』が発売から2年を経て突然ヒット。発行部数が100万部を突破
58 ガラガラとうがいしてすすぐもの
60 4月1日に施行された構造改革特別区域法により、のちに全国でどぶろく――が誕生
62 3月、大和銀行とあさひ銀行が合併して――銀行が発足
64 主君に対する敬称の1つ
65 パン作りに向くのは強力粉、天ぷ

ら向きなのは
68 物事のいわれや成り立ち
70 瓦葺きの屋根や葺いた瓦のこと
71 ――の音楽グループ、t.A.T.u.が来日。テレビ番組の生放送中に歌唱をボイコットし騒動になった
72 1月20日、第65代横綱・――光司が引退を表明
75 プロ野球チームの――タイガースが18年ぶりにリーグ優勝。大きな経済効果を生んだ
77 お金が使いたがらない人のこと
79 ベッド――　チャイナ――
80 中島――の歌う『雪の華』が第45回日本レコード大賞金賞と作詩賞を受賞した
81 ゆっくりつかって極楽、極楽
82 かかとのこと
84 経費で落とせないときやおごってもらえないときに切るもの
86 政権――を意味する「マニフェスト」はこの年の新語・流行語大賞

の1つ
88 6月6日、武力攻撃事態対処法などの――関連三法が成立
89 サントリーフーズの飲料品「燃焼系――式」のアクロバティックなCMが話題に
90 ――兄弟の有人動力飛行成功から100年のこの年、各地で記念イベントが開かれた
91 お祭りの際にかつぐことも

平成15(2003)年 癸未

●できごと●

1月 成田空港でオーバーラン事故
　　大相撲で貴乃花が引退表明、朝青龍が横綱昇進
2月 NASAのコロンビア号が空中分解、墜落
　　ユーゴスラビア連邦がセルビア・モンテネグロに
3月 米・英がイラクへ侵攻。イラク戦争開戦
　　映画『千と千尋の神隠し』がアカデミー賞を受賞
　　新型肺炎SARSが中国で大流行、感染拡大
4月 郵政事業庁が日本郵政公社に
　　さいたま市が政令指定都市に
　　六本木ヒルズ開業
　　パナウェーブを名乗る集団が林道を占拠
5月 三浦雄一郎が世界最高齢でのエベレスト登頂成功
6月 有事関連三法成立。戦後初の有事法制
　　早大サークル、スーパーフリーによる暴行事件
7月 世界水泳で北島康介が世界新での２冠達成
　　宮城県北部で震度６級の地震が同日に３回発生
8月 沖縄で戦後初の鉄道「ゆいレール」開業
9月 プロ野球で阪神が18年ぶりのリーグ優勝
　　北海道の釧路沖で地震
10月 アメリカでシュワルツェネッガーが州知事に当選
　　財務諸表隠蔽疑惑の日本道路公団藤井総裁を解任
11月 衆院選で連立与党が絶対安定多数を確保
　　イラクで日本人外交官２人が銃撃され死亡
12月 ３大都市圏で地上デジタル放送開始
　　アメリカ軍がフセイン元大統領を拘束

●世相・流行●

・イラク戦争ではアメリカ支持側と反対側で世界が二分
・中国のSARS流行では、旅行キャンセルなどで国内も混乱
・10年ぶりの冷夏で国内冷え込む

12月、イラク北部で拘束された直後のフセイン元大統領（写真提供：AFP＝時事）

●イラク戦争開戦

　３月20日、イラクの首都バグダッドへの空襲を皮切りに、アメリカ軍とイギリス軍の陸上部隊がイラクへの侵攻を開始した。イラク戦争の始まりだ。イラクが大量破壊兵器を保有している可能性があること、フセイン政権がテロ組織のアルカイダと関与していることが公式の開戦理由だった。しかし、この時点ではフランス、ドイツ、ロシア、中国などは軍事介入に反対していた。つまり、国連内での合意が得られていないまま開戦した形だ。なお、小泉首相は戦争の支持を表明した。

　アメリカ軍らの軍事作戦は迅速に進んだ。翌４月には早くも首都バグダッドが陥落、フセイン政権は事実上崩壊する。５月１日にはブッシュ大統領による「戦闘終結宣言」が出され、連合国暫定当局（CPA）の占領統治が開始された。しかしその後、情勢は泥沼化。現地での自爆テロが続発し、治安は悪化する一方となる。12月にはフセイン元大統領がアメリカ軍に拘束されたが、事態はいっこうに収まらない。反米武装勢力によるテロやゲリラ活動に加え、イスラム宗派間の武力抗争や周辺国間の対立も入り交じり、イラクを中心とする中東情勢は翌年以降も長い混迷が続いていくこととなった。

●プロ野球で阪神が18年ぶりのリーグ優勝

　この年、星野仙一監督率いる阪神タイガースが18年ぶりのリーグ優勝を決めた。

　昨シーズン４位に終わって２年目の星野監督は、シーズン前に「血の入れ替え」を断行。20人以上もの選手に戦力外通告を出し、代わりに金本、伊良部、下柳、ウィリアムスといった大物選手を入団させた。また、自他共に認める熱血派な星野監督の指導により、チームは精神的にも「戦う集団」へと変貌を遂げたと言われる。彼がキャンプ前に残した「勝ちたいんや！」という言葉は、名言として今も語り継がれている。

　生まれ変わったチームは、開幕直後から首位を独走。７月８日に早々にマジックを点灯させ、そのまま一気に優勝してしまった。原動力はなんといっても打撃力。赤星憲広、金本知憲の２、３番コンビ、首位打者の今岡誠、打率３割を超える矢野輝弘ら「恐怖の下位打線」を擁した強力な打線は「第三次ダイナマイト打線」と呼ばれた。140試合で728得点、１試合平均５点以上の得点力はまさに圧巻。一方の投手陣も20勝の井川慶を始めとして先発陣・リリーフ陣ともに活躍した。チーム防御率3.53は堂々のリーグ１位だ。

　タイガースの快進撃で、大阪は沸きに沸いた。主催試合の観客動員数は史上初めて300万人を突破、ミナミの道頓堀ではファンが次々と川に飛び込んだ。

●世界に認められた宮崎駿監督

　この年、宮崎駿監督のアニメーション映画『千と千尋の神隠し』が第75回アカデミー賞の長編アニメーション映画賞を受賞した。同作品が最初に日本で公開されたのは平成13年。興行収入300億円超、日本歴代興行収入第１位の大ヒットを飛ばし、翌年にはアメリカで英語版が公開された。現地の映画評論家の評判は上々だったようで、ニューヨーク映画批評家

協会賞、ロサンゼルス映画批評家協会賞などいくつかの映画賞を受賞している。また、平成14年2月に開催されたベルリン国際映画祭でも金熊賞を受賞しており、その時点ですでに海外で高く評価されていたことは間違いない。

アカデミー賞受賞は日本のアニメーション映画としては史上初であり、平成31年現在、この作品以外に同賞を受賞した日本アニメ作品は存在しない。なお、イラク情勢が緊迫している最中だったこともあり、宮崎監督はアメリカでの授賞式には参加しなかった。代わりに「世界が不幸な事態を迎えているので、素直に喜べない」という旨のメッセージを感謝の気持ちとともに発表した。

●SARS騒動

この年、新しいタイプの肺炎が世界を恐怖に陥れた。正式には「SARS（重症急性呼吸器症候群）」という感染症で、発熱、咳、息切れといったインフルエンザのような症状から始まり、徐々に肺炎の症状が現れる。最悪の場合、死に至る。致死率は10%前後とされる。

最初の症例は2002年11月、中国で見つかった。その後、東アジアやカナダへ広がってゆき、世界各地でアウトブレイク（集団感染）が確認されるようになる。3月12日にはWHOからグローバルアラート（国際警報）が発令されて、世界が注視する事態になった。7月5日に制圧宣言が出されるまでに、30以上の国や地域で、合計約8000人が感染し、800人弱が死亡したとされる。

さいわい日本への感染拡大はなかったが、5月、台湾の医師が感染した状態で近畿地方を観光していたらしいことが判明し、ちょっと騒ぎになった。また、流行地での感染を恐れて海外旅行をキャンセルする人が続出したため、観光業界や航空業界は大打撃を受けたという。

●2003年の音楽を振り返る

この年最大のヒット曲はSMAPの『世界に一つだけの花』。21世紀初のダブルミリオンセラーを記録した。「ナンバーワン」よりも「オンリーワン」という内容の歌詞が、不安な時代に揺れる当時の人たちの共感を呼んだのだろうか。

中島みゆきの『地上の星』も、この年の話題としては見逃せない。リリースされたのは3年前だが、前年の紅白歌合戦で歌われたことをきっかけにこの年初頭から人気が上昇、初登場から130週目でのオリコン1位を達成した。

サザンオールスターズが活動を再開し、デビュー25周年記念の『勝手にシンドバッド』を出したのもこの年。新曲ではなくデビューシングルの再発売盤で、これまでにもいろいろな形でリリースされてきた曲なのだが、みごとオリコン1位を記録した。

変わったところでは、お笑い芸人はなわによる『佐賀県』がヒット。自分の出身地である佐賀県をやや自虐的に語ったコミックソングで、発売初日に初回プレス1万枚を売り切り、年末には紅白にも出場した。日本ブレイク工業の社歌がバラエティ番組の『タモリ倶楽部』で紹介され話題になったのもこのころ。アニソン調の歌詞や内容が受けて、インターネットを中心に盛り上がった。

●DATA●

【今年の漢字】虎
【内閣総理大臣】小泉純一郎（自由民主党）
【プロ野球日本一】福岡ダイエーホークス
【Jリーグ年間優勝】横浜F・マリノス
【JRA年度代表馬】シンボリクリスエス
【流行語】なんでだろ〜　勝ちたいんや！　SARS
バカの壁　ビフォーアフター　へぇ〜　マニフェスト
コメ泥棒　毒まんじゅう　年収300万円
【書籍】片山恭一『世界の中心で、愛をさけぶ』
養老孟司『バカの壁』　横山秀夫『半落ち』
フジテレビトリビア普及委員会『トリビアの泉　へぇ〜の本』
李友情『マンガ金正日入門』
【映画】『踊る大捜査線 THE MOVIE 2 レインボーブリッジを封鎖せよ!』『黄泉がえり』『座頭市』『壬生義士伝』
『マトリックス・リローデッド』『ターミネーター3』
『ロード・オブ・ザ・リング／二つの塔』
【テレビ】『GOOD LUCK!!』『Dr.コトー診療所』
『ウォーターボーイズ』『僕の生きる道』『美女か野獣』
『白い巨塔』『トリビアの泉〜素晴らしきムダ知識〜』
『エンタの神様』『大改造!!劇的ビフォーアフター』
【音楽】SMAP『世界に一つだけの花』　森山直太朗『さくら』
福山雅治『虹』　ORANGE RANGE『上海ハニー』
I WiSH『明日への扉』　宇多田ヒカル『COLORS』
サザンオールスターズ『勝手にシンドバッド』
中島みゆき『地上の星』
【話題の商品】DIGA（パナソニック）　薄型テレビ
メガピクセル携帯　ヘルシア緑茶（花王）　豆乳
讃岐うどん　ヌーブラ　黒い食品（黒ゴマ、黒酢など）
ゲームボーイアドバンスSP（任天堂）
【訃報】深作欣二（映画監督）　宮脇俊三（作家）
天本英世（俳優）　レスリー・チャン（俳優・歌手）
宜保愛子（霊能者）　エリア・カザン（映画監督）

●平成15年の答え●

セ	カ	イ	ニ	ヒ	ト	ツ	ダ	ケ	ノ	ハ	ナ		フ	ユ
イ	ズ	ミ		ツ	モ		ン		ド	ク		ハ	ロ	ウ
ト	シ		ブ	ジ		ヤ	ワ	ラ		リ	ボ	ン		ジ
	ゲ	カ	ン		ネ	ジ		ク	ウ	キ		シ	キ	
シ		リ	カ	シ	ツ		ヒ	ジ		コ	ロ	ン	ビ	ア
ハ	ヤ	ブ	サ		パ	イ	ロ	ツ	ト		シ		ス	ミ
イ	ス		イ	カ		ラ	ム		ツ	ユ	ア	ケ		ノ
	ミ	ホ		ジ	ハ	ク		サ	ク	ラ		チ	ジ	
デ		ゴ	ヒ	ャ	ク		キ	ン		イ	タ		バ	
ユ	シ		ル		ア	メ	ア	ガ	リ		カ	タ	ラ	イ
オ	ヤ	ユ	ズ	リ		レ	ツ		ソ	ン	ノ	ウ		ト
	コ	ウ		ツ	イ	ン		ア	ナ		ハ	ン	コ	
ヤ		セ	イ	シ		ゲ	カ	イ		イ	ナ		ウ	ミ
マ	ツ		ユ	イ		イ		ト	ラ		ミ	ヤ	コ	
バ	カ		セ	ン	ト	チ	ヒ	ロ	ノ	カ	ミ	カ	ク	シ

平成16年（2004年）

➡ ヨコのカギ

1 ➡38五輪の男子100m平泳ぎ決勝を制して「チョー気持ちいい」という感想を残した競泳選手

2 Mr.Childrenが歌った、この年の日本レコード大賞受賞曲

3 「――歴史」は高校の教科の名前

5 長嶋ジャパンのメンバー、――仁紀。中日のリーグ優勝にも貢献

6 この年放送のNHK大河ドラマ『新選組！』の脚本は――幸喜

7 11月、新紙幣発行。五千円――の肖像は樋口一葉に、千円――の肖像は野口英世になった

8 第131回直木賞受賞作、熊谷――の『邂逅の森』

10 スプーン

12 9月1日、チェチェンの武装勢力がロシアの中学校を――、死傷者1000名以上の大惨事に

14 この年、天皇家の長女、サーヤこと――清子内親王の婚約が内定

16 ➡38五輪の女子柔道52kg級で銀メダルを獲得したのは横澤――

17 これ以上は――一文も負けないよ

19 5月10日、欧州歴訪前の記者会見で――徳仁親王が「人格否定」発言。宮内庁との軋轢が表面化

20 『やさしい――をして』はDREAMS COME TRUEがこの年出した曲

21 プロ野球の公式戦ストライキ決行を重く見た根來コミッショナーは9月に――を表明（後に撤回）

24 生前の実名。漢字で「諱」

26 この年のヒット曲『Jupiter』を歌ったのは平原――

27 この年から自衛隊が駐留を開始したサマワがある中東の国

29 円――　報道――　大坂夏の――

30 千春、馨の――姉妹が➡38五輪女子レスリングで仲良くメダル獲得

32 この年、男子プロゴルファーの青木――が世界ゴルフ殿堂入り。日本人男性としては初の栄誉

33 腕の付け根。――が甘い

35 死者が埋葬される場所

37 ――の物を縦にもしない

38 第28回夏季五輪が開催された都市

39 ――ヘビ　――を食らわば皿まで

42 古くは石鹸の代わりに利用されたマメ科の高木

44 ↓68各国を騒がせた――インフルエンザが国内でも発生。鶏卵の出荷停止や鶏の殺処分に発展

45 6月30日、サントリーは世界初となる青い――の花の開発に成功したと発表

46 やぶれほころびる

48 10月23日、新潟県――が発生。観測史上2度目となる震度7を記録

50 二重――　　――かばつか

51 この年公開、物議を醸したマイケル・ムーア監督の映画『――911』

52 「○○ですから…残念！」のネタでこの年ブレイクしたギター侍

54 11月2日、米大統領選挙。現職のブッシュが民主党候補のジョン・――との接戦を制し、再選

55 11月11日、パレスチナ解放機構の――議長が死去。享年75

56 この年、政治家の年金――が次々に発覚。「――三兄弟」なるフレーズまで飛び出す始末

57 この年発売されたゲーム『ドラゴンクエストⅧ』の副題は「――と海と大地と呪われし姫君」

58 『――の愛した数式』は、小川洋子の小説。2月に読売文学賞受賞

61 ➡38五輪の陸上男子ハンマー投はハンガリーのアヌシュが優勝するも、ドーピング違反で失格処分。2位の――広治が金メダリストに

63 3月26日、六本木ヒルズにある回転――で男児が頭を挟まれ死亡する事故が発生。安全性に疑問符

64 ➡38五輪の柔道女子48kg級で「田村でも金、――でも金」の――亮子が有言実行、連覇を達成

66 英語で「ナイト」。夜ではなくて

67 「セカチュー」こと『世界の中心で、愛をさけぶ』の映画版で朔太郎の恋人役を演じ、テレビドラマ版の主題歌を歌ったのは柴咲――

69 こども。4月に改正――虐待防止法が成立、――相談所から警察への援助要請が義務化された

71 なでしこジャパンのメンバー、荒川――。愛称は「ガンちゃん」

72 12月のスマトラ島沖地震では巨大――が発生。インド洋沿岸の広い地域を襲い、数十万人が犠牲に

73 『――の器』は、1～3月に放送されたテレビドラマ。原作は松本清張の推理小説

75 「音読み→訓読み」は重箱読みで、「訓読み→音読み」は――読み

77 秋の七草の1つ

79 オレオレ――の手口が多様化・巧妙化したのを受け、この年「振り込め――」という呼称が誕生

⬇ タテのカギ

1 7月7日、「――の霊場と参詣道」が世界遺産に。日本で12件目

4 9月27日、第2次――改造内閣発足。郵政民営化担当大臣が新設

7 シアトル・マリナーズのイチローは、シーズン中に262本もの安打を量産。大リーグの年間――安打記録を塗りかえた

9 第130回芥川賞受賞作、綿矢――の『蹴りたい背中』

11 ほかの人が唱えた考え

13 サイやトナカイの頭に生えている

15 第130回直木賞受賞作、江國香織の『号泣する――はできていた』

18 ➡27での日本人人質事件に関連して、政治家やマスコミの間で――論争が巻き起こった

21 小石や、小石と砂が混ざったもの

22 ➡38五輪の女子柔道78kg超級で金に輝いた塚田――

23 スマトラ島沖地震による➡72は、プーケット島などこの国南部にあるリゾート地にも押し寄せた。著名人を含む数千人が犠牲に

25 新語・流行語大賞トップテンの1つ「――だー！」は、アニマル浜口が娘の京子に送った魂の声援

28 楽天の――浩史社長、ホリエモンとのプロ野球新規参入競争を制し、イーグルスを誕生させる

29 大晦日の夜に撞くのは――の鐘

30 ――合い　――役割　――深長

31 東欧の国。2度の選挙を経たのち、「反対陣営に➡39（ダイオキシン）を盛られた」と主張したユシチェンコが大統領に当選

33 6月21日、宇宙船「スペースシッ

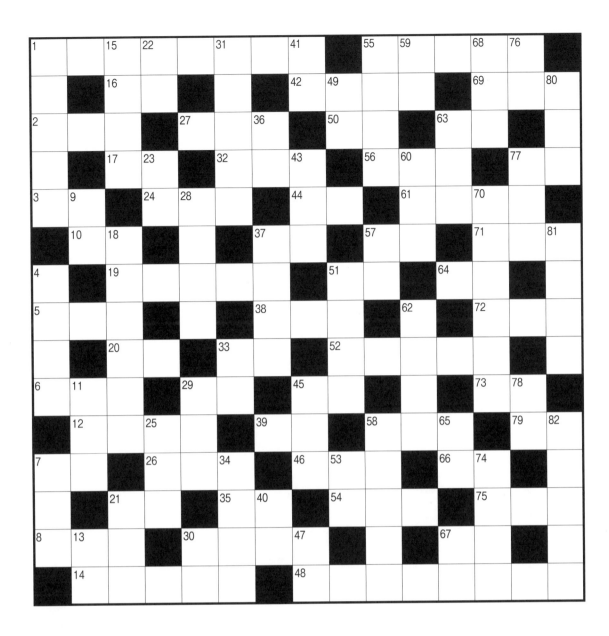

プ──」が世界初となる民間企業による有人宇宙飛行に成功
34 ハロウィンや冬至に活躍する野菜
36 庭に生えたのはむしられることも
37 4月、西武鉄道が総会屋に利益を供与していたとされる事件にからみ、堤──会長が辞任を表明した
40 とても長い年月。──にハ──に
41 坊主憎けりゃ──まで憎い
43 「一姫二太郎」の「姫」は女の子、「太郎」は──の子
45 3月にマドリードで列車──テロ発生。約200名が亡くなる惨事に
47 鬼は外、福は──
49 純愛ブームの一翼を担った10月公開映画『──、会いにゆきます』。原作は市川拓司の恋愛小説
51 第130回芥川賞受賞作、──ひとみの『蛇にピアス』
53 キノコ。マツ──、エノキ──
55 この年、三菱自動車による大規模なリコール隠しが発覚。組織ぐるみの隠蔽行為が──に出た
57 この年、プロ野球史上初のストライキ。球団側の一方的な球界再編を──すべく選手たちが決起した
58 前年話題になった『冬のソナタ』が地上波で再放送され、女性を中心に──ブームが巻き起こる
59 7月18日、北朝鮮による──被害者の曽我ひとみさんが家族を連れて帰国した
60 ㊀38五輪の柔道で──忠宏が金メダル。柔道史上初の3連覇を達成
62 すぐした。㊀48は──型だった
63 11月1日の──交通法改正により、運転中の携帯電話使用が取り締まりや罰則の対象に
65 ㊀38五輪のセーリングで、──一人と轟賢二郎のペアが同競技日本男子初となるメダル獲得
67 ホネ。大腿──、肩甲──
68 我が国も含まれる、六大州の1つ
70 この年、バスケットボール選手の田臥勇太がNBAの──・サンズの開幕メンバーに登録され、日本人初のNBAプレーヤーに
74 青色LEDの特許権に関する裁判。東京地裁は1月30日、日亜化学工業に対し、発明者の中村──へ200億円を支払うよう命じた
76 日本でも北海道などで野生種が見られる海獣。アシカより大きい
77 ㊀38五輪の女子マラソンでは野口みずきが堂々の金メダル。過酷な環境の中、見事な──を見せた
78 1月3日、──の探査車「スピリット」が火星に着陸
80 ㊀38五輪のソフトボール日本代表の通称は、監督名にちなむ「──ジャパン」。銅メダルを獲得
81 くにの統治下にある人々。──保護法はこの年に成立
82 BSE（牛海綿状脳症）問題の影響で、吉野家のメニューから消えた看板商品。代わりは豚丼など

平成16(2004)年 甲申

●できごと●
1月 自衛隊のイラク派遣始まる
　　 山口県で鳥インフルエンザ発生
2月 オウム真理教元教祖の麻原彰晃に死刑判決
3月 スペインのマドリードで列車爆破テロ
　　 三菱ふそう、2度目のリコール隠しが発覚
　　 九州新幹線、新八代－鹿児島中央間で部分開業
4月 イラクで日本人人質事件。自己責任論争
　　 政治家の年金未納問題
5月 皇太子の人格否定発言
　　 小泉首相が北朝鮮を再訪問、2度目の首脳会談
6月 イラク暫定政権が発足
　　 佐世保小6女児同級生殺害事件
7月 参議院選挙。自民大敗、民主躍進
　　 新潟、福島、福井で豪雨被害
8月 アテネ五輪
　　 沖縄国際大学敷地内に米軍ヘリが墜落
　　 秋にかけ、台風が次々と日本に上陸。各地で被害
9月 ロシアで武装集団による学校占拠事件
　　 プロ野球再編問題。ストライキ決行
　　 第2次小泉改造内閣発足
10月 新潟県中越地震発生。M6.8、震度7
11月 新紙幣発行。20年ぶり
　　 大統領選でブッシュが再選
12月 ウクライナで大統領選。紛糾し、やり直し選挙に
　　 スマトラ島沖地震。インド洋沿岸各国に大津波

●世相、流行●
・アテネ五輪のメダルラッシュで国内興奮
・オレオレ詐欺が多様化、深刻化。「振り込め詐欺」と改称
・韓流ブーム、純愛ブーム

新紙幣を紹介する福井俊彦日銀総裁（写真提供：時事）

●イラク情勢と自己責任論
　1月16日、日本政府は陸上自衛隊の先遣隊約30名をイラクへ派遣した。前年成立した「イラク特措法」に基づくもので、派遣の是非や「非戦闘地域」の定義などが国内で大きな論争となっている中でのできごとだった。
　到着後陸上自衛隊はイラク南部の都市サマワで人道復興支援活動を展開、航空自衛隊も輸送機による輸送活動を行った。
　そんな中、4月7日、日本人男女3名が現地の武装勢力に拉致される事件が発生。武装勢力はサマワに駐留している自衛隊の撤退を要求したが、日本政府はこれを拒否。国内では、政府による渡航自粛勧告や退避勧告が出ているのにイラクに行ったのだから、被害者が拉致されたのは本人の責任である、という声が上がった。いわゆる「自己責任論」で、この考え方を巡って、政治家やマスコミの間でも激しい議論が交わされた。

●アテネ五輪でメダルラッシュ
　8月にギリシャで開催されたアテネ五輪では、日本が空前のメダルラッシュ。金メダルは16個で、これは昭和39(1964)年の東京五輪に並ぶ史上最多タイ記録。金銀銅合わせたメダル37個はそれをも上回る日本史上最多記録で、全参加国（地域）中5位の快挙となった。
　競泳の北島康介は平泳ぎで2個の金メダルを獲得、勝利インタビューで発した「チョー気持ちいい」はこの年の新語・流行語大賞に選ばれた。競泳では、ほかに柴田亜衣も800m自由形で金メダル。男女合計で8個のメダルを獲得し、日本の競泳強国ぶりを見せつけた。
　体操では男子団体で28年ぶりとなる金メダルを獲得。選手たちの美しい演技はもちろん、中継番組での「伸身の新月面が描く放物線は、栄光への懸け橋だ」という実況も名文句として話題を呼んだ。同じく「お家芸」の柔道でも前大会を上回る好成績。男女合わせて8個もの金メダルを量産した。野村忠宏の史上初、五輪3連覇のおまけつき。レスリング女子では4階級すべてでメダル獲得という偉業を成し遂げた。
　酷暑の中でのレースとなった女子マラソンでは、野口みずきが中盤から独走態勢、そのまま逃げ切り、日本に2大会連続の女子マラソン金メダルをもたらした。
　お家芸以外の競技での日本人選手の活躍も目立った大会だった。陸上、男子ハンマー投げでは繰り上げながら室伏広治が投擲種目初の金。アーチェリーでは、山本博が20年ぶりとなる銀。自転車男子チームスプリントで獲得した銀メダルは、自転車競技では日本人初だった。

●韓流ブームと純愛ブーム
　前年話題を呼んだ韓国ドラマ『冬のソナタ』がこの年、地上波で初放送。女性を中心に「冬ソナブーム」が巻き起こった。特に主演の「ヨン様」ことペ・ヨンジュンの人気は凄まじく、4月の初来日時には数千人の女性ファンが羽田空港で待ち構えたとか。その後、人気はヒロイン役のチェ・ジウや、チャン・ドンゴンらほかの韓国俳優にも波及し、韓国モノ全般を対象とする「韓流ブーム」に広がった。
　国内モノでは、片山恭一のベストセラー小説を原作とした

映画『世界の中心で、愛をさけぶ』が大ヒット。テレビドラマ版も好評で、略称の「セカチュー」は流行語になった。前述の「冬ソナ」といい、この作品といい、秋に公開されてこれまた売れた映画『いま、会いにゆきます』といい、この年は「純愛」を描いた映像作品がやたら注目された。そのため、これらや周辺の作品をひっくるめて「純愛ブーム」と称することがある。

●多かった自然災害

今年の漢字に「災」が選ばれたとおり、自然災害の多い年だった。7月13日の新潟・福島豪雨、7月18日の福井豪雨、夏の記録的猛暑、9月1日の浅間山噴火、8〜10月に発生した台風群、10月23日の新潟県中越地震、11〜12月に北海道各地で3回発生した震度5強の地震など、数々の自然現象が全国各地に被害をもたらした。

新潟県中越地震では当時観測史上2回目となる最大震度7を記録。さらに最大震度5弱〜6の大きな余震が断続的に続き、死者68名を出す激甚災害となった。

台風も猛威を振るった。特に、10月20日の台風23号は強い勢力を保ったまま四国に上陸、そのまま近畿、中部、関東地方を横断し、死者・行方不明者合わせて98人の大災害となってしまった。

国外では、12月26日にインドネシアのスマトラ島沖でマグニチュード9.1の地震が発生、インド洋に面する東南アジア、東アフリカ各国を大津波が襲った。

●新しい顔は樋口一葉と野口英世

11月1日に新しい紙幣が発行された。一万円札はデザインが変わっただけだが、五千円札と千円札は肖像の人物も刷新され、ガラッと変わった。

五千円札の肖像は、新渡戸稲造から樋口一葉へ。日本銀行券史上、女性が採用されたのは二千円札の紫式部に続いて2人目。肖像画としては史上初のできごとだった。千円札の肖像は、夏目漱石から細菌学者の野口英世になった。

新紙幣では、ホログラム（角度によって見え方が変わる）やユーリオン（複写禁止であることを示す隠し模様）といった新しい偽造防止技術もふんだんに盛り込まれた。

●牛丼が食べられなくなる

2月、牛丼チェーン大手の「吉野家」が、看板メニューである牛丼の販売を休止した。原因は「狂牛病」ことBSE（牛海綿状脳症）による牛肉調達難。ウシの脳がスポンジ状になり、しまいには立てなくなるという恐ろしい伝染病で、日本では平成13年に国内での発症が確認された。アメリカ合衆国でも平成15年に確認されたため、農林水産省は米国産牛肉の輸入禁止を決定した。

販売休止の直前には、牛肉が食べられなくなると知った客が、せめて最後の一食を、とばかりに吉野家に殺到するという一幕もあった。ほかの牛丼チェーン店も、販売休止や米国外産の牛肉調達といった対応に追われた。ちなみに、牛丼を休止していた間の、吉野家の看板メニューは豚丼だった。これはこれで。

●DATA●

【今年の漢字】災
【内閣総理大臣】小泉純一郎（自由民主党）
【プロ野球日本一】西武ライオンズ
【Jリーグ年間優勝】横浜F・マリノス
【JRA年度代表馬】ゼンノロブロイ
【流行語】チョー気持ちいい　気合だー！　自己責任
新規参入　セカチュー　負け犬　冬ソナ　ヨン様
○○ですから…残念！　間違いない！　サプライズ
【書籍】綿矢りさ『蹴りたい背中』
村上龍『13歳のハローワーク』　金原ひとみ『蛇にピアス』
A・ロビラ『グッドラック』　中野独人『電車男』
市川拓司『いま、会いにゆきます』
ダン・ブラウン『ダ・ヴィンチ・コード』
【映画】『ハウルの動く城』『世界の中心で、愛をさけぶ』
『いま、会いにゆきます』『スウィングガールズ』
『ハリー・ポッターとアズカバンの囚人』
『ラストサムライ』『ファインディング・ニモ』
【テレビ】『プライド』『砂の器』『新選組！』『天花』
『僕と彼女と彼女の生きる道』『笑いの金メダル』
『たったひとつのたからもの』『報道ステーション』
『ふたりはプリキュア』『ケロロ軍曹』
【音楽】平井堅『瞳をとじて』　Mr.Children『Sign』
平原綾香『Jupiter』　ORANGE RANGE『花』
柴咲コウ『かたち あるもの』　河口恭吾『桜』
松平健『マツケンサンバⅡ』
【話題の商品】アクオス（シャープ）　iPod（アップル）
FOMA900i（NTTドコモ）　伊右衛門（サントリー）
ななめドラム式洗濯機　暴君ハバネロ（東ハト）
『ドラゴンクエストⅧ』（スクウェア・エニックス）
【訃報】いかりや長介（コメディアン）　芦屋雁之助（俳優）
横山光輝（漫画家）　竹内均（地球物理学者）
金田一春彦（言語学者）　中島らも（作家）

●平成16年の答え●

キ	タ	ジ	マ	コ	ウ	ス	ケ	■	ア	ラ	フ	ア	ト
イ	■	ユ	キ	■	ク	■	サ	イ	カ	チ	■	ジ	ド	ウ
サ	イ	ン	■	イ	ラ	ク	■	マ	ル	■	ド	ア	■	ツ
ン	■	ビ	タ	■	イ	サ	オ	■	ミ	ノ	ウ	■	ハ	ギ
チ	リ	■	イ	ミ	ナ	■	ト	リ	■	ム	ロ	フ	シ	
■	サ	ジ	■	キ	■	ヨ	コ	■	ソ	ラ	■	エ	リ	コ
コ	■	コ	ウ	タ	イ	シ	■	カ	シ	■	タ	ニ	■	ク
イ	ワ	セ	■	ニ	■	ア	テ	ネ	■	チ	■	ツ	ナ	ミ
ズ	■	キ	ス	■	ワ	キ	■	ハ	タ	ヨ	ウ	ク	■	ン
ミ	タ	ニ	■	ジ	ン	■	バ	ラ	■	ツ	■	ス	ナ	
■	セ	ン	キ	ョ	■	ド	ク	■	ハ	カ	セ	■	サ	ギ
サ	ツ	■	ア	ヤ	カ	■	ハ	タ	ン	■	キ	シ	■	ユ
イ	■	ジ	イ	■	ボ	チ	■	ケ	リ	ー	■	ユ	ト	ウ
タ	ツ	ヤ	■	イ	チ	ョ	ウ	■	ユ	■	コ	ウ	■	ド
■	ノ	リ	ノ	ミ	ヤ	■	チ	ュ	ウ	エ	ツ	ジ	シ	ン

平成17年（2005年）

→ ヨコのカギ

1 2月、先進国に温室効果ガスの排出制限を義務付ける京都――が発効

2 アントニオ・バンデラスがマスクのヒーローを演じた『レジェンド・オブ・――』が全米公開された

3 英語でtube。この年、YouTubeに最初の動画が投稿された

4 4月1日に誕生した沖縄県唯一のひらがな市

5 4月、国民的――『ドラえもん』で主要な声優陣が一斉に交代

6 人気パビリオンは――を洗う混雑

7 8月9日、野口聡一らを乗せたスペースシャトル・ディスカバリーが2週間の飛行を終え地球に――

8 空からの白い便り。強い寒波が到来し、列島各地で12月に積もったこれの量の最大記録を更新した

9 正月、箱根駅伝の――は駒澤大学。平成初の4連覇

10 ノーネクタイが基本。地球温暖化防止のために提唱された夏の軽装

16 11月、探査機はやぶさが着陸した小惑星

18 「小泉劇場」で最大の争点となった――民営化の是非

19 9月、イスラエルが38年間占領してきた――地区から撤収

20 歯車。トップ――、――チェンジ

23 7月、「87分署」シリーズで知られる作家――・マクベインが死去

24 元チューリップのメンバー・高橋――、41歳での突然の訃報

25 へんな日本語を究明した北原保雄『――な日本語』がヒット

27 プロ野球、セ・パが激突！　――がこの年スタート

28 中村修二が発明した発光ダイオードの色。この年、発明対価訴訟が和解

29 日本　麦　紅　緑　番

30 二本足で直立する姿で人気者となった千葉市動物公園のレッサーパンダの名前

31 ――ちゃん（友人からの愛称）こと都職員黒田慶樹さんが、サーヤこと紀宮清子内親王と11月に挙式

32 この年の上半期チャート1位。ケツメイシのヒット曲

33 地球上の東西の位置を示す座標

34 4月、ローマ法王――・パウロ2世が死去

36 行方不明事件が発生。――の根を分けた捜索が続く

39 6月19日、脱線事故で――となっていたJR福知山線が55日ぶりに全線運転再開

41 時として野獣とカップルになる

43 この年の国内映画年間興行収入ランキング1位『――の動く城』

45 牛肉問題に続き、鳥インフルエンザの流行で――肉の需要が高まる

47 9月、小泉純一郎総理の靖国神社参拝で大阪高裁が――の判断

49 6月、天皇皇后両陛下がこの島を訪問。太平洋戦争の犠牲者を慰霊

52 徳島県の――川に現れたアイドル、アゴヒゲアザラシの――ちゃん

54 ①21日本が結成、長野県――の田中康夫が代表に

55 分の上の単位。8月、ハリケーン・カトリーナが米国本土を直撃。ニューオーリンズの約8――が冠水

56 7月、豊かな生態系が評価され、国内3番目の世界自然遺産に登録

58 オタク青年が――で出逢った女性に心奪われ…。この年、映画化＆ドラマ化されたネット掲示板生まれのラブストーリー『――男』

59 兄弟姉妹がいない子。この年、合計特殊出生率が最低の1.26となり、日本の人口も初の自然減に

61 6月、マリナーズのイチローが大リーグ通算――本安打を記録

62 4月、静岡が全国14番目の政令指定――に

63 倖田來未が唄う、この年の日本レコード大賞受賞曲

64 メンバーは大島――ら。12月、一般客は7名だけでAKB48が初公演

65 ――をめぐる話題も豊富。IT企業のメディア――買い占め、日経平均5年ぶりの高値、みずほ証券の大量誤発注事件など

69 9月、前原――が民主党新代表に

70 慎重に考えること。――分別

71 11月、姉歯建築設計事務所による耐震強度の――が発覚

73 7月、NASAが太陽系第――惑星を発見したと発表

75 日本シリーズでロッテに4連敗の阪神タイガースへ観客から飛ぶ

76 アクセスは呉駅から――5分。大和ミュージアムが4月に開館

78 活力の源泉。本を心の――にする

79 この年、中島美嘉＆宮崎あおいで映画化された矢沢あいの少女漫画

↓ タテのカギ

1 正月、全国の神社や寺で発見が相次ぐ。被害拡大を防ぐため、日銀が旧デザイン券の早期回収を要請

5 この年、「自然の叡智」をテーマに185日間に渡り開催。公式キャラクターはモリゾーとキッコロ

11 サミット開催中のロンドンで地下鉄とバスの同時多発――が発生

12 亀と並んで長寿の象徴

13 3月開業、愛知高速交通が運営する磁気浮上式鉄道の愛称

14 7月の国際オリンピック委員会総会で、第30回――五輪の開催地がロンドンに決定

15 炭素を表す英文字

17 悪質リフォーム被害が後を絶たず。――に唾をつけてご用心

19 鉤形に連なって飛ぶ水鳥

20 1月、「オヤジ――」の流行語を生んだ漫画家中尊寺ゆつこが死去

21 小泉首相と対立した自民党議員らが国民――や――日本を旗揚げ

22 地図の常識を覆し、方面別に帰宅方向を――にした『震災時帰宅支援マップ』がヒット商品に

24 枕にもなる体の部分

25 「――ベター」が決め台詞の映画評論家小森和子が95歳で亡くなる

26 9回のマウンドが"左"腕の――。中日の岩瀬仁紀がシーズン46セーブの日本新記録を樹立

28 この年公開の『ブロークバック・マウンテン』で――・リーが第78回アカデミー監督賞に輝いた

29 ――に描かれる県境も書き換え。長野県山口村が岐阜県中津川市と合併。越県合併は46年ぶり

30 40歳の別称。この年、ブログ本を

出版して注目されたヤクルト古田敦也もこの年齢
32 山田真哉『——はなぜ潰れないのか？』がミリオンセラーに
34 3月、簡にして——を得た解説で評判だった池上彰がNHK『週刊こどもニュース』を降板
35 この年、横綱朝青龍が年——場所完全制覇の偉業を達成
37 仲間由紀恵が自称売れっ子マジシャンを演じた人気ドラマ。この年、新作スペシャルで２年ぶりに復活
38 言われるまま従うこと。——諾々
40 国民の祝日の古風な呼び方
42 政党内で革新的・急進的な一派
44 アーケードゲーム『オシャレ魔女——andベリー』が小学生女子たちを中心に大ブレーク
46 11月、アンゲラ・メルケルがこの国初の女性首相に就任
48 ——に負けずW杯予選を視聴
50 他人の考えをそのまま自説のように述べること

51 寒天が店の——から消えた。テレビで健康食と紹介されたのがきっかけで品薄が続く
53 61年ぶりの——な例。瀬川晶司が編入試験合格で将棋のプロ棋士に
54 雑誌『LEON』が火付け役。パンツェッタ・ジローラモらに代表されるオヤジのスタイル
57 この分野ではBRAVIAやヘルシオがこの年のヒット商品に
59 鉄砲が使える体の部分
60 10月末、——郊外で起きた暴動がフランス全土へ広がる非常事態に
61 ２月開港した中部国際空港の愛称
64 ４月、福島競馬で史上初1000——馬券が飛び出す
65 第44回衆院選は自民党圧勝の中、民主党の——直人が東京都の小選挙区で野党唯一の議席を確保
66 世に献身する人。平和の——
67 10月、俳優松平健が14歳——の松

本友里と再婚
68 ——を失い感情に走って行動する
70 ——抜き　——柿　茶——
72 「虎児」の読み。虎穴に入らないと得られないのは——で、『タイガー＆ドラゴン』の主人公はトラジ
74 ２つで１セット。——の茶碗
75 世界陸上ヘルシンキ大会女子——投げは、キューバのメネンデスが71m70㎝の世界新記録で優勝
76 外壁の——にも用いられるアスベストで多くの健康被害が発覚
77 苦手の——も克服し、体操の冨田洋之が世界選手権で個人総合優勝
79 ワイドショーでも有名になった、——県生駒郡の「騒音おばさん」が４月に傷害罪で逮捕
80 ４月、——保護法が全面施行。シュレッダーが一躍人気商品に
81 堀江貴文ライブドア社長による大手放送局買収騒動をきっかけにしたこの言葉が新語・流行語大賞に

69

平成17(2005)年 乙酉

●できごと●

1月 　成人学生が馬券を買えるようになる
　　　箱根駅伝で駒澤大学が平成初の4連覇
2月 　ライブドアがニッポン放送の株式を取得、買収騒ぎに
　　　京都議定書が発効
　　　中部国際空港（セントレア）開港
3月 　愛・地球博（愛知万博）開幕
4月 　静岡市が政令指定都市に
　　　中国で大規模な反日デモ
　　　アニメ『ドラえもん』リニューアル。声優一新
　　　JR福知山線で列車が脱線。JR史上最悪の事故に
5月 　プロ野球史上初のセ・パ交流戦
6月 　全国にアスベスト問題が広がる
7月 　ロンドンで同時爆破テロ事件が発生
　　　知床が世界遺産に登録
　　　野口聡一がスペースシャトルに搭乗、宇宙へ
8月 　郵政民営化問題で小泉総理が「郵政解散」
　　　大型ハリケーンがアメリカ南部を直撃
9月 　衆院選で自民党が300議席に迫る記録的圧勝
10月 　郵政民営化関連法案が成立
11月 　長嶋茂雄元監督が文化功労者に
　　　黒田慶樹さん・紀宮さま、ご結婚
　　　マンションの耐震強度偽装が発覚、社会問題に
　　　探査機はやぶさが小惑星イトカワへ着陸
　　　横綱の朝青龍が史上初の7連覇を達成
12月 　JR羽越本線で特急列車が脱線事故

●世相・流行●

・ライブドアを始めとする「ヒルズ族」が話題に
・お笑いブーム全盛期
・mixiやブログが流行、個人が情報を発信する時代に

開幕直後、多くの来場者でにぎわう愛知万博長久手会場
（写真提供：時事）

●愛・地球博

　2005年日本国際博覧会、通称「愛・地球博」は、3月25日～9月25日に愛知県で開催された。テーマは「自然の叡智」で、人と自然がどのように共存していくかを課題に設定、環境に配慮した万博を目指した。具体的には、ゴミの9種分別収集、自転車タクシー、「木のプラスチック」でできた歯車を使った千年時計など。目玉はグローバル・ハウスの冷凍マンモス。ロシアで発掘されたユカギルマンモスの組織や骨格が展示され、行列ができた。会場へのアクセス手段である日本初の磁気浮上式リニアモーターカー路線「リニモ」や、アランジアロンゾがデザインした公式キャラクター、モリゾーとキッコロも話題となった。

　弁当・ペットボトルの持ち込み禁止や厳重な所持品チェックが物議を醸して開幕当初の客足はいまひとつだったものの、会期中盤以降は盛り返し、最終的には2200万人を超える入場者数を記録。目標の1500万人を大きく上回る大成功を収めた。

●ヒルズ族、買収騒動、M&A

　この年、「ヒルズ族」と呼ばれる経営者たちによる企業買収騒動が立て続けに起こり、世間を騒がせた。

　「ホリエモン」こと堀江貴文が率いるIT関連企業のライブドアは2月8日、東京証券取引所の時間外取引を利用してニッポン放送の株を大量取得。取得済みの株と合わせて35％を占めて筆頭株主となった。ニッポン放送はフジテレビを含むフジサンケイグループの核企業だったため、ライブドアが間接的にフジテレビの経営に口出しできる形になった。そのためフジテレビ側が猛反発。ニッポン放送に発行済み株式の1.44倍もの新株を発行させるなどの対応策を実施した。以降、2カ月間にわたる「ライブドア対フジテレビ」の争奪戦が繰り広げられた。最終的には両社は和解、ライブドアが取得したニッポン放送株はフジテレビにすべて譲渡、見返りにフジテレビがライブドアに出資をすることで決着がついた。

　三木谷浩史率いる楽天によるTBS買収騒動もこの年。楽天は10月、TBS株を20％近く取得、TBSへ経営統合を申し入れた。しかしTBS側は拒否。楽天は買収を強行しようとするも、徹底的な抗戦にあい、業務提携という形での和解に終わった。

　この2つの騒動に深く関わった人物として、「村上ファンド」の代表・村上世彰の名前もメディアを賑わせた。彼自身も阪神電気鉄道の株を4割近く取得して経営に介入しようとしたが、やはり阪神の経営陣側から抵抗にあい撤退している。

　一連の買収工作はさまざまな議論やゴシップを呼びながら、最終的にはどれも失敗に終わった。あえて一言でまとめるなら「お金だけでは企業は動かせない」といった結論になるだろうか。

●プロ野球や社会人野球に新風

　この年の日本の野球界では、新たな動きがいくつか見られた。ここでまとめてみよう。

　まずは、楽天ゴールデンイーグルスの公式戦初参戦。この年は、前年プロ野球（NPB）では50年ぶりに創設された新球団にとっての初シーズンだった。シーズン成績は38勝98敗と無残な結果に終わったが、前年の球界未曾有の危機を乗り越

え、再び2リーグ12球団でのペナントレースを終えることができた意義は大きい。

セ・リーグとパ・リーグの「交流戦」が始まったのもこの年。公式戦真っ最中の5～6月に、セ・リーグのチームとパ・リーグのチームがそれぞれ6試合ずつ総当たりで戦った。対戦結果は公式戦の一部として反映されるほか、公式戦とは独立して、交流戦期間中だけでの順位付けや個人賞の選定・表彰も行われる。初年度の交流戦王者は千葉ロッテで、MVPには小林宏之が選ばれた。交流戦は野球ファンの間での評判も上々だったようで、多少の規定が見直されつつ、現在まで続いている。

NPB以外の新風としては、独立リーグの「四国アイランドリーグ」が始まったことが挙げられる。将来のNPB選手を目指す挑戦の場として設立された独立リーグで、四国4県それぞれをホームとする4チームで発足した。創設者は、西武ライオンズなどで活躍した石毛宏典。その後、四国以外の県を引き込んだり離れられたりしながら、現在でも「四国アイランドリーグplus」という名称で続いている。

タレントの「欽ちゃん」こと萩本欽一が、社会人野球クラブチームの「茨城ゴールデンゴールズ」を創設したのも、この年。実業団の廃部が続くなど低迷する社会人野球界に新風を送り込んだ。

● ネット掲示板から映画やドラマへ

この年、恋愛小説『電車男』が映画化、テレビドラマ化され、それぞれヒットを飛ばした。元ネタは、インターネット上の匿名掲示板「2ちゃんねる」発祥。その掲示板に書き込まれた1件の恋愛相談が発端だった。アキバ系オタクを自称し、恋愛経験もなかった書き込み主の男性は、参加者たちのアドバイスのおかげもあって、お相手の女性との交際を始める。その後、2人の仲は順調に進展し、ネット上の純愛ストーリーへとつながっていった。電車男の人柄や、見ず知らずのオタク男の恋愛を励まし応援する掲示板利用者たちの姿は、のちに外部の人々の感動を呼んだ。

● 風太くんが立った

この年、千葉市動物公園のレッサーパンダ「風太」が2本足で立つ姿が話題となり、ちょっとしたブームになった。風太に限らず、レッサーパンダはもともと後ろ足だけで立つことがある動物なのだが、マスコミが盛んに取り上げたことで人気に火がついたようだ。風太はJTのテレビCMにも起用され、ぬいぐるみを始めとしたオリジナルグッズが量産された。さらに、人気は風太一頭だけにとどまらなかった。「2本足で立つだけでなく、そのまま歩く個体がいる」ということで、ほかの動物園のレッサーパンダが注目されることもあった。この過熱とも言える大人気ぶりに、しまいには旭山動物園や自然保護団体などから「動物を"見世物"にしている」と批判や懸念のメッセージが表明されるまでに至った。

平成31年3月末現在、風太は15歳。レッサーパンダとしては老齢の域に入る年齢で、白内障で目が白くなっているなどさすがに老いは隠せないものの、体はまだまだ元気。当時と同じ千葉市動物公園でのんびり暮らしている。

● DATA ●

【今年の漢字】愛
【内閣総理大臣】小泉純一郎（自由民主党）
【プロ野球日本一】千葉ロッテマリーンズ
【Jリーグ年間優勝】ガンバ大阪
【JRA年度代表馬】ディープインパクト
【流行語】想定内（外）　小泉劇場　クールビズ　刺客　ちょいモテ　ちょいワル　フォー！　富裕層　ブログ　ボビーマジック　萌え～　LOHAS
【書籍】山田真哉『さおだけ屋はなぜ潰れないのか？』　樋口裕一『頭がいい人、悪い人の話し方』　リリー・フランキー『東京タワー オカンとボクと、時々、オトン』　白石昌則『生協の白石さん』　村上龍『半島を出よ』　Yoshi『もっと、生きたい…』
【映画】『交渉人 真下正義』『容疑者 室井慎次』『NANA』『電車男』『ALWAYS 三丁目の夕日』『パッチギ！』『チャーリーとチョコレート工場』『宇宙戦争』『スター・ウォーズ エピソード3／シスの復讐』
【テレビ】『ごくせん2』『電車男』『エンジン』『義経』『女王の教室』『熟年離婚』『危険なアネキ』『ドラえもん』新シリーズ　『プロジェクトX～挑戦者たち～』（終了）
【音楽】修二と彰『青春アミーゴ』　ケツメイシ『さくら』　Mr.Children『四次元 Four Dimensions』　ORANGE RANGE『＊ ～アスタリスク～』『ラヴ・パレード』　GLAY×EXILE『SCREAM』
【話題の商品】iPod nano（アップル）　ETC　のどごし＜生＞（キリン）　缶チューハイ　寒天　震災時帰宅支援マップ　ニンテンドーDS（任天堂）　PlayStation Portable（ソニー）
【訃報】小森和子（映画評論家）　中尊寺ゆつこ（漫画家）　丹下健三（建築家）　ヨハネ・パウロ2世（ローマ教皇）　ポール牧（コメディアン）　橋本真也（プロレスラー）

● 平成17年の答え ●

ギ	テ	イ	シ	ヨ	■	ヨ	ハ	ネ	■	ヒ	ト	リ	ッ	コ
ゾ	■	ン	■	フ	ウ	タ	■	チ	ジ	■	セ	イ	ジ	■
ウ	■	イ	ト	カ	ワ	■	ビ	ジ	ヨ	■	マ	■	ン	■
ツ	■	■	ウ	■	ク	ロ	■	サ	イ	パ	ン	■	ヤ	ジ
ウ	ル	マ	■	ミ	■	ク	サ	■	ワ	リ	■	シ	リ	ヨ
カ	■	ユ	ウ	セ	イ	■	ハ	ウ	ル	■	カ	ブ	■	ウ
■	リ	■	エ	ド	■	ト	■	ケ	■	セ	ン	■	ト	ホ
ア	ニ	メ	■	コ	ウ	リ	ユ	ウ	セ	ン	■	ギ	ソ	ウ
イ	モ	■	ヒ	ロ	■	ツ	■	リ	■	ト	シ	■	ウ	■
チ	■	ガ	ザ	■	サ	ク	ラ	■	シ	レ	ト	コ	■	ソ
キ	カ	ン	■	ア	オ	■	ブ	タ	■	ア	■	ジ	ュ	ウ
ユ	キ	■	モ	ン	ダ	イ	■	ナ	カ	■	ト	■	カ	テ
ウ	■	ギ	ア	■	ケ	イ	ド	■	デ	ン	シ	ヤ	■	イ
ハ	シ	ヤ	■	チ	ヤ	■	イ	ケ	ン	■	シ	■	ナ	ナ
■	ク	ー	ル	ビ	ズ	■	フ	ツ	ウ	■	バ	タ	フ	ライ

平成18年（2006年）

➡ ヨコのカギ

1 5月1日に施行された、企業に関する法律。従来の商法第2編や商法特例法などを一本化したもの

2 7月14日、日銀が5年4カ月ぶりにゼロ金利政策を──した

3 動画のタイミングに合わせてユーザーがコメントを──できる「ニコニコ動画」が実験サービスを12月に開始

4 川島隆太教授監修のゲームソフトなどにより「──トレ」がブームに

6 JR東日本がモバイルSuicaのサービスを1月28日に開始。携帯電話とIC乗車券の──化が可能に

7 BSEの影響で禁止されていた米国からのこの肉の輸入が解禁となり、9月18日に吉野家の定番メニューが約2年9カ月ぶりに完全復活

8 イランが──濃縮活動を再開したため、国連安全保障理事会は7月に停止を求める決議を採択

10 ↔オフ

12 ヒマワリのはハムスターが好む

14 安室奈美恵は平成の──の1人

16 第1回ワールドベースボール──が開催され、日本代表が優勝

17 海外留学を通じて──交流を図る

18 薄甘い餅の和菓子

19 ↓3五輪で荒川静香選手が披露し話題となったフィギュアスケートの技

21 特定の──の発現を抑制する手法であるRNA干渉の発見で、アンドリュー・ファイアーらがこの年のノーベル生理学・医学賞を受賞

24 JR東海が11月に導入したIC乗車券「TOICA」の公式マスコットになっている生き物

27 倖田來未の独自のスタイルを形容した「──カッコイイ」が新語・流行語大賞でトップテン入り

28 11月のアメリカ中間選挙で、──党が上下両院で民主党に敗北

29 存在感のない人はこれに例えられることも

31 魚の体表にある

32 9月26日、第1次安倍内閣が発足。

安倍首相は、この内閣を「美しい──創り内閣」と命名した

34 自分のこと

36 ホテルや劇場にある広間

38 髪の毛をこれでこすって遊ぶ子どもも多い

39 「メタボ」とも略される「メタボリック──」が新語・流行語大賞でトップテン入り

41 ハンド──　キッチン──　バス──

43 年が進むごとにぬりかえられる

45 陸地に入り込んだ海面

47 ギリシャ文字の19番目「τ」の読み方

49 大学入試センター試験で、この年から英語の──テストが導入された

50 この年に劇場版アニメ第1作が公開された久保帯人の漫画

52 ↔前

54 ↓3五輪で日本が唯一獲得したメダルの色

56 心が晴れない様子

58 退任を控えた小泉首相が、終戦記念日に──神社を参拝

59 8月の国際天文学連合総会で、太陽系の惑星から準惑星へ"格下げ"されて話題となった天体

61 人でないものを人に見立てるのは──化

65 東京──銀行とUFJ銀行が合併し、──東京UFJ銀行が1月に発足

67 4月に開始。携帯電話やカーナビなどで地上デジタル放送が視聴できるように

68 この年の新語・流行語大賞の年間大賞に選ばれた言葉。藤原正彦の『国家の──』がベストセラーとなったことにちなむ

70 2人組。「ちょっと！　ちょっとちょっと！」が流行ったザ・たっちもこれ

72 テレビ朝日で『──散歩』が4月に放送開始

74 log a x のa

75 平野──がテレビアニメ初主演を務めた『涼宮ハルヒの憂鬱』が4～7月に放送された

77 細田守監督のアニメ映画『──を

かける少女』が7月15日に公開

⬇ タテのカギ

1 ↓22本社への家宅捜索が1月16日に行われたことを受け、関連銘柄の──が翌日に大幅下落

3 2月に冬季五輪が開催されたイタリアの都市

5 この年の夏の甲子園に出場し「ハンカチ王子」の愛称で注目を浴びた、優勝校早稲田実業の投手

9 渡辺謙主演の戦争映画『──島からの手紙』が日本とアメリカで12月に公開

11 7月29日に公開された映画『ゲド戦記』の劇中挿入歌は『テルーの──』。手嶌葵はこの曲のシングルでメジャーデビューを果たした

13 この年の大河ドラマ『功名が辻』なら、仲間由紀恵が演じた千代

15 酔っ払った人は頭に巻く？

18 少しばかりの気持ち

20 能や狂言の声楽部分

22 証券取引法違反容疑により社長の堀江貴文らが1月23日に逮捕されたインターネット関連企業

23 映画『県庁の──』が2月25日に公開。プライドが高い主人公・野村聡を織田裕二が演じた

25 サッカー選手の中田──が7月3日に現役引退を表明

26 門歯ともいう

28 囲碁や将棋の勝負の形勢

30 手術の前に麻酔でこれをなくす

33 摩天──は高層建築物のこと。名古屋駅前の「ミッドランドスクエア」が9月に竣工し、中部地方における最も高いビルとなった

34 縁が赤い逆三角形の道路標識に書かれている文字

35 オセロや囲碁の石の色

37 与謝蕪村の句「菜の花や月は東に日は──に」

39 酒やたばこは──品。7月、たばこ税が3年ぶりに引き上げられた

40 7月5日、──朝鮮がテポドン2号などの弾道ミサイルとみられる物体計7発を日本海に向けて発射した

42 1936年生まれの人がこの年に迎え

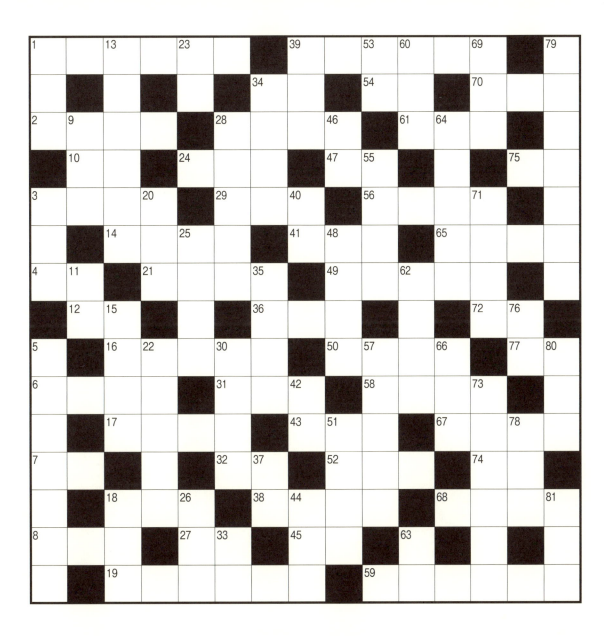

た
44 リリー・フランキーの『東京——オカンとボクと、時々、オトン』が2006年本屋大賞を受賞
46 労働安全衛生法施行令の改正により、9月1日から製造や使用が原則禁止となったアスベストとは、石——のこと
48 手品のBGMとして有名な『——の首飾り』を発表したポール・モーリアが11月3日に逝去
51 風力発電用風車と——ホームの地図記号がこの年に追加された
53 縄文や弥生のが有名
55 ファイル共有ソフトWinnyのネットワークを経由して暴露——に感染したパソコンから、機密情報が流出する事件がこの年に多発
57 正式ではなく簡単にした方式。公判を行わず書面審理のみで罰金を科すのは——手続
60 互いに意見を述べ合う

62 テレビやラジオで伝えられる最新の出来事
63 この年の「今年の漢字」に選ばれた「命」の読みの1つ
64 6月、川崎市の分譲マンションの——が、耐震強度偽装問題の被害者として初めて損害賠償を求める訴訟を起こした
66 おでんの具や磯辺揚げにして食べることが多い
69 根も葉もないこと。事実——
71 ホースや銃砲の先端
73 家庭用ゲーム機・Wiiを12月2日に発売した企業
76 男の目には——を引け、女の目には鈴を張れ
78 ノルディックスキーのステファニア・ベルモンド選手が、↓3五輪の——リレーで最終ランナーを務めた
79 7月にサッカー日本代表の監督に就任した人物の通称。本名だと最

初の4文字は「イヴァン」
80 チェスで追い詰める
81 9月6日、秋篠宮妃紀子さまが男児をご出産。——庁も大忙し？

平成18(2006)年 丙戌

●できごと●

1月　東京三菱銀行とUFJ銀行が合併、三菱東京UFJ銀行に
　　　ライブドア社長の堀江貴文を逮捕
2月　トリノ五輪
　　　フィリピンでクーデター計画。大統領が非常事態宣言
3月　第1回ワールドベースボールクラシックで日本が優勝
4月　堺市が政令指定都市に
　　　ワンセグ放送が開始
　　　瀬戸内しまなみ海道が全線開通
5月　イラクで約3年ぶりに正式政府が発足
6月　シンドラー社製エレベーターで死亡事故
　　　村上ファンド代表の村上世彰が逮捕
　　　ドイツでサッカーW杯開幕
7月　サッカー日本代表の中田英寿が引退表明
　　　北朝鮮がテポドン2号を日本海へ発射
8月　亀田興毅がWBA世界ライトフライ級王座を奪取
　　　夏の甲子園決勝で大熱戦。ハンカチ王子が話題に
　　　冥王星が惑星から除外され、準惑星に分類される
9月　紀子さまが悠仁親王をご出産
　　　安倍晋三内閣発足
10月　北朝鮮が初の地下核実験を強行、成功と発表
　　　福島県前知事を収賄の疑いで逮捕
　　　携帯電話の番号ポータビリティー制度開始
11月　北海道佐呂間町で竜巻による突風災害
　　　ソニーがゲーム機「PlayStation 3」発売
12月　任天堂がゲーム機「Wii」発売

●世相・流行●

・北朝鮮の核実験成功で国際社会に衝撃
・各地でいじめ自殺が続発、社会問題に
・ケータイ小説がブームに

北朝鮮がミサイルを発射した日、平壌市内に掲げられたプロパガンダの看板（写真提供：共同通信社）

●第1次安倍内閣が発足

　9月26日に、自民党の安倍晋三総裁が第90代内閣総理大臣に任命され、公明党との連立による第1次安倍内閣が発足した。当時、安倍首相は52歳で、これは戦後最年少での首相就任であった。首相は衆議院本会議での所信表明演説で、国民とともに「美しい国」の実現を目指すことを掲げた。組閣にあたっては、総裁選で自身の勝利に寄与した議員を多く重用したことから、一部のマスコミからは「お友達内閣」などとも揶揄された。
　12月には、1947年の制定から一度も改正されていなかった教育基本法を全面的に改正。「教育の目標」の条文（第2条）には、「豊かな情操と道徳心」や「公共の精神」などの文言が加えられた。
　一方で同月には、この安倍内閣で初入閣した佐田玄一郎行政改革担当相の政治団体で、虚偽記載の政治資金収支報告書を過去に提出していた問題が発覚。これを受けて、佐田氏はわずか3カ月で大臣を辞任するに至った。

●北朝鮮のミサイル発射実験と核実験

　7月5日の明け方から朝にかけて、北朝鮮はノドンやテポドン2号などの弾道ミサイル6発を日本海に向けて発射する実験を行った。さらに、同日夕方にもう1発発射。これらのミサイルはいずれも日本海に着弾した（ただしテポドン2号は打ち上げに失敗し、数十秒後に着弾）。これを受けて日本政府は、北朝鮮の貨客船「万景峰92号」に対して入港を半年間禁止するなどの制裁措置を決定した。
　また10月9日には、北朝鮮が初めて地下核実験に成功したことを、同国の朝鮮中央通信が報じた。爆発の規模は比較的小さかったが、一般的な地震とは異なる地震波が日本でも観測された。日本政府は、独自の追加制裁を行うことを決定。北朝鮮のあらゆる船舶の入港、北朝鮮からの輸入、および北朝鮮国籍を有する人の入国を、全面的に禁止した。
　なお、ミサイル攻撃などの緊急事態が発生した際に、通信衛星などを利用して瞬時に情報を知らせる「全国瞬時警報システム（Jアラート）」はこの年に実証実験が行われ、翌年から運用が開始された。

●Winny情報流出事件が相次ぐ

　ファイル共有ソフト「Winny」を介して「暴露ウイルス」に感染したパソコンから、企業などの機密情報がWinnyに流出する事件が相次ぎ、大きな社会問題に。名立たる大手企業や警察などからの情報流出が、続々と明らかになった。
　Winny流出事件は以前から発生していたが、2005年末あたりから頻繁に報道されるようになり、2006年2月には海上自衛隊隊員の私物のパソコンから機密情報が流出したことが報じられた。さらに3月には安倍晋三官房長官（当時）がWinnyを使用しないよう国民に注意喚起したことなどから、世間の認知度もよりいっそう高まった。
　一連の流出事件は、企業などのデータを持ち出した職員の私物のパソコンがウイルスに感染することで発生するケースが多く、組織の情報管理体制が徹底されていない実情が露見する出来事ともなった。

●トリノ五輪で「イナバウアー」

2月10日から26日に、イタリアのトリノで冬季五輪が開催された。日本代表選手団は5個のメダル獲得を目標に掲げて臨んだものの、結果は金メダル1個に終わった。唯一のメダルを手にしたのは、フィギュアスケートの荒川静香選手。上半身を大きく反らせた状態で「イナバウアー」を披露した姿が大きな話題となった。「イナバウアー」はこの年の新語・流行語大賞で年間大賞に選ばれた。

イナバウアーは、両足を前後に開き、つま先を180度に開いた状態のまま横方向に滑走する技のことで、これ自体は上半身を反らす動作を含んでいるわけではない。荒川選手のように上半身を後ろに反らしながら行うものはそれのバリエーションで「レイバック・イナバウアー」と呼ばれるが、体を反らした姿のインパクトが強かったせいか、「イナバウアー＝上半身を反らす技」と誤認されることも多い。

●冥王星が"格下げ"

1930年に発見されてから太陽系の第9惑星とされてきた冥王星が、8月に開かれた国際天文学連合総会での議論により「準惑星」に分類されることとなり、この"格下げ"が話題になった。

観測技術が発達するにつれて、冥王星の周辺にエッジワース・カイパーベルト天体という小さな天体が次々と発見されるようになり、その中には冥王星より大きい天体もあることがわかった。このことから、冥王星は惑星というよりもエッジワース・カイパーベルト天体の一員なのではないかという考えが強まり、それまで明確でなかった惑星の定義が、この年の総会で見直されることになった。その結果、冥王星は惑星の定義からは外れ、準惑星という新たに作られた分類に属することになった。

ちなみにこの年の1月には、NASA（アメリカ航空宇宙局）が世界初の冥王星探査機「ニュー・ホライズンズ」の打ち上げを実施。9年後の2015年に冥王星の観測を開始した。

●新型据え置きゲーム機が発売

任天堂は、新型の家庭用ゲーム機「Wii」を12月2日に発売した。従来のゲーム機とは大きく異なる操作方法が特徴で、無線接続された縦長の形状のコントローラー（Wiiリモコン）を、テニスラケットや指揮棒など、ゲームの内容に沿ってさまざまなものに見立てて動かすことでゲームを楽しめる。一方、ソニーは「PlayStation 3」（PS3）を11月11日に発売。PS2の後継機として、フルHD出力やHDMI、ブルーレイディスクに新たに対応するなど、より高精細な映像を楽しめる仕様に進化した。

いずれも年末商戦に向けた時期での発売であったが、発売から2日間での販売台数はWiiが35～40万台、PS3が9万台前後と大きな差がついた。Wiiは先述のとおり直感的な操作ができることに加え、天気やニュースなどの情報を閲覧できる専用の機能もある（現在はサービス終了）など、それまでゲームに触れてこなかった人々や、操作の複雑化によりゲーム離れしてしまった人々を取り込もうというコンセプトが功を奏した。

●DATA●

【今年の漢字】 命

【内閣総理大臣】 小泉純一郎（自由民主党）→安倍晋三（自由民主党）

【プロ野球日本一】 北海道日本ハムファイターズ

【Ｊリーグ年間優勝】 浦和レッドダイヤモンズ

【JRA年度代表馬】 ディープインパクト

【流行語】 イナバウアー　品格　エロカッコイイ　格差社会　シンジラレナ～イ　たらこ・たらこ・たらこ　脳トレ　ハンカチ王子　ミクシィ　メタボ

【書籍】 竹内一郎『人は見た目が9割』　藤原正彦『国家の品格』　劇団ひとり『陰日向に咲く』　美嘉『恋空』　小川洋子『博士の愛した数式』　大迫閑歩・伊藤洋『えんぴつで奥の細道』

【映画】 『ゲド戦記』　『LIMIT OF LOVE 海猿-UMIZARU-』　『THE 有頂天ホテル』　『日本沈没』　『デスノート』　『男たちの大和 YAMATO』　『フラガール』　『ハリー・ポッターと炎のゴブレット』　『ダ・ヴィンチ・コード』

【テレビ】 『西遊記』　『Dr.コトー診療所2006』　『時効警察』　『マイ☆ボス マイ☆ヒーロー』　『功名が辻』　『日経スペシャル カンブリア宮殿』　『銀魂』

【音楽】 KAT-TUN『Real Face』　レミオロメン『粉雪』　山下智久『抱いてセニョリータ』　TOKIO『宙船』　EXILE『ただ…逢いたくて』　湘南乃風『純恋歌』　Kaoru Amane『タイヨウのうた』

【話題の商品】 ワンセグ　mixi　ワゴンR（スズキ）　TSUBAKI（資生堂）　ルックきれいのミスト（ライオン）　植物性乳酸菌ラブレ（カゴメ）　ニンテンドーDS Lite（任天堂）　『オシャレ魔女ラブandベリー』（セガ）

【訃報】 岡田眞澄（俳優）　今村昌平（映画監督）　橋本龍太郎（政治家）　鈴置洋孝（声優）　丹波哲郎（俳優）　青島幸男（作家、政治家）

●平成18年の答え●

カ	イ	シ	ャ	ホ	ウ	■	シ	ン	ド	ロ	ー	ム	■	イ
ブ	■	ユ	■	シ	■	ジ	コ	■	キ	ン	■	コ	ン	ビ
カ	イ	ジ	ョ	■	キ	ョ	ウ	ワ	■	ギ	ジ	ン	■	チ
■	オ	ン	■	ヒ	ョ	コ	■	タ	ウ	■	ユ	■	ア	ャ
ト	ウ	コ	ウ	■	ク	ウ	キ	■	イ	ン	ウ	ツ	■	オ
リ	■	ウ	タ	ヒ	メ	■	タ	オ	ル	■	ミ	ツ	ビ	シ
ノ	ウ	■	イ	デ	ン	シ	■	リ	ス	ニ	ン	グ	■	ム
■	タ	ネ	■	ト	■	ロ	ビ	ー	■	ユ	■	チ	イ	■
サ	■	ク	ラ	シ	ッ	ク	■	ブ	リ	ー	チ	■	ト	キ
イ	ッ	タ	イ	■	ウ	ロ	コ	■	ヤ	ス	ク	ニ	■	ン
ト	■	イ	■	イ	ブ	ン	カ	■	キ	ロ	ク	■	ワ	ン
ウ	シ	■	ド	■	ク	ニ	■	ウ	シ	ロ	■	テ	イ	■
ユ	■	ス	ア	マ	■	シ	タ	ジ	キ	■	ヒ	ン	カ	ク
ウ	ラ	ン	■	エ	ロ	■	ワ	ン	■	メ	■	ド	■	ナ
キ	■	イ	ナ	バ	ウ	ア	ー	■	メ	イ	オ	ウ	セ	イ

平成19年（2007年）

➡ ヨコのカギ

1 第90代内閣総理大臣。9月12日、健康上の理由で所信表明演説直後に辞任

2 鹿児島県西部の旧国名

3 この年の「今年の漢字」の「偽」には「にせ」などと振ります

4 主人公1人に複数の異性が好意を抱いている状態。10月開始の連続テレビ小説『ちりとてちん』も？

5 深谷　下仁田　九条　観音

6 この年の新語・流行語大賞を受賞した「どげんかせんといかん」は──県の東国原英夫知事の言葉

7 ──社会　──返し　──椅子

8 ふくらはぎの反対側

9 5月28日、松岡利勝農林水産大臣が衆議院議員宿舎で──を図った

10 6月からNHK『みんなのうた』に登場し、大ヒットした妖精の歌

13 肋骨あたりの肉。──ロース

15 SNS上で提供されるオンラインゲームのこと（略称）。この年、GREEの『釣り★スタ』がヒット

18 布団の下にズボンを入れて

20 1月5日放送開始の『花より男子2（リターンズ）』の主題歌を担当

22 戦うときに両手か利き手に持つ

24 この年ベストセラーとなった坂東眞理子の著書は『──の品格』

26 この年のM-1グランプリで敗者復活から優勝した漫才コンビ

28 引っ越し先のこと

30 8月16日、岐阜県多治見市と埼玉県──市で40.9℃を記録、国内最高気温を74年ぶりに更新

31 気持ちの晴れ晴れしない状態

33 市も町もこれも地方公共団体

34 冷え性や肩こりの人のを押す

37 1月20日公開の映画『それでもボクはやってない』は──の冤罪事件がテーマ

39 部屋に光を入れないよう張る

41 仕事や作業のやり方とか知識

43 雇われて家のあれこれを担う女性

45 ギャンブルなどのズル

46 9月1日に『ヱヴァンゲリヲン新劇場版：序』が公開。主人公がエヴァンゲリオンに搭乗して戦う謎

の巨大生命体はこう呼ばれる

47 7月25日に怪我を理由として夏巡業の不参加を届け出るも、地元でサッカーをしていたことが発覚して処分された第68代横綱

48 胞子によって増える植物

49 化粧品。正確には──ティック

51 ──まさみが4月開始の『プロポーズ大作戦』で月9ドラマ初主演

53 この年の流行語「どんだけ〜！」はこの人のギャグ

55 切羽詰まった場面のこと

57 他の国の言葉を日本語に

58 江戸時代の大名の領地や支配組織

60 4月、ライブドアがライブドアホールディングスに社名変更。他社の──を所有する持ち──会社へ

62 『ハローバイバイ・関暁夫の──』がベストセラーに。信じるか信じないかはあなた次第です

65 4月開始のアニメ『らき☆すた』のヒットで鷲宮──が「聖地」に

67 5月30日の陣内智則・藤原紀香の結婚披露宴でも歌われたムーディ勝山の『右から来たものを──へ受け流すの歌』

69 渡哲也主演の特別ドラマ。放送は1月4日と5日の「二夜連続！」

70 ──平均はアメリカの株価指数

71 9月14日、月周回──「かぐや」の打ち上げに成功

72 炭素のこと。──紙

75 この年の流行語「そんなの関係ねぇ」は小島──のギャグ

77 この年に行われたラグビーワールドカップの優勝国（の略称）

79 この年流行した──語とは、──大柴がスピークする、文中にイングリッシュなワードをインサートする独特のランゲージのこと

81 芸人・千原兄弟の兄の方。この年から芸名をひらがな表記に変更

83 他の国の人が日本人に

84 世の中に広まること

86 1月1日から12月31日まで

⬇ タテのカギ

1 ➡1の辞任に関して「『アベする』という言葉が流行している」とした新聞のコラムに反発した層によ

る、新聞社を揶揄した造語。この年創設のネット流行語大賞を受賞

4 8月にクリプトンから発売された、音声合成システム“VOCALOID”対応のボーカル音源のキャラクター。その後➡5が定番アイテムに

8 3月9日から「ハリウッド・ドリーム・ザ・ライド」が導入されたユニバーサル・──・ジャパン

11 9月、映画の舞台挨拶での「どんな気持ちで（差し入れの）クッキーを焼いたか」という質問への沢尻エリカの返答「──に」が話題に

12 米軍の新人向け基礎訓練がベースの『──ズブートキャンプ』が大ヒット。「入隊おめでとう！」

14 この年に流行した「大食い」の象徴的人物。爆食女王

16 霜降りの脂の部分

17 6月、──県の石見銀山が世界文化遺産に登録された

19 6月27日、イギリス首相のトニー・──が退陣。後任はブラウン

21 神奈川県の──と相模原市にまたがる米陸軍基地に置かれていた国連軍後方司令部が、11月2日に横田飛行場へ移転した

22 10月15日、福山雅治が──学科の准教授を演じるドラマ『ガリレオ』がスタート。「実に面白い」

23 親の兄か弟

25 7月から世田谷文学館で開催された『ガラスの仮面』展に、匿名のファンから──色のバラが届いた

27 大名──　ゴミ──　番町皿──

29 正式名称ではない世間での通り名

32 鉛筆の中心にある

33 9月に発売された、何度でも潰せる「──プチプチ」がヒット

34 5月、元モーニング娘。メンバーの──希美が結婚と妊娠を発表

35 ──インフルエンザの蔓延が確認され、8月18日の中央競馬の新潟、札幌、小倉の全競走が中止に

36 この年、熊本の慈恵病院がいわゆる「赤ちゃんポスト」を──

38 この年、プロ野球セ・リーグのクライマックスシリーズがスタート。──がマスコットの中日はシーズン2位ながら日本一となった

1	11	17		29	35			47		56	63		74	82	88
2				30		42			57				75		
		18	23			43		52			70				
3	12		24		36		53		64			83			
	13	19		31		48			65		76				
4			25		37	44		58			77		89		
	20		32		45		54			71					
5	14	26		38				66			84				
6		21		39				67		78					
7			33		49		59		72		85				
	15	27		46		60	68		79						
8		28		40		55		73		86	90				
	22		41		50		69		80						
9	16		34		51	61		81	87						
10						62									

40　サルやリスが得意

42　組織などがバラバラに崩れること

44　巡り合わせが良くなること

46　三月場所・五月場所と連続優勝し第69代横綱となったのは白鵬——

47　——はるかが７月開始の『ホタルノヒカリ』で連ドラ単独初主演

48　３月３日公開の映画『秒速５センチメートル』の監督

50　６月２日、トーク番組『人志松本のすべらない——』が初めてゴールデンタイムに放送された

52　７月６日、元モーニング娘。メンバーの——圭織が結婚を発表。翌日に行われたファン参加のバスツアーの様子がネットで話題に

54　８月、アメリカ投資銀行大手のゴールドマン・——がティファニー銀座本店ビルを約370億円で取得

55　この年、ニコニコ——やYouTubeといった——共有サービスが流行

56　水を熱湯にすること。——消毒

58　ブリに出世する前はハウマッチ？

59　体重の砕けた言い方。１月、「納豆にダイエット効果がある」とした番組内容に捏造が発覚し、『発掘！あるある大事典Ⅱ』が打ち切りに

61　実家のこと。——帰り

63　したいとか手に入れたいとか

64　７月、保険代理店の社員がパソコンを置き引きされ、顧客15万人の——情報が漏洩する事件があった

66　しびれて感覚がなくなること

68　文房具のコンパスの古い①29

70　水鳥の羽毛。——ジャケット

71　６月以降サブプライムローン問題などで為替は長期的な——傾向に

73　ゲームがフリーズして進行しなくなったり画面に謎の白い四角枠が出たりなどのプログラムの不具合

74　この年の新語・流行語大賞の１つ「ハニカミ王子」は石川——のこと

76　寺院の境内のこと

78　釣り糸を巻き取る

80　10月、太川陽介と蛭子能収のコンビによるローカル——バスの旅番組が放送開始されて人気に

82　動物や植物からとったあぶら

83　予約の取り消し

85　アニメ『School Days』の最終回が残虐な表現で急遽放送中止。差し替え映像にはこの乗り物が映り、それを見た外国人の感想「ナイス——」がネットで流行した

87　11月の東京国際女子マラソンは、三重県——市出身の野口みずきが大会記録で優勝

88　５月27日、牝馬として64年ぶりに日本ダービーを制覇した馬

89　６月29日にアップル社がアメリカで初代のを発売したスマートフォン（の口語表現）。正式な日本語表記では５文字目に「ー」が入る

90　１月、アメリカの元副大統領アル・ゴア主演の映画『不都合な——』が日本でも公開されてヒットした

平成19(2007)年 丁亥

●できごと●
1月　宮崎県知事選でそのまんま東が当選
2月　年金記録問題が発覚
3月　東京ミッドタウンが開業
　　　NTTドコモがポケットベルのサービスを終了
4月　新潟市と浜松市が政令指定都市に
　　　米バージニア州工科大学で銃乱射事件が発生
　　　長崎市長が選挙活動中に暴力団幹部に撃たれ死亡
5月　熊本の病院で「赤ちゃんポスト」の運用始まる
　　　ゴルフの石川遼が15歳でツアー優勝の快挙
　　　松岡利勝農水相が議員宿舎で自殺
　　　大相撲で白鵬が横綱に。史上4人目の外国人横綱
6月　大相撲時津風部屋の力士が稽古で暴行を受け死亡
　　　島根県の石見銀山が世界遺産に登録
7月　新潟県中越沖地震。最大震度6強
　　　参院選で民主党が大躍進、参院第一党に
8月　闇サイト殺人事件
　　　大阪で世界陸上開催。日本での開催は16年ぶり
　　　クリプトンがボーカロイド「初音ミク」を発売
9月　安倍首相が突然の辞任、福田康夫内閣発足
　　　月探査衛星「かぐや」の打ち上げ成功
10月　さいたまで鉄道博物館開館
11月　プロ野球、中日が継投による完全試合で日本一に
　　　民主党の小沢代表が辞意を表明。のちに撤回
　　　防衛省の山田洋行事件。守屋前事務次官と妻が逮捕
12月　3県でたばこICカード・Taspoの申し込み受付開始

●世相・流行●
・自民党の支持率低下で、ねじれ国会へ
・アメリカのサブプライム問題で国際市場が動揺
・飲食業界での食品偽装、TV番組での捏造が続々と発覚

この年世界遺産に登録された石見銀山の地下坑道・龍源寺間歩
（写真提供：時事通信フォト）

●参院選で自民党が大敗、民主党が第一党に
　7月29日、第21回参議院議員通常選挙が実施された。与党の自由民主党は議席を83（改選37）まで減らして大敗。一方、野党第一党の民主党は議席を109（改選60）に伸ばし、参議院の第一党に躍進した。野党は合計137議席を獲得し、参議院における安定多数を確保。衆議院の与党は自民党であったため、いわゆる「衆参のねじれ」が発生することとなった。
　自由民主党が大敗した要因としては、約5095万件の年金記録の消失による支持率低下などが挙げられている。

●「消えた年金」問題
　2月、国民年金や厚生年金の納付記録のうち約5095万件について納付者が特定できない問題が報道された。おもな原因は、平成9年に施行された「基礎年金番号制度」の導入の際、社会保険庁による事務作業に不備があったことだった。特定できない納付者はその分、受給できる年金額が減るため、大きな社会問題に。「消えた年金」問題などとも言われ、国会やマスコミでは社会保険庁に対する非難の声があがった。特に民主党の長妻昭はこの問題を徹底的に追及したことで「ミスター年金」と呼ばれた。
　3月13日には社会保険庁改革関連法案が国会に提出された。同法案では社会保険庁を廃止し、その業務を非公務員型の公共法人日本年金機構に移管することを定めた。
　社会保険庁や日本年金機構は加入者や受給者に「ねんきん特別便」を送るなどで記録の確認を進めたが、平成30年9月時点で「解明作業中又はなお解明を要する記録」は約1884万件残っていて、未だ完全な解決には至っていない。
　「（消えた）年金」は平成19年の新語・流行語大賞トップテンに入り、舛添要一厚生労働大臣が受賞した。

●食品偽造問題が多数発覚
　食品偽装問題が相次いで発覚して消費者の間に不安が広がった。
　1月10日、不二家が消費期限切れの材料を使い、洋菓子を製造しているという報道がされた。翌11日には不二家が洋菓子の販売停止を発表。その後1月15日には6代目社長の藤井林太郎が辞任を表明し、同22日桜井康文が新社長に就任した。不二家創業者、藤井林右衛門の一族以外が社長に就任するのは初めてのことだった。
　6月20日、ミートホープ社による食肉の偽装が報道された。同社は牛肉100％としていたミンチの中に豚肉や鶏肉、パンの切れ端を入れて水増しを図り、通常よりも廉価で販売していた。他にも「消費期限が切れた肉のラベルを付け替えて出荷」「ブラジル産の肉を国産と偽って自衛隊に販売」など複数の不正が発覚した。田中稔社長はマスコミの取材に対し「販売店も悪いし、半額セールで喜んで買う消費者にも問題がある」と語り物議を醸した。同社は7月18日に自己破産の申請を行い、8月7日に法人格が消滅した。
　10月、三重県の老舗和菓子屋「赤福」で名物「赤福餅」の消費期限偽装により、営業禁止処分を受けていたことが発覚。創業300年目での出来事であった。この責任をとるとして濱田益嗣会長が10月31日付で辞職した。

10月28日、高級料亭の船場吉兆が運営する「吉兆天神フードパーク」での消費期限・賞味期限の偽装が明らかになった。以降食材の産地偽装なども発覚し、11月には全店で営業を休止した。

●お笑い芸人のそのまんま東が宮崎県知事に転身

1月21日、第17回宮崎県知事選挙が施行され、無所属の東国原英夫が得票のうち約45％を得て当選を果たした。東国原はもともと「そのまんま東」という芸名でお笑い芸人をしていて選挙活動も芸名で行っていたが、県知事就任後は本名を用いた。「そのまんま東」の芸名は、師匠で名付け親のビートたけしに返上され、3月にその付き人のゾマホン・ルフィンが「二代目そのまんま東」を襲名することになった。

東国原知事は無所属のしがらみの無さなどからさまざまな施策を実行。「公用車を廉価なものに置き換える」「知事公舎に住まない」などで公費削減を図ったり、「宮崎県のセールスマン」としてマスコミに広く登場して宮崎県の特産品や観光地をアピールしたりした。

2月15日の所信表明演説の中で、東国原知事が宮崎弁で述べた「（宮崎を）どげんかせんといかん」という言葉は話題になり、新語・流行語大賞に選ばれた。

4月、宮崎日日新聞社が公表した県民意識調査によれば東国原知事を「支持する」と答えた人が86.7％、「支持しない」と答えた人はわずか1.1％であり、県民からの評価の高さがうかがえた。

●ハニカミ王子が大人気

5月、マンシングウェアオープンKSBカップでアマチュアゴルファーの石川遼が15歳8カ月で史上最年少優勝を果たした。優勝インタビューのなかで、はにかんだような笑顔を見せる石川選手の様子を中継アナウンサーが「ハニカミ王子」と称したところ、代名詞として定着。

石川選手は端正な顔立ちや実力の高さなどから女性人気が高く、男子ゴルフの観客数や視聴率の増加に貢献したと言われている。また後輩のゴルファー古田幸希は「ぽっちゃり王子」という愛称で親しまれた。

「ハニカミ王子」は新語・流行語大賞にも選ばれた。

●ゴア元副大統領にノーベル平和賞

アメリカのアル・ゴア元副大統領が脚本を手掛け、自ら主演したドキュメンタリー映画『不都合な真実』が前年に公開され、話題となった。アメリカのブッシュ政権は公式見解として「地球温暖化は実際に確認できていない学問上の仮説」としていたが、映画の中でゴア元副大統領は過去の気象データなどをもとに批判を展開。地球温暖化をめぐる議論に大きな影響を与えた。

同作はこの年2月に発表された第79回アカデミー賞の長編ドキュメンタリー映画賞・歌曲賞を受賞。また、地球温暖化についての知識や問題点を広く啓蒙し、温暖化防止に向けて取り組んだ功績を評価されて、ゴア元副大統領はICPC（気候変動に関する政府間パネル）とともにこの年のノーベル平和賞を受賞している。

●DATA●

【今年の漢字】偽

【内閣総理大臣】安倍晋三（自由民主党）→福田康夫（自由民主党）

【プロ野球日本一】中日ドラゴンズ

【Ｊリーグ年間優勝】鹿島アントラーズ

【JRA年度代表馬】アドマイヤムーン

【流行語】ハニカミ王子　どげんかせんといかん　そんなの関係ねぇ　どんだけぇ～　消えた年金　鈍感力　食品偽装　ネットカフェ難民　猛暑日

【書籍】坂東眞理子『女性の品格』　渡辺淳一『鈍感力』　田村裕『ホームレス中学生』　メイ『赤い糸』　飯倉晴武『日本人のしきたり』　美嘉『君空』　佐藤多佳子『一瞬の風になれ』

【映画】『HERO』『ALWAYS　続・三丁目の夕日』『西遊記』『恋空』『東京タワー　オカンとボクと、時々、オトン』『パイレーツ・オブ・カリビアン／ワールド・エンド』『スパイダーマン3』『硫黄島からの手紙』

【テレビ】『華麗なる一族』『ガリレオ』『風林火山』『花より男子2（リターンズ）』『ハケンの品格』『プロポーズ大作戦』『のだめカンタービレ』『発掘！あるある大事典II』（捏造発覚で打ち切りに）

【音楽】秋川雅史『千の風になって』　コブクロ『蕾』　宇多田ヒカル『Flavor Of Life』　嵐『Love so sweet』　KAT-TUN『Keep the faith』『喜びの歌』　初音ミク『みくみくにしてあげる♪【してやんよ】』

【話題の商品】Wii（任天堂）　ビリーズブートキャンプ　ホワイトプラン（ソフトバンク）　エコバッグ　フリクションボール（パイロット）　AXE（ユニリーバ）　メガマック（マクドナルド）　キッザニア東京

【訃報】安藤百福（実業家）　植木等（コメディアン）　横山ノック（タレント・政治家）　宮澤喜一（政治家）　阿久悠（作詞家）　稲尾和久（野球選手）

●平成19年の答え●

ア	ベ	シ	ン	ゾ	ウ	■	ア	サ	シ	ョ	ウ	リ	ュ	ウ
サ	ツ	マ	■	ク	マ	ガ	ヤ	■	ヤ	ク	■	ヨ	シ	オ
ヒ	■	ネ	オ	シ	■	カ	セ	イ	フ	■	ダ	ウ	■	ツ
ル	ビ	■	ジ	ョ	セ	イ	■	イ	ツ	コ	ウ	■	キ	カ
■	リ	ブ	■	ウ	ツ	■	シ	ダ	■	ジ	ン	ジ	ャ	■
ハ	ー	レ	ム	■	チ	カ	ン	■	ハ	ン	■	ナ	ン	アイ
ツ	■	ア	ラ	シ	■	イ	カ	サ	マ	■	エ	イ	セ	イ
ネ	ギ	■	サ	ン	ド	ウ	イ	ツ	チ	マ	ン	■	ル	フ
ミ	ヤ	ザ	キ	■	ア	ン	マ	ク	■	ヒ	ダ	リ	■	オ
ク	ル	マ	■	ム	ラ	■	コ	ス	メ	■	カ	ー	ボ	ン
■	ソ	シ	ャ	ゲ	■	シ	ト	■	カ	ブ	■	ル	ー	■
ス	ネ	■	シ	ン	キ	ョ	■	ド	タ	ン	バ	■	ト	シ
タ	■	ブ	キ	■	ノ	ウ	ハ	ウ	■	マ	グ	ロ	■	ン
ジ	サ	ツ	■	ツ	ボ	■	ナ	ガ	サ	ワ	■	セ	イ	ジ
オ	シ	リ	カ	ジ	リ	ム	シ	■	ト	シ	デ	ン	セ	ツ

平成20年（2008年）

➡ ヨコのカギ

1 　9月、米国で大手投資会社が連邦破産法の適用を申請し経営破綻。それが世界規模の株価暴落へと波及した事象をこう呼ぶ

2 　チベット仏教の指導者——14世が10月末から8日間日本に滞在し、講演や会談を行った

3 　——突く雨　——竹　——笛

4 　全体を通しての判断理解

5 　扁平菱形の軟骨魚類。ヒレはおつまみに美味しい

6 　学校や公衆のトイレでも和式から洋式へと移行が進む

7 　握ったり散らしたり回転したりも

8 　——自動車は➡1の影響もあって赤字転落

9 　10月、松下電器産業は「——株式会社」に商号を変更した

11 　3月のダイヤ改正で、JR唯一の寝台急行「——」と寝台特急「なは・あかつき」が廃止された

14 　焼肉に美味しい牛や豚の舌

17 　川上未映子作『——と卵』が第138回芥川賞を受賞した

19 　草でお金を借りられる。一六銀行とも

21 　——の功名ということも

23 　「グ〜！」で新語・流行語大賞を受賞したのは——・はるみ

24 　この年、テレビドラマ『エジソンの母』主題歌に使われたSuperflyの曲は『——をこめて花束を』

26 　ラテン語でエゴ　人格を構成する要素

28 　おもんぱかり　巡らす深い考え

30 　小ざかな　下っ端

32 　3月に、スペースシャトル・エンデバーに搭載された実験棟「きぼう」船内保管室のドッキングに成功し入室した日本人宇宙飛行士

34 　こんな眠り方も　顔に塗ることも

36 　漫才コンビ・麒麟の田村裕の著作『——中学生』がベストセラーに

38 　アンジェラ・アキ『——〜拝啓 十五の君へ〜』がヒットした

39 　1月、➡8自動車は、家庭用電源で充電可能な——型ハイブリッドカーを平成22年末までに販売開始

する方針を発表

40 　この年の北京五輪で日本は金メダルを9個、——メダルは8個獲得

42 　現在くつろいでいる部屋です

44 　昔、キセルの修理をした——屋

45 　10月、シドニー五輪女子マラソンで金メダル獲得の高橋——が体力の限界を理由に現役引退を発表

46 　現地時間の9月29日、米国下院で金融安定化法案が否決されたため株価が暴落し、金融——が世界に拡大していった

48 　日露の研究により、シベリア東部のコレの地温が急上昇して表層の融解が急速に進行していると判明

51 　3月の学習指導要領改訂では、小中学校の授業時間の30年ぶりの増加、小学校での英語教育開始など、——教育からの脱却が指向された

52 　9月、アメリカンコミック原作の実写映画『アイアン——』公開

53 　「あなたとは違うんです」が新語・流行語大賞トップテンに選ばれたが彼は受賞辞退

55 　大正6（1917）年創刊の老舗婦人雑誌『主婦の——』が6月号を最後に休刊

57 　振動数（周波数）の単位

58 　——のカーテン　熱いうちに打て

60 　読み出しや書き込みが可能な半導体記憶装置。ランダムアクセスメモリー

61 　とりとめなく、しつこく巻いたりすることも

63 　6月1日から、車の後部座席でのシートベルト着用が——化された

65 　天海祐希が主演したテレビドラマ『Around40』のヒットで新語・流行語大賞に選ばれた言葉

66 　次期国連非常任理事国にアジア・アフリカから日本とウガンダ、中南米からメキシコ、ここからはオーストリアとトルコが選ばれた

69 　10の12乗すなわち1兆を表す単位。ギリシャ語で怪物を表す語に由来

71 　6月、東京で地下鉄副都心線の池袋－——駅間が開業した

73 　碁や将棋を職業とします

74 　コンビニエンス　ドラッグ　デパートメント

76 　1月、弁護士でタレントの橋下徹が大阪——に当選。当時の都道府県知事で最年少だった

80 　写真現像所　——研究室

82 　煙草や木や目から出る粘液状物質

84 　豚肉やパン屑や血液を混ぜたこれの肉を販売していたミートホープ社の社長に対し、3月に詐欺罪などで有罪判決が下された

⬇ タテのカギ

1 　2月、キューバ革命で——を発揮したフィデル・カストロが国家評議会議長の退任を表明

5 　5月、スキーヤーで冒険家の三浦雄一郎が日本人最高齢の75歳で登頂に成功した山

10 　シテ方　ワキ方　囃子方

11 　6月、参議院——の丸川珠代が衆議院——の大塚拓と明治神宮で挙式した

12 　本を収める設備

13 　追い詰められたこの上の鯉

15 　5月、中華人民共和国の——省でマグニチュード8の大地震が発生。7万人以上の死者を出した

16 　2月、南極の昭和——では日食の観測がされた一方、沖縄では米軍——勤めの海兵隊員が少女に暴行をはたらいた

18 　2月、米国北イリノイ大学で銃の——事件が発生。犯人を含め6人が死亡

20 　7月に公開の宮崎駿監督のアニメ『——の上のポニョ』が大ヒット

22 　——袋　——熱　文殊の——

24 　弟か妹がいる男

25 　沈黙　静寂

27 　11月、ジャーナリストでキャスターでもあった——哲也が死去

29 　12月、イスラエルはロケット弾攻撃の報復としてパレスチナの——地区を空爆した

31 　例えば「三千世界の烏を殺し主と朝寝がしてみたい」など

33 　古代インド伝来の心身鍛錬法

34 　宿をひっくり返して安宿に

35 　12月、牧瀬——がファッションプロデューサーのNIGO®と結婚

37 　セメントや漆喰を塗る道具

39 この年、日本ボクシングコミッションのテストにより女子――ボクサー第1期生20名が誕生した
40 中国製冷凍――から殺虫剤用の毒の成分メタミドホスが検出された。混入した犯人はのちに逮捕された
41 2つ以上の物が1つになる
43 この年、成田空港は開港30周年。記念イメージキャラクターは沖縄出身のモデル知花――が務めた
45 カレーにはライスですかそれとも
46 卵白に包まれる
47 門 口 ク
49 北京五輪バドミントン女子ダブルスでベスト8入りした小椋久美子と潮田玲子のペアの愛称。しかし、この年のうちにペア解消を発表
50 商品がどのくらい買われたか
52 3月、世界フィギュアスケート選手権女子シングルで浅田――が初優勝
54 京都 奈良 ローマ クスコ

56 米国脚本家組合の――で、1月に予定されていたゴールデン・グローブ賞授賞式が中止に
57 金融恐慌、生活不安、異常気象、オバマ大統領のセリフなどから選ばれた今年の漢字
58 塩を送ったり本能寺にあったり
59 インで撮影開始しアップで終了
62 ――実験つまりシミュレーション
64 イランの通貨単位
66 日が暮れてから葉や窓に凝結する
67 10月、岐阜県に総貯水容量が国内最大となる徳山――が完成
68 4月にプロに復帰したクルム――公子は、6月の東京有明国際女子オープンシングルスで見事優勝
70 価値を認めない ないがしろにする
72 ――7 ――ゾーン アン――
75 ざっと描いた女性の裸?
77 ポーカーでのこけ脅し戦術
78 ――考え ――芸 ずぶの――

79 2月、インドネシアの――島西方にあるシムル島でマグニチュード7.4の大地震が発生した
81 峠の―― ――通い ――遊び
83 ⇒66は漢字で書くと――州
85 2月、オーストラリア先住民の彼らに対する過去の差別的政策についてケビン・ラッド首相が公式に謝罪
86 環境保護団体を標榜する彼らは1月、日本の調査捕鯨船「第二勇新丸」に不法侵入し問題に

平成20(2008)年 戊子

●できごと●

1月　NTTドコモのPHSサービス終了
　　　大阪府知事選でタレント・弁護士の橋下徹が当選
　　　中国製餃子による食中毒が相次ぐ
2月　千葉県沖で自衛隊のイージス艦と漁船が衝突事故
3月　中国、チベット自治区で大規模な暴動
4月　後期高齢者医療制度スタート
　　　4代目南極観測船「しらせ」の進水式
5月　中国・四川省で大地震
　　　星出彰彦がスペースシャトルに搭乗、宇宙へ
6月　シルバードライバーのもみじマーク義務化
　　　秋葉原で通り魔による殺傷事件
　　　東京メトロ副都心線開業
7月　北海道洞爺湖サミット
　　　ソフトバンクがスマホ「iPhone 3G」販売開始
　　　月末から翌月にかけて各地で豪雨災害が続発
8月　北京五輪
9月　リーマンショック発生
　　　麻生太郎内閣発足
10月　大阪の個室ビデオ店で放火による火災
　　　ノーベル物理学賞に南部・小林・益川の3氏
　　　ノーベル化学賞に下村脩
　　　ロス疑惑の三浦和義が留置所内で自殺
11月　米大統領選で民主党のバラク・オバマが圧勝
　　　作曲家の小室哲哉が詐欺容疑で逮捕される
12月　「演歌の殿堂」新宿コマ劇場が閉館

●世相・流行●

・リーマンショックで世界的な金融危機へ
・夏にゲリラ豪雨が多発。流行語にもなる
・ドラマの影響で「アラフォー」がブームに

経営破綻したリーマン・ブラザーズの本社（写真提供：EPA＝時事）

● 福田内閣退陣、麻生内閣発足

　9月1日夜、福田康夫首相は緊急会見を行い、退陣を表明した。連立与党の公明党や、自民党内部からも福田おろしの風が吹く中とはいえ、突然の退陣表明に国内外から驚きの声が上がった。参議院での問責決議案の可決から2カ月半、福田内閣の幕切れは突如として起こった。
　記者会見で「会見が人ごとのように見える」と記者に言われ、ムッとした首相が答えた「あなたと違うんです」という言葉が「あなたとは…」と変えられて流行語になった。
　その後自民党総裁に就任したのは麻生太郎。国会の首相指名選挙で、参議院では野党勢力が多数のため指名されなかったが、憲法の規定で衆議院で指名された麻生が首相となった。
　「ねじれ国会」は続き、衆議院の解散・総選挙を野党から求められつつも、経済政策でアピールし、この年は解散には至らなかった。

● リーマンショック、影響広がる

　9月15日、米国の投資銀行リーマン・ブラザーズが経営破綻した。これをきっかけに、連鎖的に全世界的な金融危機が起こった。これを総括的にリーマンショックと呼ぶ。
　リーマンショックは日本へも大きな影響を与えた。日経平均株価は一時6,000円台まで急落し、26年ぶりの安値を更新した。米国の一企業の経営破綻により、日本でも倒産が続出する事態となった。
　リーマンショックの直接の原因はサブプライムローンの債権の回収ができなかったことだ。もともと低所得者向けの住宅ローンなので、この債権にはリスクが大きかったと言われている。不良債権化した債権が膨れ上がり、経営破綻に至った。ただ、日本の銀行などはサブプライムローンを行っておらず、欧米に比べ影響は少ないとの見方もあった。
　が、実際にはリーマンショックの影響でおこった円高により、輸出大国の日本に大打撃となった。

● 中国製ギョーザに毒物混入事件

　前年の年末から1月にかけ、千葉県、兵庫県で中国製の冷凍餃子を食べて食中毒を起こすという事件が起きた。冷凍餃子とそのパッケージを調べたところ、メタミドホスという農薬が検出された。
　同じ冷凍餃子の、未開封のパッケージからも同じ成分が検出されたことから中国国内で毒物が混入したと見られている。
　その後、日中首脳会談でも捜査協力強化に合意するなど、両国間での共通の大問題となっていった。
　その後、食品工場の従業員であった容疑者が逮捕されたが、動機や毒物の混入の方法などに疑問点も多く、謎は残ったままである。
　もともと中国産野菜などの安全性に疑問が持たれる風潮がある中の事件であり、食の安全について消費者が再注目するきっかけとなった。

● ノーベル賞、日本人が2部門で受賞

　この年、日本人のノーベル賞受賞者が出た。平成14年の小柴昌俊・田中耕一のダブル受賞から6年、物理学賞と化学賞

それぞれでの受賞であった。

物理学賞を受賞した南部陽一郎（アメリカに帰化済み）は、素粒子物理学と核物理学における自発的対称性の破れの発見の業績が高く評価された。同じく物理学賞の小林誠、益川敏英の両氏はクォークが自然界に3世代以上あることを予言する対称性の破れの起源の発見に関する業績での受賞。この予言は近年の実験で正しいことが証明されていた。

化学賞を受賞した下村脩はオワンクラゲから光るタンパク質を単離することに成功したことなどが評価された。

同じ年に日本人3人以上がノーベル賞を受賞したことは今までになく、科学離れと言われて久しい日本に久しぶりに明るい話題をもたらした。

●北京五輪開催、ソフトボール念願の金メダルに沸く

8月に開催された北京五輪で、日本勢は9個の金メダルを獲得した。前回アテネの16個には及ばなかったが、連日の熱戦は見る者に勇気と元気を与えた。

競泳男子平泳ぎ100、200mの北島康介、レスリング女子55kg級の吉田沙保里と63kg級の伊調馨をはじめ、柔道の上野雅恵らも連覇。

また、男子の野球と女子のソフトボールは、いずれも次回ロンドン五輪の正式種目から外れるため、今大会の注目を集めていた。しかし、同じルーツを持つ2つのスポーツで明暗が分かれた。野球は「星野ジャパン」として、プロ野球からメンバーを選出。ダルビッシュ有や田中将大など、最強といえる布陣でのぞんだが、結果は準決勝で韓国に敗れ、3位決定戦でも米国に負け、メダルなしとなった。ライバルと目されたキューバ、韓国、米国からは1勝もあげることができなかった。

一方、ソフトボールの快進撃はめざましかった。予選リーグを2位で通過すると、ページシステムの決勝トーナメントへ。予選1位の米国に敗れるも、同日に行われた3位－4位の対戦の勝者であるオーストラリアにサヨナラ勝ち。決勝戦で再度米国と対戦し今度は勝利、念願の金メダルを手にした。決勝リーグの3試合は上野由岐子が投げ抜き、翌日の新聞には「神様、仏様、上野様」の文字が躍った。

3試合の投球数、「上野の413球」は新語・流行語大賞のトップテンにも選ばれた。

●iPhone3G発売

米国アップル社のスマートフォン、iPhoneの日本での歴史はこの年から始まった。2代目のiPhoneであるiPhone3Gは、初めて日本で発売されたiPhoneである。それまでのiPhoneは米国や英国など一部の国しか販売されておらず、日本のアップルファンは悔しい思いをしていた。

7月11日の発売日、先行販売をしたソフトバンク表参道店に1400人以上も行列ができた。この新型iPhone発売日の行列はこの後も恒例となる。

当時の日本では、iPhone3Gがそのまま受け入れられたかというとそうでもなかった。ガラケーの操作に慣れたユーザーにはタッチパネル、フリック入力といった新しい操作方法についていくのはなかなかむずかしかったようだ。

●DATA●

【今年の漢字】変

【内閣総理大臣】福田康夫（自由民主党）→麻生太郎（自由民主党）

【プロ野球日本一】埼玉西武ライオンズ

【Jリーグ年間優勝】鹿島アントラーズ

【JRA年度代表馬】ウオッカ

【流行語】グ～！　アラフォー　名ばかり管理職　ゲリラ豪雨　埋蔵金　あなたとは違うんです　居酒屋タクシー　蟹工船　後期高齢者　上野の413球

【書籍】Ｊ・Ｋ・ローリング『ハリー・ポッターと死の秘宝』　水野敬也『夢をかなえるゾウ』　東野圭吾『流星の絆』　Jamais Jamais『○型自分の説明書』　姜尚中『悩む力』　茂木健一郎『脳を活かす勉強法』

【映画】『崖の上のポニョ』『花より男子ファイナル』『容疑者Xの献身』『20世紀少年 第1章』『おくりびと』『インディ・ジョーンズ/クリスタル・スカルの王国』『レッドクリフ Part I』『アイ・アム・レジェンド』

【テレビ】『篤姫』『ごくせん3』『CHANGE』『薔薇のない花屋』『ラスト・フレンズ』『流星の絆』『ナニコレ珍百景』『人生が変わる1分間の深イイ話』『爆笑レッドカーペット』『イナズマイレブン』

【音楽】嵐『truth／風の向こうへ』『One Love』　サザンオールスターズ『I AM YOUR SINGER』　GReeeeN『キセキ』　羞恥心『羞恥心』　EXILE『Ti Amo』　青山テルマ feat.SoulJa『そばにいるね』

【話題の商品】低価格PC　ブルーレイレコーダー　H&M　クロスウォーカー（ワコール）　生キャラメル（花畑牧場）　アウトレットモール　鉄道博物館　『Wii Fit』（任天堂）　『モンスターハンターポータブル2nd G』（カプコン）

【訃報】市川崑（映画監督）　長沼健（サッカー選手・監督）　赤塚不二夫（漫画家）　緒形拳（俳優）　筑紫哲也（ジャーナリスト）　遠藤実（作曲家）

●平成20年の答え●

リ	ー	マ	ン	シ	ョ	ツ	ク		フ	ク	ダ	ヤ	ス	オ
ー		ナ		ジ	ガ		ラ	オ		ラ	ム		マ	
ダ	ラ	イ	ラ	マ		プ	ラ	グ	イ	ン		ス	ト	ア
ー		タ	ン		ド	ロ		シ		ク	ダ		ラ	ボ
シ	ノ		シ	チ	ヤ		ナ	オ	コ		テ	ラ		リ
ツ	ウ	シ	ヤ	ク		ギ	ン		ト	モ		フ	チ	ジ
プ		セ		シ	リ	ヨ		ウ		ギ	ム		ヤ	ニ
	ギ	ン	ガ		ホ	ー	ム	レ	ス		シ	ブ	ヤ	
エ	イ		ケ	ガ		ザ		ユ	ト	リ		ラ		シ
ベ	ン	キ		ザ	コ		キ	キ		ア	ラ	フ	オ	ー
レ		チ	チ		テ	ガ	ミ		ヘ	ル	ツ		ウ	シ
ス	シ		エ	ド		ツ		マ	ン		キ	シ		エ
ト	ヨ	タ		ド	イ	タ	カ	オ		ヨ	ー	ロ	ツ	パ
	ダ		ア	イ		イ	マ		テ	ツ		ウ		ー
パ	ナ	ソ	ニ	ツ	ク		エ	イ	キ	ユ	ウ	ト	ウ	ド

平成21年（2009年）

➡ ヨコのカギ

1 この年実施された新制度。これにより一般の人が重要事件の審判に参加することになった

2 平成22年度の予算を編成する際に、政府が導入した事業——が話題に

3 8月30日に行われた衆議院議員総選挙で、——一郎議員のもと多くの女性候補が擁立され、——ガールズと呼ばれた

5 11月25日、ドバイ政府が、政府系持ち——会社などの債権者に債務返済繰り延べを要請すると発表した。これに端を発する金融不安、いわゆるドバイ・ショックが起き、全世界的に——価が下落した

6 取引所での売買取引のこと。この年の大納会から東証の半日——はなくなった

7 朝日の反対

8 麻生政権が導入した——道路の休日上限1000円制度が話題に

9 アメリカの自動車会社GM（ゼネラル・モーターズ）とクライスラーが相次ぎ倒産。自動車は英語で…

10 2月22日、第81回アカデミー賞外国語映画賞を受賞した滝田洋二郎監督の映画

12 月9ドラマ『ブザー・ビート』でヒロインを務めたのは北川——

15 ——川は長良川・木曽川とともに木曽三川の1つとされる

18 「のろし」のことです

20 ドラマ『BOSS』で、主人公の女刑事を演じたのは——祐希

21 ——克也監督の「ぼやき」が、新語・流行語大賞のトップテンに

23 敬称の1つ。お嬢——

24 4月5日、北朝鮮のミサイルが日本上空を通過。当初政府はミサイルのことをこう呼んでいた

26 この年のノーベル——は、アメリカ大統領に就任したバラク・オバマが受賞した

28 ヒトコブやフタコブがいます

31 大沢たかおが幕末にタイムスリップした医者を演じ、高視聴率をマークしたドラマ

32 ヒット映画『余命1ヶ月の花嫁』の主演は榮倉——

34 この年はガリレオ・ガリレイの初めての天体観測から400年ということで、世界——年とされた

35 歴史好きな女性を表す「歴——」が新語・流行語大賞トップテンにランクイン

36 太宰治原作、染谷将太主演の映画『パンドラの——』が公開された

38 9月1日、内閣府の外局である新たな省庁として——庁が発足した

40 衆議院議員総選挙で圧勝、政権交代を果たした政党

41 サッカーU-20W杯が行われたアフリカの国

43 6月25日に亡くなった歌手。キング・オブ・ポップと呼ばれた

49 めったにないこと

51 男。タフ——

53 無駄遣いのこと

56 ヒット映画『アマルフィ　女神の報酬』の主演は——裕二

57 5月、➡65インフルエンザの流行により、一時的にマスクが——不足となる事態に

58 ——春樹作の『1Q84』はこの年のベストセラーとなった

59 子役の——清史郎が大人気。CMでのこども店長役が話題に

60 7月22日、日本各地で部分——が観測された。屋久島などでは皆既——も観測された

61 こちらが利き手という人が多い

62 この年の——の甲子園は長崎県の清峰高校が優勝

65 世界中で——インフルエンザが流行、多くの死者を出した

67 食品の持ち込みはご——ください

68 ——の人には敬語を使う

69 西野——のファーストアルバム、『LOVE one.』が発売された

70 10月2日、コペンハーゲンで開かれた国際オリンピック——会総会で2016年の夏季五輪をリオデジャネイロで行うことを決定した

72 20か国・——首脳会合はG20サミットとも呼ばれる。この年は4月にロンドン、9月にピッツバーグで行われた

73 11月29日、ボクシング因縁の対決、亀田——と内藤大助の試合中継が高視聴率をマークした

75 「——の物」とは漬け物のこと

77 秋元順子の『——のままで…』がロングヒットを記録。年間CD売り上げ枚数で4位に入った

⬇ タテのカギ

1 1対1の勝負を——の勝負とも言います

4 3月、日本人宇宙飛行士で初めて、——光一がISS（国際宇宙ステーション）長期滞在ミッションを開始した

7 月9ドラマ『東京DOGS』でヒロインを務めたのは吉高——

9 芸能界を舞台とした松本清張の短編小説。この年を含め何度か映像化されている

11 おめでたいときに飲む酒

13 NHKのコント番組『サラリーマンNEO』から、沢村一樹演じるセクシー——が人気に

14 9月に祝日の並びから、シルバー——と呼ばれる大型連休が発生

16 隠していた本性がばれることを、——の皮が剥がれると言います

17 袖の下とも言います

19 一歩まちがうと大火災につながる危険ないたずら

22 おつきあいにかかるお金

25 衆議院議員総選挙で自民党が惨敗、麻生内閣は——を下ろした

26 毒があるものもいるにょろにょろ

27 ワールドベースボールクラシック日本代表の内野のリーダー——明憲は、7得点をあげ大活躍した

29 シリーズ最新作『ハリー・ポッターと謎のプリンス』が公開。ハーマイオニー役は——・ワトソン

30 アサリよりも小さめの二枚貝

32 ヒット映画の続編『——ミュージアム2』が公開

33 この年、東北——ゴールデンイーグルスはチーム史上初めてクライマックスシリーズに進出した

35 ヒット映画『レッドクリフPartⅡ未来への最終決戦』の監督は——・ウー

36 この年ナイツが浅草芸能大賞新人

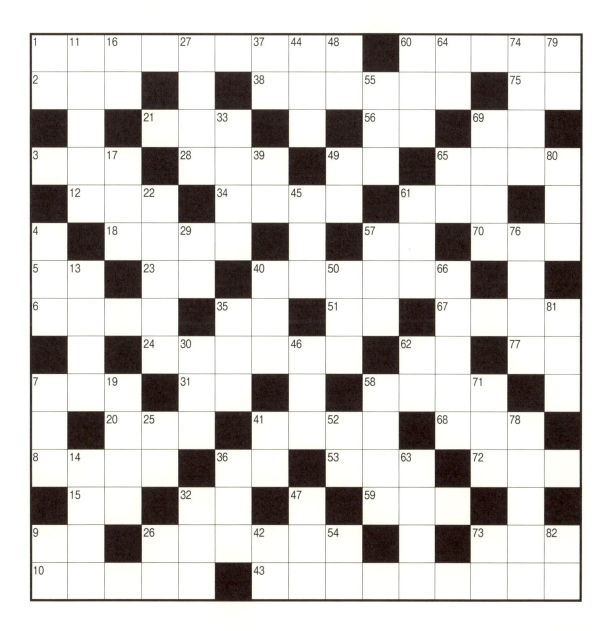

- 賞を受賞。ボケの──宣之がひたすら言い間違いを続けるヤホー漫才で人気に
- 37 ℃は──温度の記号
- 39 映画の宣伝のため、ジャニーズJr.内にスノープリンス合唱──というユニットが作られ、この年の紅白歌合戦でも歌を披露した
- 40 まったくの素人だが、──見まねでゴルフに挑戦してみた
- 41 この年、家電──ポイント制度が始まった
- 42 9月30日にスマトラ沖で大地震発生。近辺の──も含め、建物崩壊などで多くの被害が出た
- 44 やりたいという気持ち。創作──
- 45 豆腐は絹ごしと──、どちらがお好みですか
- 46 ──所に息子を預かってもらっています
- 47 今日の夜のこと
- 48 3位のメダルは──メダル

- 49 この年公開の映画『沈まぬ太陽』で主人公の恩地元役を演じたのは渡辺──
- 50 街なかのこと。──地
- 52 この年の──野球ドラフト会議では、菊池雄星投手が6球団から1位指名を受けた
- 54 新聞──　郵便──　名刺──
- 55 奥深いところ。芸の──を極める
- 57 この年の──打者は、セ・リーグが巨人のラミレス、パ・リーグは楽天の鉄平だった
- 58 夜、──のまま走る自転車は危険
- 60 映画『釣りバカ日誌』シリーズが12月公開の第22作で完結。主演の──敏行はこの年の紅白歌合戦の審査員も務めた
- 61 船が出入りするところ。──町
- 62 ワールドベースボールクラシックで日本代表が優勝。監督は巨人の──辰徳監督だった
- 63 ──の涙が頬を伝って流れた

- 64 2月23日、山形県知事が、山形97号と呼ばれていたお米の品種名を「──姫」に決定したと発表した
- 65 漢字で鴫と書く鳥
- 66 9月28日から始まった連続テレビ小説のタイトル。主演は倉科カナ
- 69 足利事件のDNA再──が行われ、冤罪が明らかになった
- 71 家族や親類
- 73 旨味と──があって美味なスープ
- 74 上下よりも左右が伸びている図形
- 76 7月8日から──中部に位置するラクイラでサミットが開催され、麻生太郎首相も参加した
- 78 三大──は、炭水化物・たんぱく質・脂質
- 79 陸・海・──
- 80 兄弟は──の始まり
- 81 終わったあとも残る風情。演劇の──を味わう
- 82 定額給付──の給付が実施されたが、ばらまきとの批判も多かった

85

平成21（2009）年 己丑

●できごと●

1月　株券の電子化完了
　　　ジンバブエで100兆ジンバブエ・ドル紙幣が発行
2月　『おくりびと』がアカデミー外国語映画賞を受賞
3月　日経平均株価がバブル経済崩壊後の最安値を更新
　　　千葉県知事選で俳優の森田健作が当選
4月　岡山市が政令指定都市に
　　　SMAPの草彅剛、公然わいせつ罪で逮捕される
5月　国内で初めて新型インフルエンザの感染が確認される
6月　アメリカの自動車会社ゼネラルモーターズが倒産
　　　足利事件で冤罪の受刑者が17年半ぶり釈放
　　　「オタマジャクシが空から降った」と全国で騒ぎに
　　　人気歌手のマイケル・ジャクソンが死去
7月　中国・新疆ウイグル自治区で大規模な暴動発生
　　　AKB48選抜総選挙の第1回大会が開催
　　　北海道のトムラウシ山と美瑛岳で遭難事故
8月　初の裁判員裁判が開かれる
　　　女優の酒井法子が覚せい剤所持容疑で逮捕される
　　　衆院選で民主党が308議席の歴史的大勝
9月　漫画家の臼井儀人が登山中に不慮の事故死
　　　イチローが大リーグ史上初の9年連続200安打達成
　　　民主ほか3党による鳩山由紀夫連立内閣が発足
10月　アメリカのオバマ大統領のノーベル平和賞受賞が決定
　　　マイクロソフトが最新OS「Windows 7」を発売
11月　政府による「事業仕分け」開始
12月　ゴルフの石川遼が史上最年少でツアー賞金王に

●世相・流行●
・衆院選で民主が歴史的大勝、政権交代へ
・新型インフルエンザが世界的大流行（パンデミック）
・「草食男子」や「歴女」が流行語に

初閣議を終え、記念撮影に臨む鳩山由紀夫首相と閣僚（写真提供：時事）

●政権交代で民主党政権に

　7月21日、衆議院が解散され、選挙戦へ突入した。民主党は「政権交代選挙」と銘打ち、過半数を目指した。世論調査では日々民主党の優勢が伝えられていた。
　選挙の結果、絶対安定多数を超える308議席を確保し、民主党は念願であった政権交代を果たした。
　9月16日、民主・社民・国民新党の連立による鳩山由紀夫内閣が誕生。子ども手当の創設、高校授業料無償化、高速道路の無料化などを公約に掲げ、支持率は70％を超えていた。
　鳩山内閣で話題となったのが事業仕分けである。これは行政刷新会議が行うもので、国家予算を見直す上で、事業が必要かどうかを判断するものである。11月に行われ、マスコミでも大々的に取り上げられた。特に蓮舫議員が文部科学省のスーパーコンピューターの研究開発予算に対し、「2位じゃダメなんでしょうか？」と世界一になることに疑問を呈した場面は繰り返し放送された。この一件などをきっかけに、事業が費用面だけを見て判断されていることに対しての不満が聞かれるようになっていった。
　「政権交代」は新語・流行語大賞を受賞。「事業仕分け」もトップテンに選ばれた。

●アメリカ・オバマ大統領が就任

　1月20日、バラク・オバマが第44代大統領となる就任式が行われた。史上初のアフリカ系大統領の誕生である。就任式が行われた首都ワシントンD.C.には、200万人以上が集まり、軍や警察は4万人の警備態勢を敷いて臨んだ。選挙戦の最中から「Yes we can.」というフレーズが流行語になっており、就任演説にも注目が集まっていた。演説では、米国が直面する数々の危機を挙げ、深刻な問題は数多くあるが、しかしながら米国民一人一人の責任ある行動で、困難は克服することができると述べた。
　大統領就任式では、聖書に手を置いて宣誓をすることになっている。その宣誓に、第16代大統領リンカーンが最初の就任式で使用した聖書が使われたことも話題となった。リンカーンは奴隷解放宣言をした大統領であり、オバマ大統領は強い思い入れがあったとされる。
　日本でもオバマ大統領の著作や関連本がベストセラーになるなど、オバマ・ブームが吹き荒れた。名前が同じと言うことで福井県小浜市にも観光客が訪れるなど話題となった。
　オバマ大統領はこの年、ノーベル平和賞も受賞。受賞理由は、「核なき世界」を訴えたことがよりよき将来への希望を与えたとされた。

●新型インフルエンザが大流行

　6月11日、WHO（世界保健機関）は、新型インフルエンザの警戒レベルをフェーズ6に引き上げる宣言をした。これは、世界的な大流行、いわゆる「パンデミック」を意味するものである。この新型ウイルスは豚に由来するものである。当初、メキシコでの大流行が起こり、感染致死率の高さが注目されていた。
　日本でも5月9日にカナダからの帰国者に感染が確認され、瞬く間に感染が広がっていった。政府は水際作戦を進めてい

た。国内での感染例が報告されると、薬局やドラッグストアでマスクが品切れになる事態となった。

その後、今回の新型インフルエンザは比較的症状の軽い弱毒性とわかった。それでも全世界で14000人以上もの死者を出すに至った。

●キング・オブ・ポップ、マイケル・ジャクソン急死

6月25日、米国の歌手マイケル・ジャクソンが急死した。キング・オブ・ポップと称され愛された大スターの、50歳という早すぎる死は突然訪れた。

自宅で発作を起こし、呼吸停止のまま病院へ搬送されたものの、帰らぬ人となったという。死因を巡ってはさまざまな憶測が飛び交ったが、麻酔薬と催眠薬の複合投与によるものと結論づけられている。

急死の一報が入ると、世界中のファンたちは悲しみに暮れた。ヒットチャートには、過去のマイケルの作品が並んだ。

この年予定されていたロンドン公演は中止となったが、このリハーサル映像は『マイケル・ジャクソン THIS IS IT』として映画化された。映画では死の直前までのマイケルの姿が見られた。

米国インターネット検索会社のヤフーによると、yahoo.comでのこの年の検索語ランキングで、マイケル・ジャクソンは1位となった。それだけ多くの人がマイケルについて調べたということだろう。

死後もCDやDVDが発売され続け、今もファンの心の中でキングは生き続けているようだ。

●裁判員制度始まる

裁判員法が5月21日に施行された。これにより、20歳以上の国民は、くじで選ばれれば、裁判官とともに、事件を審理する立場に立つこととなった。

対象となるのは殺人など重大事件で、8月には初の裁判員裁判が行われた。

裁判員には守秘義務があり、その評議に関することを口外することは許されない。が、その範囲が明確でなく、困惑の声も多く上がっていた。

●上限1000円で週末ドライブ流行

3月、高速道路のETC休日料金割引、いわゆる1000円高速が始まった。これは麻生内閣の生活対策・景気対策の一環で始められたもので、いろいろ条件があるものの、土日のETC利用に限り、地方の高速道路はどれだけ乗っても1000円でドライブすることができた。

この政策には、賛否両論があった。リーマンショック後、冷え切っている地方の観光産業への経済効果を期待する声と、ただでさえ混んでいる土日の高速道路の渋滞がより一層ひどくなり、ドライブ離れにつながるのではないかという声だ。

蓋を開けてみれば、確かに経済効果はあった。NEXCO（高速道路会社）3社の交通量は前年比で13%も伸びたとされる。交通量に伴い、観光産業への好影響もあったであろう。さらに、これをきっかけに、ドライブの楽しさに目覚めた人も多そうだ。

●DATA●

【今年の漢字】新

【内閣総理大臣】麻生太郎（自由民主党）→鳩山由紀夫（民主党）

【プロ野球日本一】読売ジャイアンツ

【Jリーグ年間優勝】鹿島アントラーズ

【JRA年度代表馬】ウオッカ

【流行語】政権交代　事業仕分け　こども店長　草食男子　派遣切り　歴女　ぼやき　新型インフルエンザ　脱官僚　1000円高速　ファストファッション

【書籍】村上春樹『1Q84』　湊かなえ『告白』　出口宗和『読めそうで読めない間違いやすい漢字』　蛇蔵・海野凪子『日本人の知らない日本語』　M・シャイモフ『「脳にいいこと」だけをやりなさい！』

【映画】『ROOKIES -卒業-』『20世紀少年 最終章』『アマルフィ 女神の報酬』『沈まぬ太陽』『ヤッターマン』『ハリー・ポッターと謎のプリンス』『ウォーリー』『マイケル・ジャクソン THIS IS IT』

【テレビ】『JIN-仁-』『MR.BRAIN』『BOSS』『東京DOGS』『天地人』『任侠ヘルパー』『アイシテル～海容～』『ブラタモリ』『歴史秘話ヒストリア』『けいおん！』

【音楽】嵐／矢野健太 starring Satoshi Ohno『Believe』　秋元順子『愛のままで…』　遊助『ひまわり』　B'z『イチブトゼンブ／DIVE』　EXILE『Someday』　氷川きよし『浪曲一代』　東方神起『Stand by U』　辻井伸行『debut』　相対性理論『シフォン主義』

【話題の商品】プリウス（トヨタ）　インサイト（ホンダ）　エコポイント家電　キリンフリー（キリン）　Fit's（ロッテ）　インフル対策グッズ　東大生ノート　『ドラゴンクエストIX』（スクウェア・エニックス）

【訃報】忌野清志郎（歌手）　マイケル・ジャクソン（歌手）　古橋廣之進（水泳選手）　大原麗子（女優）　五代目 三遊亭圓楽（落語家）　森繁久彌（俳優）

●平成21年の答え●

サ	イ	バ	ン	イ	ン	セ	イ	ド	■	■	ニ	ツ	シ	ヨ	ク
シ	ワ	ケ	■	ワ	■	シ	ヨ	ウ	ヒ	シ	ヤ	■	コ	ウ	■
イ	■	ノ	ム	ラ	■	ク	■	オ	ダ	■	カ	ナ	■	■	■
オ	ザ	ワ	■	ラ	ク	ダ	■	ケ	ウ	■	シ	ン	ガ	タ	■
ケ	イ	コ	■	テ	ン	モ	ン	■	ミ	ギ	テ	■	ニ	■	■
ワ	■	ロ	ウ	エ	ン	■	シ	ナ	■	イ	イ	■	■	■	■
カ	ブ	■	サ	マ	■	ミ	ン	シ	ユ	ト	ウ	■	タ	■	■
タ	チ	ア	イ	■	ジ	ヨ	■	ガ	イ	■	エ	ン	リ	ヨ	■
ヨ	■	ヒ	シ	ヨ	ウ	タ	イ	■	ハ	ル	■	■	ア	イ	■
ユ	ウ	ヒ	■	ジ	ン	■	ク	■	ム	ラ	カ	ミ	■	ン	■
リ	■	ア	マ	ミ	■	エ	ジ	プ	ト	■	メ	ウ	エ	■	■
コ	ウ	ソ	ク	■	ハ	コ	■	ロ	ウ	ヒ	■	チ	イ	キ	■
イ	ビ	■	ナ	ナ	■	コ	■	カ	ト	ウ	■	ヨ	■	■	■
カ	ー	■	ヘ	イ	ワ	シ	ヨ	ウ	■	ス	■	コ	ウ	キ	■
オ	ク	リ	ビ	ト	■	マ	イ	ケ	ル	ジ	ヤ	ク	ソ	ン	■

平成22年（2010年）

➡ ヨコのカギ

1　12月4日、八戸－新青森間が開通し、――が全通

2　危ういところには近づきません

3　ある時よりあと、これから先

4　4月1日、毎日――が58年ぶりに共同通信に再加盟

5　柔道金メダリスト――亮子が、7月の参院選比例区で当選した

6　タオルで知られる愛媛県の市

8　大きなリターンを得るには多少の――は覚悟しないと…

9　昔の地図の類。国――、切――

10　人と交際すること、行動をともにすること

11　子育てに積極的に関与する男性をいう言葉。この年の新語・流行語大賞のトップテンに選ばれた

13　出ると打たれる!?

17　5月5日にリリースされた、いきものがかりの曲。連続テレビ小説『ゲゲゲの女房』の主題歌

18　サッカーでは、サポーターと呼ぶのが一般的

20　4月、アイスランドのエイヤフィヤトラヨークトル氷河の――地帯で噴火が活発化し、噴出物により多数の航空便が欠航に

21　この年のノーベル平和賞を受賞した中国の人権運動家

22　↔ロー

23　巨額の――をかかえた日本航空、1月19日に会社更生法適用を申請

24　水道水などの消毒に使われます

27　8月11日に『ミスター』を発売し、本格的日本デビューを飾った韓国の女性ユニット

29　スタート時のスピード、開始した時の状態

31　横綱白鵬――が一月場所14日目から十一月場所初日まで63連勝

32　ミャンマーの民主化運動の指導者――スーチーが、11月に自宅軟禁から解放された

34　6月2日にISS（国際宇宙ステーション）より帰還した宇宙飛行士。宇宙連続滞在163日は、この時点で日本人最長

35　8月18日に発売されたAKB48の大ヒット曲。総選挙で1位になった大島優子がセンターに

37　物置などに使う建物

38　この年のドラフトでソフトバンクに育成6位で指名された――拓也捕手は、のちに強肩で台頭

41　女優の――未来が①7役で声優に初挑戦した

42　サッカーW杯南アフリカ大会でスペインが――の優勝

43　この年大リーグで10年連続200安打の新記録を樹立したイチロー、――コントロールのうまさは圧倒的

45　しゃべっている人、語り手

47　6月8日、第94代内閣総理大臣に

49　1月15日、小沢一郎の秘書だった石川知裕衆議院議員が、政治資金規正法――の容疑で逮捕された

50　4月9日、『吉里吉里人』などで知られる井上――が死去

51　『トイレの神様』でブレークした植村――が紅白歌合戦に初出場

52　千葉ロッテマリーンズがシーズン――からの下剋上でこの年の日本シリーズを制し、日本一に

54　3月に発表された第82回アカデミー賞で、9つの――でノミネートされた『アバター』は美術賞など3つを受賞

55　花は美しいけれど、トゲがある

57　国土交通省の定義では、堤防から対岸の堤防までの距離

58　9月7日、――諸島周辺の日本の領海内で、中国の漁船が海上保安庁の巡視船に激突

60　叶うと嬉しい。アメリカン――

62　生活――　宇宙――　四次元――

64　――大阪、サッカー天皇杯で2年連続3度目の優勝

65　――歯　――葎　――垣

66　――通貨とは国際間の決済などによく使われる通貨

68　――メール　――コマース　――ラーニング

70　――北部のサンホセ鉱山で8月に落盤事故が発生。閉じ込められた33人は、10月に全員救出された

72　この年の関西電力の企業CMで使われた中島みゆきの曲

⬇ タテのカギ

1　鳩山首相が普天間飛行場の代替施設の建設地にならないかと考えた鹿児島県の島

5　4月10日、――の首都バンコクで軍とタクシン元首相派が衝突。日本人記者を含む20人以上が死亡

7　スタジオジブリ制作、米林宏昌監督の7月公開のアニメ映画の主人公。「借りぐらし」をしています

12　➡1全通当初の東京－新青森間の――は9870円、指定席特急料金は6500円でした

13　絶滅したとされていたが、12月に西湖で生息が確認された魚

14　――章、根岸英一、リチャード・ヘックの3氏がこの年のノーベル化学賞を受賞

15　夜空に輝きます

16　取引高や売り上げに対する報酬や手数料の比率

18　和――　作業――　学生――

19　三重県名張市の町名。――四十八滝で有名

21　――観　生命――　政治――

22　1月、ドバイにオープンした高さ828mの世界一高い超高層ビルは、ブルジュ・――

24　大阪地検の主任検事が、郵便割引制度悪用事件で押収したフロッピーディスクのデータを――した疑いで逮捕された

25　命がけでディフェンスすること

26　1カ所からほころびが広がって、全体が壊れること

28　『白熱教室』で話題となったハーバート大学のマイケル・――教授。著書『これからの「正義」の話をしよう』もベストセラーに

30　鬼門とされる方角

32　女子ゴルフの宮里――、6月に世界ランキング1位に。この年はアメリカツアーでシーズン5勝

33　6月、フィリピンの大統領にベニグノ・――3世が就任。母のコラソン・――も大統領だった

36　10月21日、東京モノレールの羽田空港国際線ビル駅と、京急空港線の羽田空港国際線ターミナル駅が

37 「××——」は、現在地や今の状態などをいうときに使うTwitter発の言葉。この年の新語・流行語大賞のトップテンに
38 °Fで表します。この年の猛暑では、100°Fを超える気温になることも
39 国を守るために必要？ 戦争の惨禍が大きくならないように縮小したほうがよい？
40 ↔陰
41 5月1日から——で万博開催。史上最多の246の国・国際機関が参加
43 太鼓をたたくのに使います
44 4月27日、改正刑事訴訟法が——され、殺人罪などの公訴時効が撤廃された
45 パ・リーグはソフトバンクの——毅、セ・リーグは中日の———浩が、この年の最優秀選手に選ばれた
46 ——束 藩—— ピン——

47 10月21日、羽田空港のD——と新国際線ターミナルが供用開始
48 1月1日、前日——された社会保険庁にかわり日本年金機構が発足
50 ——位　——格　気——
51 先発——型の投手に贈られる沢村賞、この年は投手三冠の前田健太が受賞
53 6月13日に小惑星イトカワから帰還した探査機
55 6月、渋谷に——の自販機が登場。隣には皮を捨てるゴミ箱も設置
56 最も面積の大きい県
57 4月に宮崎県で牛の口蹄疫——が判明、5月には東国原知事が非常事態を宣言
59 この年最大のベストセラーになった岩崎夏海の小説の略称
61 都市や海岸から遠く離れたところ
63 赤、白、ロゼといえば？
64 獲物を撃つ道具
65 7月の参院選で——の自民党が勝

利。「ねじれ国会」に
66 7月刊行の『悪の教典』で——祐介が第1回山田風太郎賞を受賞
67 5月に行われたイギリスの——の選挙で、保守党が勝利。自由民主党との連立政権が誕生
69 1月に刊行された白取春彦の『超訳 ——の言葉』が、哲学書としては異例の売れ行きを見せた
71 契約——　武装——　——権
73 日本フィギュア陣が大活躍した第21回冬季五輪の開催地
74 これが通れば道理は引っ込みます
75 平城遷都1300年記念事業の公式マスコットキャラクター。頭の角が話題に

平成22(2010)年 庚寅

●できごと●

- 1月 ドバイで世界一高いビル「ブルジュ・ハリファ」開業
  ハイチでM7.0の地震、首都周辺で壊滅的被害
  日本航空が経営破綻
- 2月 バンクーバー五輪
- 3月 大手民放ラジオ局がネット同時放送の試験開始
- 4月 相模原市が政令指定都市に
  アイスランドで火山噴火。欧州の空港で欠航が相次ぐ
  殺人など一部凶悪犯罪に対する公訴時効が廃止
- 5月 上海国際博覧会開幕
  口蹄疫問題で宮崎県の東国原知事が非常事態宣言
  大相撲力士や親方の野球賭博が発覚
- 6月 菅直人内閣発足
  南アフリカでサッカーW杯開催。アフリカ大陸で初
  小惑星探査機「はやぶさ」が地球に帰還
- 7月 111歳のミイラ化男性発見。所在不明高齢者が問題に
- 8月 チリ鉱山で大規模落盤。作業員33人は10月に無事生還
  香川県の佐柳島沖で海上保安庁のヘリが墜落事故
- 9月 尖閣諸島で中国漁船が巡視船と衝突
  円高で日銀が市場介入。翌月にはゼロ金利を復活
  大阪地検の証拠改竄が発覚
- 10月 鈴木章・根岸英一のノーベル化学賞受賞が決定
- 11月 ミャンマーのアウンサンスーチーが自宅軟禁から解放
  北朝鮮が韓国の延坪島(ヨンピョンド)を砲撃、民間人含む4人が死亡
- 12月 東北新幹線が新青森駅まで延伸開業
  「タイガーマスク」による児童施設への寄付が相次ぐ

●世相・流行●

・小惑星探査機「はやぶさ」の帰還劇が国内外で話題に
・夏に全国で記録的な猛暑。熱中症による死者も
・スマートフォンが台頭し、SNSがブームに

小惑星探査機「はやぶさ」の実物大模型（7月撮影）

●尖閣諸島中国漁船衝突事件

　石垣島の北約130～150kmにある尖閣諸島は、明治28(1895)年に閣議決定で沖縄県に編入されて以来、(第二次世界大戦の敗戦でアメリカに支配されていた時期を除き)日本が実効支配してきた。その一方で、中国と台湾が領有権を主張し、それぞれの船舶による領海の侵犯がたびたび起こっていた。

　9月7日、尖閣諸島付近で中国籍の不審なトロール船を発見した海上保安庁の巡視船「みずき」は、日本の領海からの退去を命じた。不審船は逃亡しようとして巡視船「よなくに」に接触、さらに「みずき」にも接触して2隻を破損した。そこで海上保安庁は不審船の船長を公務執行妨害で逮捕した。中国政府は尖閣諸島を自らの領土と主張する立場からこの措置に抗議し、北京駐在の日本大使を何度も呼び出したり、日本との閣僚級の往来を停止するなど強硬な態度を見せた。

　9月24日、菅直人首相と前原誠司外務大臣が外遊で不在の中、那覇地方検察庁は「今後の日中関係を考慮して船長を処分保留で釈放する」と発表。不法上陸扱いとなった船長は国外退去処分の対象となり、中国に送還された。この決定に対して、野党からは「日中関係への配慮などは捜査機関が言うことではない」「弱腰外交だ」などの批判があがった。

　衝突事件については、海上保安庁が撮影したビデオが存在していた。船長釈放後も中国の強硬な姿勢が改まらない中、日本の主張の正しさを示すためにもビデオの公開を求める声が高まった。しかし政府は「いろんな配慮からよくない」と全面公開を拒否、11月1日に衆参両院の予算委員長など30人に限定して公開されるにとどまった。そんな中、11月9日にYouTubeに当該ビデオがアップロードされた。アップロードしたのは海上保安官。「出来事を見てもらい、ひとりひとりが考え判断し、そして行動してほしかった」という動機だった。これについては、当該海上保安官を英雄視する声、公務員が非公開の機密情報を自分の勝手な判断で漏洩したことを批判する声、そのような行動を抑えられなかったことについての監督責任を問う声、危機管理や機密情報管理のずさんさを批判する声など、さまざまな反応・意見が見られた。

　なお、尖閣諸島はこのあと平成24年に野田佳彦内閣により国有化されたが、中国船による領海侵犯は今も続いている。

●チリ鉱山落盤事故

　8月5日、チリ北部のアタカマ州コピアポ付近にあるサンホセ鉱山の坑内で落盤事故が発生した。事故は地下460mの地点で発生し、33人の作業員が脱出できずに閉じ込められた。3日後には地下510mの地点でも落盤が発生し、33人の生存は絶望視された。しかし、救助隊が確認のために地下700mの避難所に向けてドリルで穴を開けて引き上げたところ、ドリルの先端に33人が無事である旨の手紙がくくりつけられており、全員の生存が確認された。彼らはわずかな食料を分け合い、地下水を確保して生き抜いていたのである。奇跡の生存は世界中に報道され、救出作戦が始まった。カプセルに入れた物資を送るためのチューブを作るところから始まり、穴の大きさはどんどん広げられていった。当初は全員救出まで4カ月かかると見込まれたが、世界各国の協力もあり、10月13日に全員の救出に成功したのであった。

●はやぶさ　アイドルになった探査機

　はやぶさの大きさは「大きめの冷蔵庫」くらい。太陽電池パネルは端から端までで5.7mあり、広げると翼のように見える。「小惑星『イトカワ』に行きサンプルを採取し帰ってくる」ことを目標に平成15年5月に打ち上げられた。

　「もうドラマはいらない」と研究者たちに言わしめたほどのさまざまなアクシデントに見舞われ、それにひとつひとつ立ち向かった姿は3本の映画にもなっている。

　はやぶさを襲った大きな危機は下記の5つ。

① エンジン点火時に4つのエンジンの内の1つが運転中止
② 3基ある姿勢制御装置のうち1つが故障
③ さらにもう1つが故障
④ イトカワ着陸時に通信がとだえる
⑤ 燃料弁への命令ができず姿勢制御や交信ができなくなる

　①は代理エンジンでしのぎ2年余りは無事にすぎる。②③も何とか乗り切り、いよいよイトカワ着陸時に④が発生。着陸は失敗か、と思った矢先に通信が回復し無事に着陸していたことが判明する。そして⑤で、はやぶさは行方不明になってしまう。研究者たちはあきらめずに信号を送り続け、ついに、はやぶさからの微弱信号を受信することに成功する。

　はやぶさはようやく地球に帰還、サンプルが入ったカプセルはオーストラリアのウーメラ砂漠に着地する。はやぶさ本体は大気圏再突入時に燃え尽きた。

　はやぶさは地球の引力圏外まで行って着陸し、また戻って来た「初めての人工物」だ。アポロ計画では月面着陸船が司令船と月面を往復し、司令船は着陸していない。

　後継機「はやぶさ2」は小惑星「リュウグウ」に無事着陸し、クレーター生成にも成功している。

●東北新幹線全通

　12月4日、東北新幹線の八戸－新青森間が開業。これにより、東北新幹線が全線開通した。昭和57(1982)年に大宮－盛岡間で開業してから、昭和60年に上野－大宮間延伸、平成3年に東京－上野間延伸、平成14年に盛岡－八戸間延伸という具合に少しずつ伸ばしての全通である。一時、盛岡－沼宮内間と八戸以北については山形新幹線・秋田新幹線同様のミニ新幹線（在来線を改軌して新幹線路線と直通運転する方式）にすることも考えられたが、結果的にはすべてフル規格となった。平成28年からは、新青森－新函館北斗で開業した北海道新幹線との直通運転を行っている。北海道新幹線は令和13(2031)年ごろに新函館北斗－札幌間を開業する予定で、それにより東京と札幌が新幹線で結ばれることになる。

●記録的猛暑

　この年の夏は、冷夏になることが予想されていた。しかし実際には、太平洋高気圧が日本を広く覆い、長期にわたり暑い日が続いた。6月26日には北海道足寄町などで37℃以上の猛暑日になり、翌日には早くも全国56カ所で熱帯夜を記録した。7月21日には東京の最低気温が28.0℃となった。鹿児島市や下関市では、7月中旬から9月上旬まで51日間連続の熱帯夜を記録した。このように日本中がとにかく暑かったこの年、「今年の漢字」にも「暑」が選ばれたのであった。

●DATA●

【今年の漢字】暑

【内閣総理大臣】鳩山由紀夫（民主党）→菅直人（民主党）

【プロ野球日本一】千葉ロッテマリーンズ

【Jリーグ年間優勝】名古屋グランパス

【JRA年度代表馬】ブエナビスタ

【流行語】ゲゲゲ　いい質問ですねぇ　イクメン
女子会　食べるラー油　ととのいました　○○なう
AKB48　無縁社会　脱小沢

【書籍】岩崎夏海『もし高校野球の女子マネージャーがドラッカーの「マネジメント」を読んだら』
池上彰『伝える力』　柴田トヨ『くじけないで』
冲方丁『天地明察』　山本千尋『巻くだけダイエット』
タニタ『体脂肪計タニタの社員食堂』

【映画】『借りぐらしのアリエッティ』
『THE LAST MESSAGE 海猿』『告白』『ハナミズキ』
『のだめカンタービレ 最終楽章』『SP 野望篇』
『アバター』『アリス・イン・ワンダーランド』

【テレビ】『ゲゲゲの女房』『月の恋人～Moon Lovers～』
『臨場 続章』『龍馬伝』『フリーター、家を買う。』
『クイズ☆タレント名鑑』『モヤモヤさまぁ～ず2』
『ハートキャッチプリキュア！』

【音楽】AKB48『Beginner』『ヘビーローテーション』
嵐『Troublemaker』　坂本冬美『また君に恋してる』
福山雅治『はつ恋』　西野カナ『会いたくて 会いたくて』
植村花菜『トイレの神様』　木村カエラ『Butterfly』

【話題の商品】スマートフォン　iPad　LED電球　3D映画
アタックNeo（花王）　トップNANOX（ライオン）
食べるラー油　プレミアムロールケーキ（ローソン）
『怪盗ロワイヤル』（DeNA）

【訃報】藤田まこと（俳優）　井上ひさし（作家）
つかこうへい（劇作家）　川本喜八郎（人形作家）
谷啓（コメディアン）　大沢啓二（野球選手・監督）

●平成22年の答え●

ト	ウ	ホ	ク	シ	ン	カ	ン	セ	ン		カ	ワ	ハ	バ
ク	ン	シ		シ		イ	コ		サ	ン	イ		ン	
ノ	チ		リ	ユ	ウ	ギ	ョ	ウ	ハ		セ	ン	カ	ク
シ	ン	ブ	ン		シ	ョ	ウ		イ	ハ	ン		イ	
マ		ア	リ	ガ	ト	ウ		ワ	シ	ャ		ガ	ン	バ
	ク	イ		カ	ラ		シ	ダ		ブ	モ	ン		ー
タ	ニ		ハ	イ		ナ	ヤ		ヒ	サ	シ		ニ	
イ	マ	バ	リ		ア	ウ	ン	サ	ン		ド	リ	ー	ム
	ス		フ	サ	イ		ハ	ツ		バ	ラ		チ	リ
ア		フ	ァ	ン		カ	イ		カ	ナ		ヤ	エ	
リ	ス	ク		デ	ア	シ		カ	ン	ナ	オ	ト		セ
エ	ズ		カ	ル	キ		バ	ッ	ト		ク	ウ	カ	ン
ツ	キ	ア	イ		ノ	グ	チ	ソ	ウ	イ	チ		イ	ト
テ		カ	ザ	ン		ン	ウ		ワ		キ	ジ	ク	
イ	ク	メ	ン		ヘ	ビ	ー	ロ	ー	テ	ー	シ	ョ	ン

平成23年（2011年）

➡ ヨコのカギ

1 3月11日14時46分に起こった大地震と、それに伴う津波や原子力発電所事故などの総称。死者・行方不明者の合計は1万8千人を超え、経済的損失は世界史上最大とも

2 緊急時迅速放射能影響――ネットワークシステム（通称SPEEDI）の試算結果が震災直後に公開されなかったことに対し非難の声も出た

3 見た目がとげとげしい海の生き物

4 FacebookなどのSNS（ソーシャルネットワーキング――）が普及し、災害情報などの拡散に一役買う一方でデマを伝播した例も見られた

5 食糧不足により命を落とす

6 南アジアの大国。日本との経済連携協定（EPA）が8月に発効した

7 いわゆるタイガーマスク運動（伊達直人などの名義で――などの学用品を児童福祉関連施設に贈る行為）が1月にピークを迎えた

8 体を下に押しつける体勢。犬に覚えさせたりする

9 原発事故後、「直ちに――はない」という微妙な言い回しが話題に

10 8月30日、復興の――半ばで菅内閣が総辞職した（職務執行内閣として9月2日まで存続）

14 祝祭日の前日や前夜。大晦日という意味の『ニューイヤーズ・――』という映画もこの年公開された

16 9月3日、川崎市に――・F・不二雄ミュージアム開館。9月3日はドラえもんの誕生日でもある

18 ――性皮膚炎に悩まされる人も

20 ことわざでは友を呼ぶとか

23 ポイントを足すこと

24 司法試験予備試験が始まり、法科大学院（――スクール）を経なくても司法試験を受けられるようになった

25 トレーディング――ゲーム市場が成熟し、平成23年度の市場規模は1000億円を突破した

26 なぜだかわからないこと。4月、NHK・Eテレでは小学校3〜6年生向けの学年別理科番組を『――がいっぱい』という題名に統一した

28 3月12日、博多－新八代間が開業して鹿児島ルートが全線開通した高速鉄道

30 福島第一原発で起きた水素爆発で、1号機・3号機・4号機の原子炉――やタービン――が大破した

32 7月に最後の飛行を行ったスペースシャトル。21日の着陸でスペースシャトル計画の全飛行が終了

34 赤ちゃんが夜にエーンエーンと

36 4月、英国ウィリアム王子と――妃の結婚式が行われた

38 10月5日に亡くなった、米国アップル社の共同設立者の1人といえば――・ジョブズ

40 ➡51紳助引退に伴い、8月30日から『開運！なんでも鑑定団』のメイン司会は――耕司が引き継いだ

41 鉄のは黒や赤褐色

42 ↔地味。2月に放送開始の『海賊戦隊ゴーカイジャー』のキャッチコピーは「――に行くぜっ！」

44 競走も行われる小型帆船

47 長寿番組『水戸黄門』のレギュラー放送が12月に終了。42年の歴史に――を下ろした

48 ずれ。ジェット――は時差ボケ

51 8月23日に突如芸能界を引退したタレントといえば――紳助

54 1月下旬には北陸で豪雪となり、県庁もある――市では25年ぶりに1メートル超の積雪を記録した

56 極刑とも呼ばれる刑罰。この年、日本では19年ぶりに執行数が0だった

57 宅配で届いたおせち料理がサンプル写真と全然違い、問題に。事前――を取りすぎたのも原因の1つ

58 精神をこめたパワー。意思だけで物を動かせる…？

59 2、3、5、7、11、13、17…

61 6月、平泉と――諸島がユネスコの世界遺産に登録された

62 12月19日、北朝鮮の金――総書記が死去したと発表された

63 北を向いているときは東のほう

65 ドラマ『マルモの――』で使われた曲『マル・マル・モリ・モリ！』がヒット。ダンスも話題に

68 9月に発足した野田内閣、当初の

――率はNHKの調査で60％と高かった

70 野田内閣の首相は野田――

73 雨に当たらないようにさす

75 新語・流行語大賞トップテンに選ばれた、人と人とのつながりを感じさせる言葉。「今年の漢字」にも

77 原発事故以降、東京電力の――会見の模様はしばしば放送された

78 親子3人、――の字に寝る

79 この年は卯年。うさぎは冬の――

81 武器は持っていません

83 スプーンのことです

⬇ タテのカギ

1 尋常ならざる天変地異。台風12号による被害を受け、政府は9月4日に――対策本部を設置した

7 動物目線で撮影し、日本では9月に公開のドキュメンタリー映画は『―― －いのちをつなぐ物語－』

9 スマイル。――を浮かべる

11 2月には任天堂によりニンテンドー3DSが発売され、12月には――・コンピュータエンタテインメントによりPlayStation Vitaが発売された

12 2月に上野動物園に到着したジャイアントパンダ2頭はリーリーと

13 プロ野球の最優秀選手は中日の浅尾拓也とソフトバンクの内川――が受賞

15 この上ない幸せ。――のひととき

17 ――ガーデンはデパートの屋上で夏場だけ営業したりする

19 円高が進行。10月31日、戦後最高値の1――＝75円32銭を記録した

21 12月27日、藤村官房長官が――輸出三原則を緩和する談話を発表

22 雨上がりに見えたりするアーチ

23 4月、キューバ革命を率いたフィデル・――がすべての公職から正式に引退した

25 ドラマ『――のミタ』が大ヒット。最終回の視聴率は40.0％を記録

27 ――せぬ出来事にびっくり

29 10月にゴールデンタイムに昇格した、相反する2者を対決させるフジテレビの番組。タイトルは故事「矛盾」にちなむ

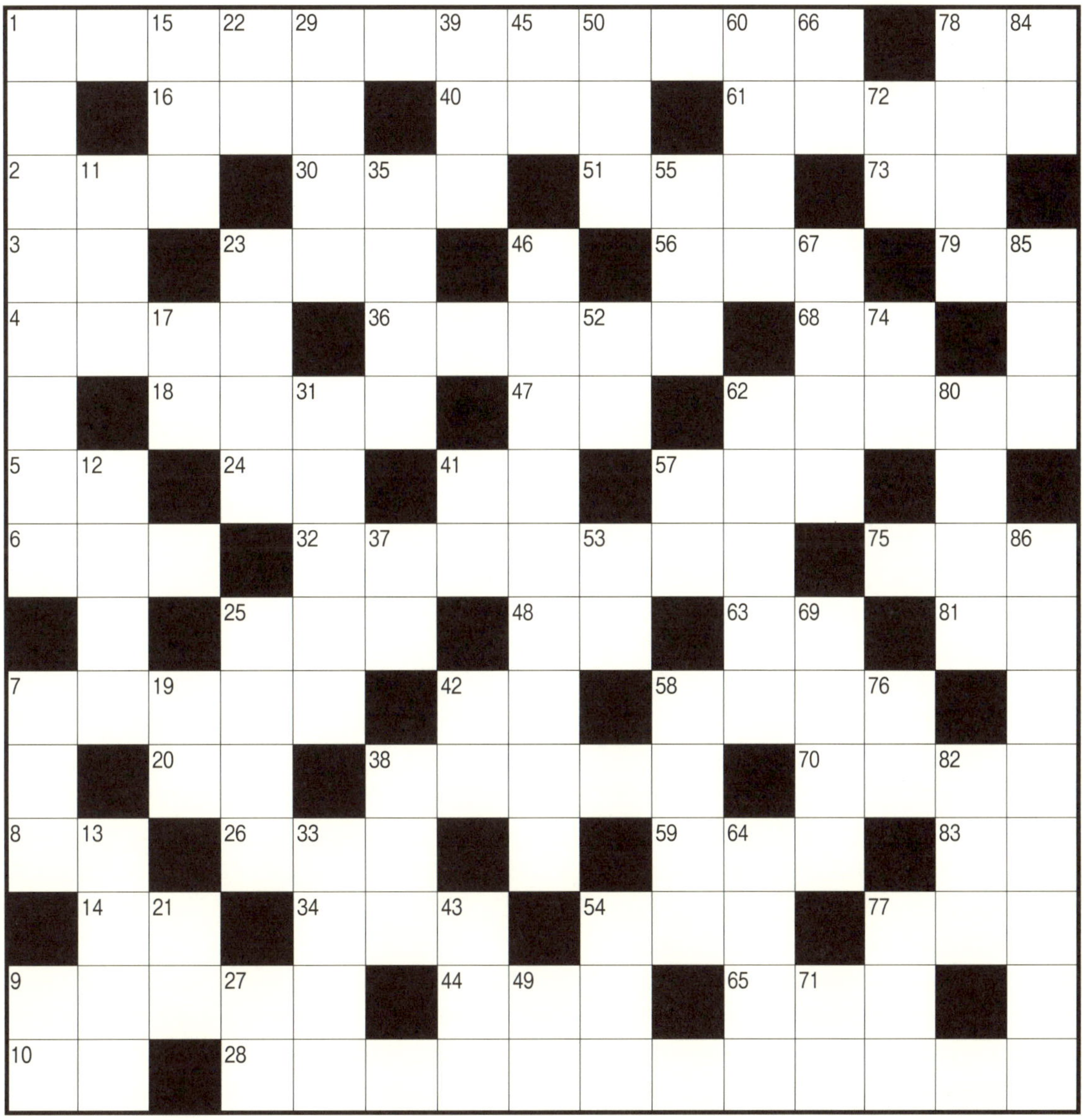

31 宣伝活動をアルファベット2字で

33 料理のさしすせその「せ」

35 パソコンで数字を打つのに便利

37 結局＝――のつまり

38 ツクシはこの植物の胞子茎

39 3月5日の――改正で、東北新幹線に「はやぶさ」が登場

41 料理を載せる食器

42 宇宙のはどうなっているのだろう

43 5月16日、『パネルクイズ アタック25』の司会でも活躍した俳優の児玉――が死去

45 この瞬間です

46 イスラム急進派の組織・アルカイダを率いた人物。5月2日、米国海軍特殊部隊に急襲され死亡。ファーストネームは「オサマ」と書くことも

49 沖縄地方の――明けは6月9日ごろと、これまでにない早さだった

50 出前を回文言葉で言うと

52 地表の約3割

53 8月27日から世界陸上競技選手権大会が行われた韓国の地名。ハンマー投で室伏広治が金メダル獲得

54 1月10日、スキーのHBC杯ジャンプ競技会女子の部は高梨沙羅が最長――記録で優勝。記録は驚きの141m

55 タイム――　スロット――

57 お酒に弱い人はすぐ回ってくる

58 ⬇86の試合の中継を見て、――になった人も少なくなかった

60 物干しに使ったりする長いやつ

62 1月、反政府の機運が高まるチュニジアで大統領がサウジアラビアに亡命、政権が崩壊。国を代表する花の名から――革命と呼ばれた

64 お風呂だとだいたい40℃前後

66 忍者で知られる（？）旧国名

67 組織や臓器を移し替える医療行為。4月、日本で初の15歳未満のドナーによる脳死――が行われた

69 2月に発覚した八百長事件などを受け、大相撲五月場所の開催がなくなり――審査場所が開かれた

71 図形などを扱う数学の一分野

72 足かけ3年にわたり放送のNHKドラマ『――の上の雲』が完結した

74 マティーニのベースになるお酒

76 陸地と川や海が接するところ

77 ➡28鹿児島ルートの――は博多

78 12月、ソフトバンクの――宗則がメジャーリーグ挑戦を表明

80 キリストのこと。フランシスコ・ザビエルは――会の宣教師

82 パ・リーグで最多セーブ投手となったのは日本ハムの武田――

84 溺れる者はこれをもつかむとか

85 サッカーの女子W杯で澤穂希は5――を決め、大会最優秀選手に

86 サッカーの女子W杯で優勝し、国民栄誉賞を受賞した日本代表の愛称。新語・流行語大賞

平成23（2011）年 辛卯

●できごと●

1月　チュニジアで民衆蜂起、政権崩壊（ジャスミン革命）
　　　間寛平が地球一周アースマラソンを完走
　　　全国各地で鳥インフルエンザの感染相次ぐ
2月　大相撲で八百長事件発覚。三月場所は開催中止に
　　　エジプトで反政府デモ。ムバラク大統領が辞任
　　　任天堂がゲーム機「ニンテンドー3DS」発売
3月　東日本大震災。大津波、原発事故による甚大な被害
　　　信越地震。長野県栄村で震度6強
　　　九州新幹線の鹿児島ルートが開業。記念式典は自粛
4月　ソニーのネットサービス「PSN」で個人情報流出事件
　　　焼肉チェーン店でユッケを食べた客が集団食中毒に
5月　アルカイダの指導者ビンラディンが殺害される
　　　立川で6億円強奪事件
6月　NHK教育テレビのチャンネル名称が「Eテレ」に
　　　小笠原諸島、平泉が世界遺産に登録
7月　女子サッカーW杯でなでしこジャパンが初優勝
　　　テレビ放送が地上デジタル放送へ移行（被災地除く）
8月　島田紳助が暴力団との交際を理由に芸能界を引退
　　　リビアで反体制派が首都制圧。カダフィ政権崩壊
9月　野田佳彦内閣発足
10月　アップルの元CEO、スティーブ・ジョブズ死去
　　　競走馬のオルフェーヴルが中央競馬クラシック三冠
11月　オリンパスが巨額の損失を隠蔽していたことを公表
　　　大阪府知事・市長のダブル選挙。維新の会が圧勝
12月　北朝鮮の最高指導者、金正日が死去

●世相・流行●

・東日本大震災。自粛ムード、復興への取り組み
・テレビCMも自粛、ACジャパンのCMが話題に
・なでしこブーム

地震後の津波に耐えた「奇跡の一本松」（平成24年撮影）

●東日本大震災

　政府は、平成23年3月11日に起きた「東北地方太平洋沖地震及び津波」と、この地震に伴う原子力発電所事故による災害を「東日本大震災」と呼ぶ、としている。
　この災害による死者は15897名。行方不明者は2533名（平成31年警察庁発表）になる。

1・東北地方太平洋沖地震及び津波

　3月11日14時46分発生。マグニチュード9.0は、日本国内観測史上最大規模、世界でも1900年以降4番目の規模になる。地震後、牡鹿半島の電子基準点は東南東に約5.3m移動し、約1.2m沈下した。
　津波は、宮城県気仙沼市本吉から女川町にかけて浸水高13m以上、岩手県宮古市で8.5m以上、福島県相馬市で9.3m以上と、各地を未曾有の高さで襲った。津波の被害を受けて最大値の正確な観測ができなかった地点も多い。浸水面積は東京都の面積の約4分の1に匹敵する。
　鉄道の断絶、道路の通行止め、ライフラインのストップなどは、こののち広範囲・長期間にわたり、日常生活が根底から覆された。
　平成31年1月時点で、岩手、宮城、福島3県の被災農地は89％が営農再開可能、水産加工施設は96％が業務を再開するなど復興は進んでいるが、プレハブの応急仮設住宅に住むことを余儀なくされている人は、いまだ3400人あまりいる。

2・福島第一原子力発電所（福島第一原発）事故

　福島第一原発は6基の原子炉を持つ世界有数の原発であり、この日は1号機から3号機の3つの原子炉が運転中だった。地震発生直後は非常用原子炉冷却装置が起動し、最悪の事態は回避できたかに思えたが、その後11mを超える津波（第2波は13m）に襲われ、15時37分全電源を喪失する。それに伴い冷却機能の喪失、燃料棒の露出・温度上昇、使用済み燃料プールの温度上昇などが次々に発生、炉心損壊が進み、ついに水素爆発を起こす。
　1号機から3号機は炉心溶融（メルトダウン）にいたり、放射性物質が放出される。大気中に放出された放射性物質の総量は国際原子力・放射線事象価尺度でレベル7（深刻な事故・最も重い評価。チェルノブイリ原子力発電所事故と同等）とされる。
　3月12日から周辺地区の住民に避難指示が出される。4月22日には、福島第一原発から半径20km圏内（海域を含む）が警戒区域に設定され、当該区域への立ち入りが原則禁止となった。避難指示の区域は段階的に解除されているが、平成31年2月末の時点で、避難生活を送っている人は41000人余りいる。なお、これには自主的に避難した人の数は含まれていない。
　平成24年5月、国内の原発は全てが停止となった。全国の原発は15カ所（33基）あるが、平成31年までに9基が再稼働している。
　福島第一原発の廃炉が完了するまでには、30〜40年かかるとされており、汚染水の処理、燃料デブリの取り出し法など未解決の問題も数多く残っている。

●小笠原諸島と平泉が世界遺産に

　6月、フランス・パリにあるユネスコ（国連教育科学文化機関）の本部で第35回世界遺産委員会が開かれ、新たに25件の遺産が世界遺産リストに登録された。そのうちの2件は日本にある遺産だった。

　1つは、太平洋上にある小笠原諸島。自然遺産としての登録で、国内では白神山地、屋久島、知床に続いて4カ所目の世界自然遺産となった。都心から1000kmほど離れているものの、行政上はいちおう東京都に属しているので、東京都初の世界遺産でもある。数千万年前に島々ができてから現在まで、一度も大陸やほかの大きな島と陸続きになったことがないことが特徴で、生き物たちは独自の進化を遂げてきた。そのため、この地域だけにしか生息していない固有種がたくさん存在し、ほかでは見られない生態系を形成している。この点がユネスコに評価された。

　もう1つは、岩手県平泉の寺院や遺跡群。こちらは文化遺産としての登録で、正式名称を「平泉―仏国土（浄土）を表す建築・庭園及び考古学的遺産群―」という。対象となった遺跡は5件で、奥州藤原氏の初代当主・清衡が造営した中尊寺、二代当主・基衡が再興した毛越寺、三代当主・秀衡が建立した無量光院跡などが含まれている。どれも平安時代末期、奥州藤原氏が栄えた時代につくられたもので、仏教の浄土思想に基づく理想世界を目指していた当時のようすが色濃く残っていることが評価された。

　なお、平泉は文化遺産としては東北地方で初めて登録された遺産。平成13年に世界遺産の暫定リストに載ったものの、平成20年に「登録延期」の判定を下されている。その後、推薦理由や構成資産を見直した上での再挑戦、足かけ10年での悲願達成だった。3月の東日本大震災で大きな被害を受けた同地方にとって、復興へ向けた追い風となる明るいニュースだった。

●新世代の携帯ゲーム機が登場

　この年は、スマートフォンの普及が進み、その上で遊べるソーシャルゲームが流行しはじめた年である。家庭用ゲームのメーカー各社にとっては強力なライバルが台頭した時期だったが、新世代の携帯ゲーム機を世に送り出して奮戦した。

　2月に発売されたのは任天堂の「ニンテンドー3DS」。いちばんの売りは名前の由来にもなっている3D液晶画面。左目と右目に別々の画像を見せる「視差バリア方式」を搭載した画面により、専用メガネなどの特別な装置がなくても立体映像でゲームが楽しめる。年末に発売された『マリオカート7』『スーパーマリオ3Dランド』『モンスターハンター3G』といったキラータイトルたちの後押しもあって、この年だけで国内販売台数が400万台を突破した。

　また、12月にはソニー・コンピュータエンタテインメント（SCE）が「PlayStation Vita」を発売した。こちらの売りは、コンパクトな見た目からは想像できない高精細で美しいグラフィック。背面タッチパッド、モーションセンサー、3G接続、GPS機能といった最先端の技術も満載だ。29980円（3G/Wi-Fiモデル）と強気の価格設定だったが、12月の売上台数は約40万台と、まずまずの滑り出しを見せた。

●DATA●

【今年の漢字】 絆

【内閣総理大臣】 菅直人（民主党）→野田佳彦（民主党）

【プロ野球日本一】 福岡ソフトバンクホークス

【Jリーグ年間優勝】 柏レイソル

【JRA年度代表馬】 オルフェーヴル

【流行語】 なでしこジャパン　絆　スマホ　ドヤ顔　帰宅難民　こだまでしょうか　3.11　風評被害　ラブ注入　ポポポポーン　K-POP　どじょう内閣

【書籍】 東川篤哉『謎解きはディナーのあとで』　長谷部誠『心を整える。』　齋藤智裕『KAGEROU』　近藤麻理恵『人生がときめく片づけの魔法』　曽野綾子『老いの才覚』

【映画】 『コクリコ坂から』『ステキな金縛り』『SPACE BATTLESHIP ヤマト』『GANTZ』『ハリー・ポッターと死の秘宝』『カーズ2』『パイレーツ・オブ・カリビアン／生命の泉』

【テレビ】 『家政婦のミタ』『JIN-仁- 完結編』『カーネーション』『マルモのおきて』『南極大陸』『ZIP!』『ヒルナンデス！』『マツコの知らない世界』『魔法少女まどか☆マギカ』

【音楽】 AKB48『フライングゲット』　嵐『Lotus』　薫と友樹、たまにムック。『マル・マル・モリ・モリ！』　Kis-My-Ft2『Everybody Go』　SKE48『オキドキ』　東方神起『Why? (Keep Your Head Down)』　レディー・ガガ『ボーン・ディス・ウェイ』

【話題の商品】 第3のエコカー　Facebook　Twitter　GOPAN（パナソニック）　ミラーレス一眼カメラ　トーニングシューズ　スーパークールビズ　節電グッズ　ぽん酢のジュレ　radiko　ニンテンドー3DS（任天堂）

【訃報】 和田勉（演出家）　坂上二郎（コメディアン）　田中好子（歌手）　児玉清（俳優・司会者）　北杜夫（作家）　立川談志（落語家）　森田芳光（映画監督）

●平成23年の答え●

ヒ	ガ	シ	ニ	ホ	ン	ダ	イ	シ	ン	サ	イ		カ	ワ
ジ		フ	ジ	コ		イ	マ	ダ		オ	ガ	サ	ワ	ラ
ヨ	ソ	ク		タ	テ	ヤ		シ	マ	ダ		カ	サ	
ウ	ニ		カ	テ	ン		ウ		シ	ケ	イ		キ	ゴ
サ	ー	ビ	ス		キ	ャ	サ	リ	ン		シ	ジ		ー
イ		ア	ト	ピ	ー		マ	ク		ジ	ョ	ン	イ	ル
ガ	シ		ロ	ー		サ	ビ		ヨ	ク		エ		
イ	ン	ド		ア	ト	ラ	ン	テ	イ	ス		キ	ズ	ナ
	シ		カ	ー	ド		ラ	グ		ミ	ギ		ス	デ
ラ	ン	ド	セ	ル		ハ	デ		ネ	ン	リ	キ		シ
イ		ル	イ		ス	テ	イ	ー	ブ		ヨ	シ	ヒ	コ
フ	セ		フ	シ	ギ		ン		ソ	ス	ウ		サ	ジ
	イ	ブ		ヨ	ナ	キ		フ	ク	イ		キ	シ	ャ
エ	イ	キ	ョ	ウ		ヨ	ッ	ト		オ	キ	テ		パ
ミ	チ		キ	ュ	ウ	シ	ュ	ウ	シ	ン	カ	ン	セ	ン

平成24年（2012年）

→ ヨコのカギ

1 12月に発足した安倍内閣の自称

2 離党続きで民主党が──割れ状態。のちに山本太郎と──になる者も

4 空き巣が成立する家庭状況

5 本題に入る前のきっかけとする、伏線的な話題

6 松やにや漆から石油由来製品まで

7 映画『ボディガード』やその主題歌『オールウェイズ・ラヴ・ユー』など、──と演技で観客を魅了したホイットニー・ヒューストンが2月に急逝

8 首元のおしゃれ兼防寒具の和名

9 霰（ひょう）よりもおかきよりも小さい

10 7月、イチローが電撃トレードで移籍したニューヨークの球団

12 ゴシゴシ洗いに役立つ亀の子

15 台風の季節が過ぎると吹いてくる

18 女子レスリングの伊調馨選手は、──な動きで相手を圧倒し、ロンドンにて五輪3連覇を達成

19 8月、韓国の李明博大統領が竹島に上陸。日本政府の立場としては──の提示を求めたかったところ

21 長く息をする→痩せる→健康になる→長生き＝長息？な、美木良介推奨のエクササイズ

23 土器につき、時代にもついた東京の町名

26 5月30日、巨人の杉内投手は9回ツーアウトからの四球で完全試合を逃す。ノーヒットノーランは達成したが──は残った？

28 万年筆の補充液

32 ──技　──起毛　──メニュー

34 13大会連続世界一で「霊長類最強女子」と呼ばれた吉田沙保里選手が11月に国民──賞受賞

36 民主党政権の終幕と自公復活の観測から、11月以降円が──

37 人生の縮図となる掌のシワ

39 見つめ合う裸のふたりがそっと手を置いた

41 ゴルフのマスターズ・トーナメントは、プレーオフまでもつれこむ──を制したバッバ・ワトソンが優勝した

42 背── 平── 立ち──

43 ヒットになってもクリーンと呼ばれぬインフィールド

45 オネショのカンバス

46 4月から放送された、堀北真希主演の連続テレビ小説

48 2月に発表された第84回アカデミー賞では、ファンの──趣味をそそる無声映画の『アーティスト』が5部門を受賞した

50 ピザのトロリと糸引くトッピング

53 故郷に凱旋するための条件

55 最近の契約書は、印鑑がなくても──署名でOKな場合が多い

56 築地の初──では、大間産クロマグロが5649万円で落札された

57 10月、衆議院議員選挙に──するため石原慎太郎都知事が辞職

59 この年人気の伝統的発酵調味料

60 10月8日、ノーベル賞の──を切って発表された生理学・医学賞を山中伸弥教授が受賞

62 レンタル料やリース料

63 9月、日本政府は尖閣諸島にある3つの──を国有化した

66 土瓶に入れて火にかけてあとは蒸れ出る香り待つだけ

68 組んだ予算の後始末報告

69 突然に襲ってきて局地的な被害をもたらす──豪雨が多発した

72 焼かれてもくくられたまま一連卓上の鰯たち

74 12月からは自民党と公明党が担当

76 10月、ミス・インターナショナル世界大会で吉松──が日本人として初めてグランプリを受賞

79 大河ドラマ『平清盛』で待賢門院を演じた元宝塚女優は檀──

81 7月、大規模な反原発集会やデモが行われた。原発を「国論を二分するテーマ」と語った野田首相は、安全と経済の──挟みの心境をのぞかせた

↓ タテのカギ

1 元民主党議員9名が立ち上げた新党──は、11月に「国民の生活が第一」に合流して消滅した

3 九月場所後に昇進した第70代横綱

7 4月公開の映画『テルマエ・ロマエ』でヒロインを演じ、9月にはEXILEのHIROと結婚した女優

11 6月、最後の特別手配犯高橋克也の逮捕でオウム真理教事件も一応──がつき、捜査陣も──の荷を下ろした

13 ──は博士か大臣か

14 温泉に入りすぎての体調不良

16 ゴールドシップが皐月賞を制し、場内をウイニング──

17 厄年など、年齢による運勢の吉凶

20 泥棒御用達のは唐草模様が定番？

22 2012年人類滅亡説の元となった、かつて中米で使われていた暦法

24 7月11日から14日にかけて、九州北部で集中豪雨が発生。大きな被害をもたらした。その後も雨は断続的に23日の──明けまで降った

25 砂漠化防止に有効な緑化活動

27 将棋女流名人位戦で里見香奈が3連覇の──を達成

29 7月5日に生まれ、わずか7日で消えた上野の森の小さな命

30 6月末に完成した、理研と富士通が約1120億円をかけて開発したスーパーコンピューター

31 ↔必然

33 この年、──・キリストの生誕の地とされるベツレヘムの聖誕教会が「危機にさらされている世界遺産」に登録された

35 運転の際の道筋案内役。カー──

36 選ばれるのが2度目の「今年の漢字」の読みの1つ

37 「康介さんを──で帰」さなかったロンドン五輪メドレーリレー陣

38 焼き鳥にあって焼き鳥丼にない

40 7月、花火大会の場所取りの東大生が──によるアルコール中毒で死亡

42 良くないことがおきるかも

44 1〜2月の豪雪、4月の爆弾低気圧、7月の「これまで経験したことのない大雨」など、日本各地が異常──に見舞われた

47 2月29日に竣工した、世界で最も高い634mの自立式鉄塔

49 話の食い違いがないよう合わせる

51 皆既日食の際、前後2度輝く宝石

52 例えばカップラーメンの3分が待てず、食べ始めて口を火傷（やけど）する人

	1		17	24		29		35		40			49			59			71	77	83
			18									50						72			
	2	11					41	47			60		65				78				
		12		25		36				54		66			78						
	3		19		30				55	61				79							
	4	13		26			42				62		73								
	5		20		37			56			74	84									
		21		31			51			67											
	6	14		32		48			68	80											
	15		27		43			63		81											
	7		28		38		57		75													
	8	22		39	44	52			69	82											
	23		33	45			64	76	85													
	9	16		34		53	58	70														
	10		46																			

54 この年のサマージャンボ宝──の1等賞金が初めて4億円の大台に

56 12月、自民党総務会長に野田──議員が就任

57 12月、国民の──を問う衆議院議員選挙が行われた

58 飲むサラダと呼ばれるマテ──が流行

59 5月18日に打ち上げられた水循環変動観測衛星

61 4月に東京にオープンした複合商業施設、渋谷──

63 環境省が第4次「絶滅のおそれのある野生生物の──のリスト」を発表し、これまで絶滅危惧としていたニホンカワウソを絶滅とした

64 9月、原子力規制──会発足

65 いけにえが掲げられる、出陣の前夜祭

67 1月に発売されたきゃりーぱみゅぱみゅの曲のモチーフとなった、目元のおしゃれ

70 スギちゃんの──のある喋りでの「ワイルドだろぉ」が新語・流行語大賞を受賞

71 鷹の爪を入れておくとコクゾウムシ除けの効果あり

73 ──猛進

75 ゆるキャラグランプリで優勝した今治市のマスコット

77 AKB48のメジャー28枚目のシングル。10月31日リリース

78 赤西仁と黒木メイサ、小栗旬と山田優など大物──の結婚相次ぐ

80 『江南スタイル』が世界的なヒットになった韓国の歌手

82 3月、「世の中に寝るより──はなかりけり」の思いに反し、寝台特急『日本海』の定期運行が終了

83 12月7日、三陸沖を震源として東日本大震災の余震が発生。盛岡市などでは、この計器が震度5弱を示した

84 ──スポーツの花・フィギュアス

ケートの世界大会スケートアメリカで、小塚崇彦・羽生結弦・町田樹の日本人3人が表彰台独占

85 11月、滋賀県知事の嘉田由紀子を代表とする「日本──の党」が結成された

平成24(2012)年 壬辰

●できごと●
1月　民主党離党組が「新党きづな」を結成
2月　復興庁が発足
3月　寝台特急「日本海」が定期運行終了
4月　熊本市が政令指定都市に
　　　京都の祇園でてんかん発作が原因と見られる暴走事故
5月　国内の全原発が運転停止の状態に（7月まで）
　　　全国で金環日食を観測
　　　東京スカイツリーが開業
6月　オウム事件最後の特別手配犯、高橋克也が逮捕
7月　飲食店での牛レバ刺しの提供が禁止される
　　　小沢一郎らが新党「国民の生活が第一」結成
　　　スイスの研究所がヒッグス粒子と目される粒子を発見
　　　ロンドン五輪開幕
8月　韓国の李明博大統領が竹島に上陸
　　　香港の活動家が尖閣諸島の魚釣島に上陸
　　　消費税増税法案が成立
　　　前田敦子がAKB48を卒業
9月　レスリングの吉田沙保里が世界大会13連覇の世界記録
10月　米軍輸送機オスプレイが沖縄の普天間基地に配備
　　　山中伸弥のノーベル生理学・医学賞受賞が決定
　　　EUのノーベル平和賞受賞が決定
11月　米大統領選挙でオバマ再選
12月　山梨県の笹子トンネルで天井板崩落事故
　　　任天堂がゲーム機「Wii U」発売
　　　衆院選で自公が政権奪還。安倍連立内閣発足

●世相・流行●
・自民党が政権を奪還。民主党は壊滅的大敗
・尖閣諸島問題や竹島問題で中韓との関係が悪化
・本州では百年以上ぶりとなる金環日食が話題に

東京スカイツリーのできるまで（平成21年・22年・31年撮影）

●ロンドン五輪で史上最多のメダル獲得

　7月27日から8月12日にかけてロンドン五輪が開催された。日本は史上最多となる計38のメダル（金7、銀14、銅17）を獲得。史上初めて、開催期間中すべての日にメダルを獲得し、日本国内は連日五輪フィーバーに包まれた。

　柔道女子57kg級では松本薫が優勝。これにより五輪・世界選手権・ワールドマスターズ・グランドスラムを完全制覇した初めての選手になった。

　体操男子団体では銀メダルを獲得、個人総合では内村航平が金メダルに輝いた。体操個人総合での優勝は28年ぶり。レスリング女子フリースタイルは48kg級で小原日登美、55kg級で吉田沙保里、63kg級で伊調馨が優勝、男子は66kg級で米満達弘が優勝し、日本勢の強さを世界に見せつけた。

　ボクシング男子ミドル級では村田諒太が優勝。日本人選手による金メダル獲得は東京五輪以来、48年ぶりの快挙だった。

　五輪閉幕後も、東京・銀座で行われたメダリストの凱旋パレードに約50万人が押し寄せるなど、日本人選手の活躍に多くの賞賛の声が送られた。

　また本大会ではこれまでイスラム教の戒律により男性選手のみ派遣していたサウジアラビアなどの3国が女性選手を派遣。これにより史上初めてすべての国・地域から女性選手が参加可能になり、国際的なジェンダーフリーの流れが感じられた大会でもあった。

●東京タワーから東京スカイツリーへ

　昭和33(1958)年12月23日の竣工以来、日本の経済発展の象徴の1つとして親しまれて続けてきた電波塔「東京タワー」。その後継として本年2月29日、東京都墨田区に「東京スカイツリー」が竣工した。自立式鉄塔としては世界一の高さ634mを誇り、関東平野一帯にFMラジオ（4月から）、地上デジタルテレビ放送（5月から）などの電波を発信し始めた。

　観光・商業施設としても利用され、東京スカイツリーを中心とした複合施設「東京スカイツリータウン」は5月22日に開業した。8月1日には地上350mの「天望デッキ」への累計来場者が100万人に達するなど、日本の新名所となっている。

●山中伸弥博士がノーベル生理学・医学賞

　10月8日、iPS細胞（人工多能性幹細胞）の作製者・山中伸弥博士がノーベル生理学・医学賞を受賞した。日本人の受賞は昭和62(1987)年の利根川進博士以来、25年ぶり。

　iPS細胞は平成18年に山中博士が世界で初めて作製に成功した幹細胞の一種で、再生医療の分野では革新的成果だった。

　幹細胞を培養して臓器を新たに生み出す研究は以前からされていたものの、それまでの幹細胞（ES細胞）は胚盤胞由来であり倫理的な問題などから採取することは困難だった。一方、iPS細胞は皮膚や血液などの体細胞から作製が可能であり、患者自身の細胞を培養させ、選択的に臓器を作り出せる可能性が生まれ、再生医療の研究が飛躍的に前進した。

●金環日食の観測

　5月21日の午前6時台から9時にかけ、日本各地で金環日食が観測された。日本での金環日食の観測は、昭和62(1987)

年9月23日の沖縄での観測以来25年ぶり。本州においては、東京で173年ぶり、大阪では282年ぶり、名古屋では932年ぶりのことだった。

金環日食は裸眼で観察すると失明の恐れもあるとして、文部科学省や日本眼科学会などは観察専用の「日食グラス」の着用を呼びかけた。日食グラスは1200～1300万枚の売り上げがあったと推定されていて日本での関心の高さがうかがえる。

次に日本国内で金環日食が観測できるのは令和12（2030）年6月1日。

●格安航空会社の参入

本年は格安航空会社（LCC）の参入が相次ぎ、「LCC元年」とも呼ばれる。

3月1日、日本初の本格的な格安航空会社として、ピーチ・アビエーションが就航。その後、ジェットスター・ジャパン、エアアジア・ジャパン（平成25年11月に「バニラ・エア」に社名変更）が続々と就航を始めた。

格安航空会社は、機内サービスの簡素化や地方の中小空港の利用などによってコストカットを行うことで、利用者のニーズに応え、徐々に日本国内での市場規模を拡大している。一方で大手航空会社の他、鉄道や高速バスなども対抗して、運賃の割引やサービスの向上を実施するなど、格安航空会社の参入は、日本の交通機関に大きな影響を与えた。

●36年ぶり、野生のトキが誕生

4月23日、野生下のトキの卵からヒナが誕生したことが確認された。昭和51（1976）年以来36年ぶりのことだった。

トキは江戸時代までは日本国内に広く分布していたが、明治以降になると肉や羽毛を取るために乱獲され、個体数が減少。一度は絶滅したと考えられていたが、佐渡島などで発見され、昭和27（1952）年に特別天然記念物に指定された。昭和56（1981）年には日本に残っていた野生のトキ5匹すべてを捕獲し、佐渡トキ保護センターにて人工飼育を開始、同時に日本国内のレッドリストでは「野生絶滅」に指定された。

その後中国のトキとの人工繁殖に成功し、平成20年以降野生復帰を目的とした放鳥が続けられ、野生のトキの誕生に至った。また本年誕生したヒナも平成26年に親鳥となって繁殖に成功している。

●衆院選で自由民主党圧勝

11月16日の衆議院解散に伴い、12月16日に第46回衆議院議員総選挙を施行。野党第一党の自由民主党が294議席を獲得して大勝する一方、与党民主党は選挙前230あった議席を57まで落とした。平成21年の政権交代後、約3年で民主党政権は幕を閉じることとなった。

自由民主党は公明党とともに全体の3分の2の議席を上回り、連立政権を樹立。12月26日には自民党総裁の安倍晋三が第96代内閣総理大臣に就任した。安倍晋三は平成19年9月26日に体調不良などを理由に内閣総理大臣を辞任していたため、今回が2度目の就任となる。1度辞任した内閣総理大臣が間を置いて再び就任するのは、戦後では吉田茂以来2人目のことだった。

●DATA●

【今年の漢字】金

【内閣総理大臣】野田佳彦（民主党）→安倍晋三（自由民主党）

【プロ野球日本一】読売ジャイアンツ

【Jリーグ年間優勝】サンフレッチェ広島

【JRA年度代表馬】ジェンティルドンナ

【流行語】ワイルドだろぉ　iPS細胞　LCC　終活　東京ソラマチ　爆弾低気圧　維新　第3極　ステマ　手ぶらで帰らせるわけにはいかない

【書籍】阿川佐和子『聞く力』　三浦しをん『舟を編む』　渡辺和子『置かれた場所で咲きなさい』　落合博満『采配』　なばたとしたか『こびと大百科』　中村仁一『大往生したけりゃ医療とかかわるな』

【映画】『BRAVE HEARTS 海猿』『おおかみこどもの雨と雪』『テルマエ・ロマエ』『ヱヴァンゲリヲン新劇場版:Q』『ミッション:インポッシブル／ゴースト・プロトコル』『バイオハザードV リトリビューション』

【テレビ】『ドクターX～外科医・大門未知子～』『梅ちゃん先生』『鍵のかかった部屋』『ATARU』『PRICELESS～あるわけねぇだろ、んなもん！～』『ガールズ＆パンツァー』『アイカツ！』

【音楽】AKB48『真夏のSounds good！』嵐『ワイルド アット ハート』　SKE48『片想いFinally』きゃりーぱみゅぱみゅ『PONPONPON』『つけまつける』シェネル『Believe』　miwa『ヒカリへ』

【話題の商品】LINE　国内線LCC　アクア（トヨタ）タブレットPC　マルちゃん正麺（東洋水産）　塩麹　フィットカット カーブ（プラス）　JINS PC（JINS）『おさわり探偵 なめこ栽培キット』（ビーワークス）

【訃報】安岡力也（俳優）　寛仁親王（皇族）地井武男（俳優）　浜田幸一（政治家）　森光子（女優）十八代目 中村勘三郎（歌舞伎役者）

●平成24年の答え●

キ	キ	ト	ツ	パ	ナ	イ	カ	ク	■	シ	オ	コ	ウ	ジ
ツ	■	シ	ュ	ン	ビ	ン	■	チ	ー	ズ	■	メ	ザ	シ
ナ	カ	マ	■	ダ	■	シ	ト	ウ	■	ク	チ	ビ	■	ン
■	タ	ワ	シ	■	キ	ュ	ウ	ラ	ク	■	マ	ツ	タ	ケ
ハ	■	リ	ョ	ケ	ン	■	キ	■	ジ	ヒ	ツ	■	レ	イ
ル	ス	■	ク	イ	■	オ	ヨ	ギ	■	カ	リ	チ	ン	■
マ	エ	フ	リ	■	テ	ツ	ウ	■	セ	リ	■	ヨ	ト	ウ
フ	■	ロ	ン	グ	ブ	レ	ス	ダ	イ	エ	ッ	ト	■	イ
ジ	ュ	シ	■	ウ	ラ	■	カ	イ	コ	■	ケ	ツ	サ	ン
■	ア	キ	カ	ゼ	■	ナ	イ	ヤ	■	シ	マ	■	イ	タ
ウ	タ	■	イ	ン	ク	■	ツ	■	シ	ュ	ツ	バ	■	ー
エ	リ	マ	キ	■	シ	キ	リ	セ	ン	■	ゲ	リ	ラ	■
ト	■	ヤ	ヨ	イ	■	シ	ー	ツ	■	イ	■	イ	ク	ミ
ア	ラ	レ	■	エ	イ	ヨ	■	カ	チ	イ	ク	サ	■	ラ
ヤ	ン	キ	ー	ス	■	ウ	メ	チ	ャ	ン	セ	ン	セ	イ

平成25年（2013年）

➡ ヨコのカギ

1　4月から放送されたNHKのドラマ。劇中のセリフ「じぇじぇじぇ」は新語・流行語大賞の1つに

2　3月14日、「成年被後見人は選挙権を失う」という公職選挙法の規定が東京地裁で──と判断された

3　6月22日、世界文化遺産に登録された日本の最高峰

4　1月9日、Hey!Say!JUMPの──涼介がソロデビュー

5　能舞台の鏡板によく描かれる木

6　2月17日、スキージャンプW杯で──沙羅が史上最年少で総合優勝

8　ターメリックともいわれます

9　ときあかすこと。真相の──

12　「丁寧」や「細やか」の反対

15　第148回直木賞には、──龍太郎の『等伯』などが選ばれた

17　4月2日、俳優の──雅人と女優の菅野美穂が結婚

19　12月11日、ロンドンで主要国（G8）──症サミットを初開催

20　5月10日、島根県の──で「本殿遷座祭」が60年ぶりに挙行された

22　まつりに用いる道具

23　カステラやちゃんぽんなどが名物

25　地下鉄。3月21日、東京──の全線でネット接続が可能に

27　9月17日、ロンドンブーツ1号2号の田村──が元モデルと結婚

29　2月28日、ローマ教皇ベネディクト16世が退位し、教皇不在の時期が生じた。このように教皇が不在なことを──座空位と呼ぶ

31　これまでの人生をみずから記す

32　9月14日、内之浦宇宙空間観測所から打ち上げられた人工衛星

33　5月23日、プロの──選手で冒険家の三浦雄一郎が史上最高齢80歳7カ月でエベレスト登頂に成功

35　1月18日、長野五輪モーグルの金メダリスト里谷多英がこのシーズン限りでの──を発表

37　この年、プロ転向1年目で賞金王になった男子ゴルファー

39　1月3日付の中国紙『南方週末』の──に対して共産党が差し替えを命令。抗議活動が発生した

41　9月7日、2020年──五輪の開催地が東京に決定した

42　林修が、決めゼリフの「──でしょ！」で新語・流行語大賞受賞

44　4月1日、宝くじ「──7」の発売が開始された

45　ベース。盗んだりもする

47　4月、悠仁親王がお茶の水──大学附属小学校へご入学。学習院初等科以外の小学校へ皇族が入学するのは戦後初

48　11月13日、警視庁は「質のひょうたんや」が──を装って貸金業を営んだなどの容疑で社長らを逮捕

49　サッカー日本代表がW杯本戦進出を決めた夜、渋谷駅前の交差点にて巧みな話術で交通──をした警官「DJポリス」が人気に

51　「──企業」は、社員を使い捨てたりする会社のこと。新語・流行語大賞トップテン入り

53　8月12日、──県四万十市で国内観測史上最高気温となる41.0℃を記録

55　8月3日、──・ロウハーニーがイラン大統領に就任

57　81個の掛け算が1つの表に

59　運ぶこと。「細胞内の物質──」を明らかにした米研究者3名が、ノーベル生理学・医学賞を受賞

61　12月4日、「和食」がユネスコ無形文化──に登録された

63　最も軽い元素

65　7月から放送されたTBS系のドラマ『半沢直樹』で登場したフレーズ。新語・流行語大賞の1つ

67　10月17日、朝鮮総連本部の土地や建物を──系企業が落札したが裁判所は売却不許可を決定

69　「──キャラ」や「──電力」が新語・流行語大賞にノミネートされた

71　7月28日、フランスの展示会で約134億円相当の宝石が──被害に

72　「たけやぶやけた」は回──

74　流派などをひらいた人

76　川をせき止める構造物

77　シンプルなこと。──書留

78　4月26日、大阪駅・──駅の北側にグランフロント大阪がオープン

81　月面に──があったら、人間がそ

の上を走れるかもしれないという発見がイグノーベル物理学賞獲得

⬇ タテのカギ

1　第148回直木賞には、──リョウの『何者』などが選ばれた

3　3月24日、──競馬場が廃止

7　7月11日、「ジバニャン」などのキャラが登場するゲーム『──ウォッチ』のシリーズ1作目発売

10　8月7日、みんなの党の江田──幹事長が更迭された

11　老舗百貨店の1つ。88年の歴史があった銀座店は6月30日に一時閉店。再出店予定だったが、方針転換によりそのまま完全に閉店した

13　AKB48の曲『──するフォーチュンクッキー』がヒット

14　──維持隊　──出動

16　5月12日、全日本体操競技選手権大会で──夏実が初優勝

18　──缶から自社基準の最大10倍のヒスタミンが検出され、はごろもフーズが10月11日より自主回収

19　3月20日付で日本銀行総裁に黒田東彦が──された

21　3月27日、元TBSアナウンサーの青木裕子と、ナインティナインの──浩之が結婚

22　ミス・ユニバース2013年大会から性別適合手術を受けた外見上女性の人も──することが可能に

24　新聞の記事が載るところ

26　10月、台風の影響で──大島で土石流などの被害が発生した

27　『──の深まり』などの著作で知られるアリス・マンローがノーベル文学賞を受賞

28　3月7日、新──空港が開港

30　猪瀬直樹東京──が医療法人徳洲会グループから5000万円を受領した件などにより12月24日付で辞任

32　ノーベル物理学賞に「──粒子」を提唱した──博士らが選ばれた

34　『──日記』の作者は紀貫之

35　──とりどり　──違い

36　「ビッグ──」は大量の電子情報。新語・流行語大賞にノミネート

37　4月25日、66歳のゴルファー尾崎──が62打でラウンドを回り、エ

100

ージシュートを達成
38 5月1日、将棋——の里見香奈が史上初の女流5冠を達成
40 化学兵器禁止——がノーベル平和賞を受賞
42 国土地理——　人事——
43 12月14日、中国の無人——探査機「嫦娥3号」が着陸に成功
44 第149回直木賞に、桜木紫乃の『ホテル——』が選ばれた
46 9月22日、競泳選手の——康介が歌手の千紗と結婚
48 両手と両足
49 8月4日、水泳世界選手権の男子400m個人メドレーで、——大也が日本人としては史上初の優勝
50 「——劇」は「ウェスタン」とも
52 愛媛県の旧国名。——カン
53 新茶も時間が過ぎればこれになる
54 5月5日、長嶋茂雄と——秀喜が国民栄誉賞を受賞
55 11月3日、東北楽天ゴールデンイーグルスが日本シリーズで——優勝を飾った
56 苦あれば——あり
58 夜通し。——運転
60 4月18日、女優の仲——が俳優の中尾明慶と結婚
62 10月30日、アメリカのボストン・レッド——がワールドシリーズで優勝。本拠地での優勝は95年ぶり
64 4月7日、北朝鮮の弾道ミサイル発射に備えて破壊——命令が出る
66 6月、ブラジルで公共交通機関の運賃値上げに反対する——が発生
68 第148回芥川賞に黒田夏子の『ab——』が選ばれた
70 1月、全日本卓球選手権で平野美宇と——美誠のダブルスが史上最年少で勝利を収めた
72 ロースやサーロインは肉の——
73 5月10日、オーストラリアなどで——日食が観測された
75 3月25日、——競艇場でのJCN埼玉杯で加藤峻二が史上最年長の71歳で優勝
77 8月12日、Amebaサービスで——通貨の履歴情報などが不正閲覧された可能性があると発表された
78 7月15日、パナマ——で北朝鮮の貨物船によるミサイル部品の密輸が発覚
79 ことばの意味
80 2月3日、別府大分毎日マラソンで埼玉県庁勤務の川内優輝が優勝。「——ランナー」として話題に
82 1月6日、——漱石の随筆『韓満所感』の発見が公表された
83 12月5日、南アフリカ共和国の元大統領——・マンデラが逝去
84 巨大分子の化学反応をコンピューターを使って効率よく——する手法を開発したカープラス博士らがノーベル化学賞を受賞
85 「日傘——」「こじらせ→47」などが新語・流行語大賞にノミネート

平成25(2013)年 癸巳

●できごと●

1月　大阪の高校で体罰自殺事件が発覚。体罰問題に焦点
　　　アルジェリアの天然ガス施設で人質事件
2月　ローマ教皇ベネディクト16世が辞任を表明
　　　ロシアのチェリャビンスク州で隕石落下、負傷者多数
3月　第3回WBC開催。ドミニカが全勝優勝
　　　黒田東彦が日銀総裁に就任
4月　ボストンマラソンで爆弾テロ事件
　　　インターネットでの選挙運動を解禁する法改正が成立
5月　女流将棋棋士の里見香奈、史上初の女流5冠
　　　長嶋茂雄、松井秀喜に国民栄誉賞授与
6月　スノーデン元CIA局員が米情報収集活動を告発
　　　富士山が世界遺産に登録
7月　参院選で自民党が圧勝、ねじれ解消
　　　TPPの交渉会合に日本が正式参加
8月　京都府福知山で花火大会中に露店が爆発炎上する事故
9月　2020年夏季五輪の開催地が東京に決定
10月　アメリカで予算案が成立せず、一部政府機関が閉鎖
　　　東京都三鷹でストーカーによる殺人事件
　　　JR九州が豪華寝台列車「ななつ星in九州」の運行開始
　　　伊豆大島で台風による大規模な土石流災害
　　　園遊会で山本太郎議員が天皇に手紙を手渡しし物議に
11月　小笠原諸島西之島沖に海底火山噴火により新島が出現
12月　特定秘密保護法が成立
　　　王将フードサービスの大東隆行社長が銃撃され死亡
　　　猪瀬直樹都知事が5000万円受領問題で辞職

●世相・流行●

・安倍政権の経済政策、アベノミクスが本格始動
・特定秘密保護法案を巡り、マスコミや世論が揺れる
・富士山、和食、おもてなしなど、日本文化が見直される

この年世界遺産に登録された富士山（平成31年撮影）

●富士山が世界文化遺産に登録

　6月26日、国連教育科学文化機関（ユネスコ）は富士山を世界文化遺産として登録した。登録の正式名称は「富士山―信仰の対象と芸術の源泉」。富士山が信仰や芸術に与えた影響の大きさが評価されてのことだった。
　1990年代初頭から、日本政府は富士山の自然遺産としての登録を目指していたが、ゴミの不法投棄や観光地としての開発によって自然が保たれていないことなどから難航。方針転換により文化遺産としての推薦活動を行っていた。
　富士山が信仰や芸術に与えた影響を証明する「構成資産」としては、山頂の信仰遺跡群や富士五湖、三保松原など合計25件が認定された。当初、富士山から約45キロ離れた三保松原は「山としての完全性を証明することに寄与していない」としてユネスコより除外を要請されていたが、日本政府の働きかけなどにより構成資産として認定されるに至った。

●2020年東京五輪開催が決定

　9月7日、IOC（国際オリンピック委員会）は2020年夏季五輪の開催都市として東京を選定した。東京での開催は昭和39(1964)年以来56年ぶり。
　開催決定後、9月13日には「東京オリンピック・パラリンピック担当大臣」が新設され、下村博文文部科学大臣が就任するなど五輪にむけて政府の動きが活発化した。
　また五輪招致の最終プレゼンテーションでアナウンサーの滝川クリステルが用いた言葉「お・も・て・な・し」は日本社会に根付く歓待の精神を印象付けたとしてこの年の新語・流行語大賞に選ばれた。

●東北楽天ゴールデンイーグルスが初の日本一に輝く

　9月26日、星野仙一監督率いる東北楽天ゴールデンイーグルスがパ・リーグで優勝。11月3日には、日本シリーズで読売ジャイアンツに勝利を収め、日本一に輝いた。球団が創設された平成16年11月2日から9年目にして初の日本一だった。
　エース田中将大は24勝0敗という成績を残し、最優秀選手に選ばれるとともに「単独シーズン連続勝利数24」などの記録はギネス世界記録として認定を受けた。
　この年の新語・流行語大賞の選考委員特別賞には「被災地が、東北が、日本がひとつになった　楽天、日本一をありがとう」が選ばれた。東北楽天ゴールデンイーグルスの優勝が東北のみならず、日本中を明るく元気づけてくれたことが受賞理由だった。

●食品偽装が社会問題に

　国内で複数の食品偽装が相次いで発覚し社会問題化した。
　最初大きく報道されたのは、10月22日に発表された阪急阪神ホテルズでのメニュー表示の偽装であった。牛脂を注入した肉を「ビーフステーキ」として提供するなどの食材の偽装の他、外国産の食材を国産といつわる産地偽装なども発覚。22日に阪急阪神ホテルズの出崎弘社長は責任をとる形で辞任を表明した。
　以降もザ・リッツ・カールトンや帝国ホテル、ホテル京阪、東急ホテルズなど、多くのホテルで食品偽装が行われていた

ことが明るみに出た。

　さらに食品偽装問題はホテルだけではなく、百貨店や飲食店にも波及。三越、伊勢丹、高島屋、大丸松坂屋、そごうなどの百貨店、不二家レストランなどの飲食店で食品・産地偽装などが次々に判明した。

　こういった事態を受けて、翌年10月24日、政府は「不当表示をした事業者に課徴金を科す」などの制度を盛り込んだ景品表示法の改正案を閣議決定した。

●「アベノミクス」の本格化

　前年の12月から「アベノミクス」と呼ばれる経済政策が開始された。アベノミクスは「安倍」晋三首相と「エコノミクス」（経済学）をかけ合わせた造語。安倍首相は「大胆な金融政策」「機動的な財政政策」「民間投資を喚起する成長戦略」という、いわゆる「3本の矢」によってデフレからの脱却と富の拡大を目指すと発表した。

　本年1月には、政府は「機動的な財政政策」の一環として総額20兆円規模の財政出動を発表。東日本大震災の復興支援などの公共事業に予算を計上した。

　また、4月4日には、安倍首相の「大胆な金融政策」の要請に応える形で、日本銀行の黒田東彦総裁が「これまでと次元の異なる金融緩和」の実施を発表。国債の買い増しなどによって長期金利を低下させ、企業投資を活性化するとした。

　その後、政府は実質GDPや株価の上昇などの判断材料から、アベノミクスの成果を強く主張。一方、実質GDPの上昇などに対してアベノミクスの影響は小さいとする意見や、目標としていた物価上昇率2％に達していないなどの批判もある。

●特定秘密保護法の成立

　12月6日、特定秘密の保護に関する法律（特定秘密保護法）が成立した。

　「特定秘密」とは、日本の安全保障に関わる秘匿情報のことであり、法律では取り扱う者の適性評価や情報漏洩した場合の罰則などを定めている。

　この法律の成立をめぐっては「知る権利」の迫害になるのではないかという懸念がマスコミなどからあがり、成立の前後には各メディアで連日報道がなされ、世論を二分していた。

●『あまちゃん』『半沢直樹』などのドラマが大ヒット

　宮藤官九郎脚本のNHK連続テレビ小説『あまちゃん』が4月から放送され、明るいストーリーなどで人気を博した。平均視聴率は20.6％を記録した。

　また池井戸潤原作のTBSドラマ『半沢直樹』も個性的な登場人物などが話題になり、最終回の視聴率は42.2％に達し、平成の民放ドラマの1位を飾った。

　『あまちゃん』のセリフ「じぇじぇじぇ」、『半沢直樹』のセリフ「倍返し」はそれぞれ新語・流行語大賞を受賞した。

　「じぇじぇじぇ」は岩手県三陸地方の方言で、驚いたときなどに発する言葉。「倍返し」は「受け取ったものに対して倍額相当の返礼をする」意味であるが、『半沢直樹』の作中では受けた仕打ちに対して倍相当のリベンジをするという意味で用いられている。

●DATA●

【今年の漢字】輪

【内閣総理大臣】安倍晋三（自由民主党）

【プロ野球日本一】東北楽天ゴールデンイーグルス

【Jリーグ年間優勝】サンフレッチェ広島

【JRA年度代表馬】ロードカナロア

【流行語】いつやるか？今でしょ！　じぇじぇじぇ
お・も・て・な・し　倍返し　アベノミクス　PM2.5
ブラック企業　ヘイトスピーチ　激おこぷんぷん丸

【書籍】百田尚樹『海賊とよばれた男』
村上春樹『色彩を持たない多崎つくると、彼の巡礼の年』
池井戸潤『ロスジェネの逆襲』
桜木紫乃『ホテルローヤル』　林真理子『野心のすすめ』
近藤誠『医者に殺されない47の心得』

【映画】『風立ちぬ』『真夏の方程式』『そして父になる』
『謎解きはディナーのあとで』『ドラゴンボールZ 神と神』
『モンスターズ・ユニバーシティ』『レ・ミゼラブル』
『テッド』『シュガー・ラッシュ』『アイアンマン3』

【テレビ】『あまちゃん』『半沢直樹』『ごちそうさん』
『ガリレオ（第2シーズン）』『リーガルハイ2』
『DOCTORS 2～最強の名医～』『YOUは何しに日本へ？』
『ラブライブ！』『黒子のバスケ』

【音楽】AKB48『恋するフォーチュンクッキー』
EXILE『EXILE PRIDE～こんな世界を愛するため～』
Linked Horizon『紅蓮の弓矢』『自由の翼』
ゴールデンボンバー『女々しくて』

【話題の商品】Nexus 7（グーグル）　iPad mini（アップル）
ブルートゥーススピーカー　3Dプリンタ　ご当地キャラ
コンビニコーヒー　金の食パン（セブン＆アイ）
『パズル＆ドラゴンズ』（ガンホー）

【訃報】大島渚（映画監督）　大鵬幸喜（力士）
三國連太郎（俳優）　牧伸二（漫談家）　藤圭子（歌手）
やなせたかし（漫画家）　島倉千代子（歌手）

●平成25年の答え●

ア	マ	チ	ャ	ン		マ	ツ	ヤ	マ	ヒ	デ	キ		ネ
サ		ア	ベ		ヒ	サ	キ		ツ		モ	ン	ゴ	ル
イ	ケ	ン		ア	ツ	シ		セ	イ	リ		カ	イ	ソ
ン		サ	イ	グ		ロ	ト		イ	サ	ン			ン
フ	ジ	サ	ン		ス	キ	ー		ハ	サ	ン		コ	
ク		サ	カ	イ		シ	ャ	セ	ツ		ゴ	ト	ウ	チ
ヤ	マ	ダ		シ	ト		ル	イ		ソ		ダ	ム	
マ	ツ		ナ	ガ	サ	キ		ブ	ラ	ッ	ク		イ	ケ
	ザ	ツ		キ		カ	キ		ク	ク		カ	ン	イ
タ	カ	ナ	シ		イ	ン	タ	イ		ス	イ	ソ		サ
ヤ		メ	ト	ロ		ジ	ヨ	シ		ト	ウ	ナ	ン	
ヨ		ニ	ン	チ		イ	マ		ユ	ソ	ウ		ツ	
ウ	コ	ン		ジ	デ	ン		コ	ウ	チ		ウ	メ	ダ
カ	イ	メ	イ		ー		シ	チ	ヤ		ブ	ン		ン
イ		イ	ズ	モ	タ	イ	シ	ャ		バ	イ	ガ	エ	シ

平成26年（2014年）

➡ ヨコのカギ

1　この年大ヒットしたアニメ映画は『──と雪の女王』、芥川賞を受賞した小山田浩子の小説は『──』

2　1月、国立研究開発法人──研究所（理研）の小保方晴子研究員が万能細胞「STAP細胞」を発見したと発表。しかしのちに研究データの不正などが発覚した

3　児童が教育を受ける権利への貢献で、17歳の──・ユスフザイが史上最年少でノーベル平和賞を受賞

4　師匠について技芸を会得

5　お年寄りを敬って御──と呼ぶ

6　↔公費

7　昔の官職の1つ。漢字で「按察使」

9　6月、十種競技の──啓祐選手が8308点の日本新記録を出した

10　並んでいるのに割り込む人も

11　『ルーズヴェルト・ゲーム』『花咲舞が黙ってない』と、──潤の小説が続々とテレビ⬇102化

14　この値段で売るつもりよ、な値段

15　このセカイとは違うセカイ

18　8月、「イスラム国」への対抗措置として米軍が──北部を空爆した

19　もっと広いと湖になる？

22　この年のサッカーW杯では本田圭佑と岡崎慎司がコレを決めた

23　10月に美智子皇后陛下が80歳になられ、──の祝いとなった

25　──色発光ダイオードの開発により、赤﨑勇・天野浩・中村修二の3名がノーベル物理学賞を受賞

27　12月、大韓航空86便が、搭乗していた同社副社長のクレームにより急遽搭乗ゲートに引き返す事態。原因がマカダミア──だったため、──・リターン事件と呼ばれる

29　3月7日に全面開業した大阪の超高層ビル。地上60階・地下5階、高さ300m

31　イカやタコが吐くもの

33　小麦粉の別名。麺類専用？

36　すったりはいたりするもの

38　ソチ五輪のスキージャンプで41歳でメダルを獲得した「レジェンド」

40　手漉きで作る、日本の伝統工芸品。11月、ユネスコの無形文化遺産に

42　栗を包むトゲトゲ

43　獣や魚に与える食事

45　4月公開の映画『──♥DK』から広まったとされる「壁ドン」が、新語・流行語大賞トップテンに

47　1月、作家の姫野カオルコが『昭和の──』で直木賞を受賞した

49　「湯帷子」がなまった名前の着物

50　忠臣蔵の浪士で有名な兵庫県の市

51　毎月一定額を支払うクレジットの──払い

54　石よりも大きく重い

56　空いてるお部屋がございません

58　保守的な思想の人々

59　学名Nipponia nippon。保護活動の結果、野生下で生まれた個体の繁殖がこの年確認された

61　赤い汗を流すといわれる動物

62　海が荒れてる、漁には危険

63　2月9日、東京都──選挙で元厚生労働大臣の舛添要一が当選した

65　1月3日、テレビの毒舌トークで関西を中心に人気を博した歌手・やしき──が死去した

67　タイプ──　ノー──　ニア──

68　3月31日、──こと森田一義が長年司会を務めたテレビ番組『笑っていいとも！』が最終回を迎えた。同日、「生放送バラエティー単独司会最多＆放送回数最多記録」でギネス世界記録に認定された

70　方向音痴が間違える

73　12月の衆議院議員選挙で最年長当選者だったのは無所属の──静香

76　兵庫の有名な酒どころ

78　あなたと私で言葉を交わす

79　2月、「現代のベートーヴェン」と称された作曲家佐村河内守に──ライターがいたことが発覚した

81　このVTRは使えない、とバッサリ

83　ストライプが特徴の動物といえば

85　外科医の手術の必需品

87　『➡1と雪の女王』で使われた曲『Let It Go〜⬇1〜』は、全国の──ボックスでも大人気に

88　チョコレートの主原料は

89　ゴルフクラブの一種

91　×10すると1増える

93　笙や篳篥（しょう　ひちりき）を使って演奏します

95　新語・流行語大賞トップテンに選ばれた「マタハラ」。妊婦さんに対する嫌がらせを──する言葉です

97　コラージュの略。動物や芸能人の写真などを加工し画像を作ること

98　平らな形の木材や金属

100　昨今ペットボトルに押され気味？

⬇ タテのカギ

1　ディズニー映画『➡1と雪の女王』が大ヒット。使用曲『Let It Go〜──〜』も話題になりました

5　冬季五輪の開催地・ソチがある国

8　6月、111歳の百井盛さんが存命する世界一──の男性と認定された（もも　いさかり）

12　ソトではないの

13　この年、5％から8％に

16　ドッグトレーナーの仕事は犬の

17　医者の元へ赴く──患者

20　ピッチャーは特に大事にしたい

21　つい最近、のこと

23　4月、女子プロゴルファーの横峯──がメンタルトレーナーの森川陽太郎との結婚を発表した

24　アメリカで本格的に医療保険制度改革を実施。法案成立時の大統領から俗にオバマ──と呼ばれる

26　「NO」「いいえ」を意味する

28　ディーとエフの間

29　「アドレス」の略。メールアドレス＝メ──

30　楠や樟と書く植物

32　国をおさめる偉い人

34　夫の反対。12月、女優の国仲涼子が結婚して俳優・向井理の──に

35　半解凍のサケなどを食べるべ

37　間に他者を挟まず──談判

39　3月から放送の連続テレビ小説は『花子とアン』。──明宏によるナレーションの「ごきげんよう」のフレーズが注目を集めた

41　サッカーW杯決勝戦でアルゼンチンを1−0で下し、優勝した

44　漢字では「甲」。この年の干支は甲午（──うま）だった

46　アブラ絵の具で描きました

48　性的描写のある浮世絵。1月に閉幕した大英博物館の展覧会が約9万人を動員したのを契機に、日本国内でも再評価の機運が高まった

50　室山まゆみのマンガ『──ちゃん』

1	12	■	23		37	46	■	59	66	■	79		94	101
2		17		■	38		53			72		■	95	
	■	18		30	■	47		■	67		■	88		
3			■	31	39	■	54	60	■	73	80		■	
	■	19	24	■	40	48	■	61		■	81		96	■
4	13	■	25	32	■	49	55		■	74	■	89		102
■	14	20	■	33	41			■	68		82	■	97	
5			26	■	42		■	62		■	83	90		
6		■	27	34		■	56			75	■	91		■
7		21	■		■	50			■	76	84	■	98	103
■	15		28	■	43		■	63	69	■	85	92	■	
8	■	22		35	■	51	57		70	77	■	93		
9	16		■	36	44	■	58	64	■	78	86		■	
10		■	29			52			71	■	87		99	
11				■	45		■	65				■	100	

が単行本100巻をもって最終回に。「二人組によるコミックシリーズ最多発行巻数（女性作家）」でギネス世界記録に認定された

52 ７月、作家の柴崎友香が『――の庭』で芥川賞を受賞した

53 方角では北西を指す言葉

55 10月、――内親王殿下が国際基督教大学にAO入試で合格された

56 ３月、――内親王殿下が国際基督教大学を卒業された

57 混ぜたり和えたりに使う調理器具

59 余はお城におるのじゃ

60 ５月、宇宙飛行士の――光一が国際宇宙ステーションから帰還した

62 大ヒットゲームの新作『妖怪ウォッチ２　元祖／本家』が７月に、バージョンアップ版の『妖怪ウォッチ２　――』が12月に発売

64 12月放送の『THE MANZAI2014』では、――華丸・大吉が優勝した

66 お魚を食べやすくした状態

68 ３月の『笑っていいとも！』最終回で、人気コーナー「テレフォンショッキング」に㊀68と親交の深いビート――が登場した

69 パッとしない、目立たない

71 くじ引きなどの「ハズレ」

72 ５月17日、ミュージシャンの――が覚醒剤取締法違反で逮捕。音楽的パートナーのCHAGEは「大変残念です」とコメントを発表

74 ――がネギしょってやってくる

75 ３月、鶴竜がモンゴル出身力士で４人目の――取りを実現した

77 この年に10周年を迎えた「東京メトロ」はおもにここを走ってます

79 イライラすると強めちゃうことも

80 機械や機械でできたもの

82 借金に付いてくる

84 この年のブレイク芸人といえば、日本エレキテル連合。「――よ～、―― ――」で新語・流行語大賞

86 残念な思いを表明「――の意」

88 東海道新幹線の――50周年。各種鉄道雑誌で特集が組まれた

90 ↔勝ち

92 11月、『仁義なき戦い』などで知られた名優・――文太が死去

94 JR東日本の発行するICカード乗車券。東京駅開業100周年記念の限定版に希望者が殺到し、大混乱に

96 邦画興行収入第１位は、神風――がテーマの『永遠の０』。主演はV6の岡田准一

99 着物につきものしめるもの

101 ６月21日、群馬県の「――製糸場と絹産業遺産群」がユネスコの世界遺産に登録された

102 この年の大河――は黒田官兵衛を主人公にした『軍師官兵衛』。主演はV6の岡田准一

103 11月、『網走番外地』などで知られた名優・――が死去。⇩92文太とともに任侠映画のスターが相次いで世を去った

平成26(2014)年 甲午

●できごと●
1月 四日市のシリコンプラントで爆発火災事故
　　小保方晴子がSTAP細胞を発表。のちに捏造問題に
2月 作曲家・佐村河内守のゴーストライター問題
　　ソチ五輪
　　東京都知事選で舛添要一が初当選
　　ソニーのゲーム機「PlayStation 4」国内発売
3月 あべのハルカス開業
　　マレーシア航空機が原因不明の失踪
　　若田光一が国際宇宙ステーションの船長に就任
　　長寿番組『笑っていいとも！』が終了
4月 消費税が5％から8％に増税
5月 タイで軍によるクーデター
6月 東京都議会でセクハラやじ問題
　　富岡製糸場が世界遺産に登録
　　イスラム過激派組織ISILが国家樹立を宣言
7月 集団的自衛権の行使を容認する憲法解釈を閣議決定
　　兵庫県県議の野々村竜太郎が「号泣会見」
　　ベネッセの顧客情報流出事件が発覚
　　マレーシア航空機がウクライナ上空で撃墜される
8月 広島で豪雨による大規模土砂災害
9月 御嶽山が噴火、戦後最悪の火山災害に
10月 ノーベル物理学賞に赤﨑勇、天野浩、中村修二の3氏
11月 政府が消費税の引き上げ延期を発表
12月 小惑星探査機「はやぶさ2」打ち上げ
　　リニア中央新幹線の建設開始

●世相・流行●
・消費税が8％に。翌年予定だった10％への増税は延期へ
・捏造やゴーストライターが話題に
・アフリカでエボラ出血熱が蔓延、パンデミックの恐怖

この年「日本一高いビル」として開業したあべのハルカス（平成30年撮影）

●ソチ五輪開催と羽生結弦フィーバー
　2月7日から23日まで、ロシアのソチで第22回冬季五輪が開催され、日本選手団は金1、銀4、銅3のメダルを獲得する活躍を見せた。
　スキージャンプ男子ラージヒルでは選手団主将の葛西紀明が準優勝。41歳254日でのメダル獲得は史上最年長だった。また葛西は伊東大貴らとともにスキージャンプ男子ラージヒル団体で銅メダルを獲得した。
　羽生結弦はフィギュアスケート男子シングルで優勝。平成生まれの選手としては初めて五輪の金メダルを獲得した。またフィギュアスケートではアジア人初の冬季五輪優勝でもあった。
　その後羽生は3月の世界選手権でも優勝を飾り、前年12月のGPファイナル優勝と合わせて2003-2004年シーズンで3冠を達成。これは2001-2002年シーズンのアレクセイ・ヤグディン（ロシア）以来、史上2人目の偉業だった。羽生の話題は連日メディアを賑わして人気は加速した。
　一方、ソチ五輪でキャスターを務めた元プロテニス選手の松岡修造の熱い解説なども話題になった。9月に発売された日めくり『まいにち、修造！』は異例の大ヒット商品となり、10カ月で累計発行部数100万部に達した。

●消費税が5％から8％へ
　前年10月1日、安倍晋三首相は政府・与党政策懇談会のなかで消費税率を5％から8％へ引き上げることを表明。本年4月1日に施行した。消費増税は、橋本龍太郎内閣のもとで税率が3％から5％となって以来約17年ぶり。約5兆円の税収増分は「基礎年金の国庫負担」「赤字国債の補填」「子育て支援」などに充てるとした。
　施行前には消費財のまとめ買いや高額商品の駆け込み購入などで一時的に消費が増加したものの、その後消費は落ち込み、2014年度の実質GDPは前年比約1.0％減で5年ぶりのマイナスに。消費増税が人々に与えた影響は大きく、今年の漢字にも「税」が選ばれた。

●長寿番組『笑っていいとも！』終了
　昭和57(1982)年10月4日から平日昼に放送されていたバラエティー番組『森田一義アワー　笑っていいとも！』が本年3月31日をもって約32年間の歴史に幕を下ろした。
　同番組は、司会のタモリ（森田一義）が日替わりのゲストとトークするコーナー「テレフォンショッキング」や、曜日ごとに異なる豪華なレギュラーメンバーによる各種のコーナーが人気で、長くお茶の間に親しまれてきた。平成元年から平成26年にかけては、関東地区における12時台の民放視聴率首位を獲得し続けた。
　4月1日からは後継番組『バイキング』が放送開始。いつも観ていた『笑っていいとも！』の終了を悲しむ人たちはその喪失感を、司会のタモリになぞらえて「タモロス」と呼び、この言葉は新語・流行語大賞にもノミネートされた。

●STAP細胞騒動
　理化学研究所の小保方晴子研究員らが学術雑誌『Nature』

1月30日号に「STAP細胞（刺激惹起性多能性獲得細胞）」を発見したという論文を掲載。論文は「体細胞に外的刺激を与えることで分化可能なSTAP細胞に変化させることが可能」という内容で、事実であれば生物学の常識を覆す発見であり、従来の再生医療を飛躍的に進歩させるものであった。同研究員は一躍時の人となり、「リケジョ（理系女子）の星」などとして連日メディアに取り上げられた。

しかし他の研究者らによってSTAP細胞の再現ができず、論文に複数の矛盾が見つかると、論文偽装の疑惑が浮上。7月2日には『Nature』が論文を撤回し、小保方は12月に理化学研究所を退職した。

●青色発光ダイオードにノーベル賞

10月7日、「高輝度で省電力の白色光源を実現可能にした青色LED（発光ダイオード）開発」の功績で赤﨑勇・天野浩・中村修二の3氏にノーベル物理学賞が与えられることが発表された。

3氏の研究によって1990年代以降、青色LEDの量産化が可能になり、それまでにすでに実現していた赤・緑のLEDと合わせて、長寿命で省エネな白色光源を量産できるようになった。従来の白熱電球などはLEDに置き換えられつつあり、信号機や可視光通信の光源などその使用の幅は広がっている。ノーベル賞の授与機関であるスウェーデン王立科学アカデミーの選考委員は「20世紀を照らしたのは白熱電球だったが、21世紀はLEDによって照らされるだろう」とその栄誉を称えている。

●アナ雪ブーム

3月14日、ディズニーのアニメ映画『アナと雪の女王』（通称「アナ雪」）が日本でも公開され、大ヒット。興行収入は約254.8億円で年間1位を記録した。

第86回アカデミー賞（長編アニメ映画賞・歌曲賞）や第71回ゴールデングローブ賞（アニメ映画賞）なども受賞し、世界的に高い評価を獲得。また、劇中とエンドロールで流れる『Let It Go～ありのままで～』はブームとなり、投稿者が歌う動画がYouTubeなどのサイトに多数投稿された。5月13日には『アナと雪の女王　オリジナル・サウンドトラック』の累積売上が46.6万枚に達し、アニメのサウンドトラックとして『さらば宇宙戦艦ヤマト』が持っていた記録をぬりかえて歴代1位のセールスになった。

●妖怪ウォッチの大ヒット

前年7月11日にニンテンドー3DS用ゲームソフト『妖怪ウォッチ』が発売され、子どもたちの間で大ヒット。本年1月8日からアニメの放送が開始し、ブームはさらに過熱した。特にエンディング曲『ようかい体操第一』に合わせてキャラクターたちが踊る体操は覚えやすく、子どもたちはこぞって真似した。

7月10日にはゲームソフト『妖怪ウォッチ2』が発売され、人気シリーズ『ポケットモンスター』を抑え、年間1位の売り上げを達成した。また『妖怪ウォッチ2』の攻略ガイドはオリコンの年間"本"ランキングで1位を獲得している。

●DATA●

【今年の漢字】 税

【内閣総理大臣】 安倍晋三（自由民主党）

【プロ野球日本一】 福岡ソフトバンクホークス

【Jリーグ年間優勝】 ガンバ大阪

【JRA年度代表馬】 ジェンティルドンナ

【流行語】 ダメよ～ダメダメ　ありのままで　壁ドン　集団的自衛権　カープ女子　危険ドラッグ　ごきげんよう　レジェンド　妖怪ウォッチ　マタハラ　STAP細胞

【書籍】 水野敬也・長沼直樹『人生はニャンとかなる！』　槇孝子・鬼木豊『長生きしたけりゃふくらはぎをもみなさい』　池井戸潤『銀翼のイカロス』　和田竜『村上海賊の娘』　岸見一郎・古賀史健『嫌われる勇気』

【映画】 『永遠の0』　『STAND BY ME ドラえもん』　『るろうに剣心』　『テルマエ・ロマエⅡ』　『アナと雪の女王』　『マレフィセント』　『ゼロ・グラビティ』　『GODZILLA ゴジラ』

【テレビ】 『花子とアン』　『マッサン』　『HERO』　『S -最後の警官-』　『花咲舞が黙ってない』　『ルーズヴェルト・ゲーム』　『水曜日のダウンタウン』　『笑っていいとも！』（終了）

【音楽】 AKB48『ラブラドール・レトリバー』　嵐『GUTS!』　乃木坂46『何度目の青空か？』　SKE48『未来とは？』　三代目J Soul Brothers from EXILE TRIBE『R.Y.U.S.E.I.』　松たか子『Let It Go～ありのままで』　秦基博『ひまわりの約束』

【話題の商品】 格安スマホ　クロームキャスト（グーグル）　ジェルボール洗剤　伊右衛門 特茶（サントリー）　希少糖　クロワッサンドーナツ　NISA　『ツムツム』（LINE）　『妖怪ウォッチ』（レベルファイブ）

【訃報】 やしきたかじん（歌手）　小野田寛郎（元陸軍軍人）　まどみちお（詩人）　渡辺淳一（作家）　土井たか子（政治家）　高倉健（俳優）　菅原文太（俳優）

●平成26年の答え●

ア	ナ		サ	ン	ジ	ュ		ト	キ		ゴ	ー	ス	ト
リ	カ	ガ	ク		カ	サ	イ	ノ	リ	ア	キ		イ	ミ
ノ		イ	ラ	ク		イ	ヌ		ミ	ス		カ	カ	オ
マ	ラ	ラ		ス	ミ		イ	ワ		カ	メ	イ		カ
マ		イ	ケ		ワ	シ		カ	バ		カ	ッ	ト	
デ	シ		ア	オ		ユ	カ	タ		カ		ウ	ッ	ド
	ヨ	カ		ウ	ド	ン	コ		タ	モ	リ		コ	ラ
ロ	ウ	タ	イ		イ	ガ		シ	ケ		シ	マ	ウ	マ
シ	ヒ		ナ	ッ	ツ		マ	ン	シ	ツ		ケ	タ	
ア	ゼ	チ		マ		ア	コ	ウ		ナ	ダ		イ	タ
	イ	カ	イ		エ	サ		チ	ジ		メ	ス		カ
コ		ゴ	ー	ル		リ	ボ		ミ	チ		ガ	ガ	ク
ウ	シ	ロ		イ	キ		ウ	ハ		カ	イ	ワ		ラ
レ	ツ		ア	ベ	ノ	ハ	ル	カ	ス		カ	ラ	オ	ケ
イ		ケ	イ	ド		エ	ル		タ	カ	ジ	ン		ビ	ン

107

平成27年（2015年）

➡ ヨコのカギ

1　住民票をもつすべての人を対象に10月から通知が開始された、個人識別のための12桁の番号

2　ユネスコの世界遺産──会の審議により、「明治日本の産業革命遺産」の世界文化遺産への登録が決定

3　5月1日以降、スマートフォンなどのSIM──解除が義務化された

4　大晦日の夜におなじみの麺。上にフライドポテトを盛ったメニューが、この年にネットで話題に

5　背の高い建造物

6　この年のラグビーW杯で活躍した──歩選手は、ルーティンで行う独特の動作で話題に

7　建物の「階」を表す言葉

8　ナインとイレブンの間

9　ゲーム『──乱舞』の女性ファンが、実際の名刀を見学しようと各地の美術館などへ殺到。このファンを表す「──女子」は新語・流行語大賞にノミネートされた

13　土俵の上で力士が踏む

15　巨額の総工費に対する批判が噴出し、7月に安倍政権が新国立競技場の建設計画の白紙──を宣言

17　突発的なニュースを伝えるために発行される新聞

18　水族館のこと。日本動物園水族館協会は追い込み漁によるイルカの入手を問題視され、4月に世界協会から会員資格を停止された

20　これがあるダンスはカッコいい

21　小説『火花』で、この年に第153回芥川賞を受賞したお笑い芸人

23　屋根の雨水を導く装置

27　橋下徹大阪市長らが中心となり、10月31日に「おおさか──の会」の結党大会を開いた

29　排ガス試験の不正問題が大きな話題となったフォルクスワーゲンはこの国の企業

30　日本郵政傘下の──銀行が、11月4日に株式を東証一部へ上場

33　10月に新設されたスポーツ庁の初代長官に、元競泳選手の鈴木──が就任

34　この年、プロ野球で65年ぶりに2人の⬇33が同時に達成。新語・流行語大賞の1つに選ばれた

36　過失のこと。彼に──はない

37　お気に入りの本が汚れないようにブック──をつけた

40　➡1を本人に通知するために、「通知──」が送付された

41　最近の数年間

43　北陸──の長野－金沢間が3月に開業

47　大正──　──派音楽

48　神事の際に神前で唱えることば

52　iPhoneと連携させて使用する腕時計型の端末「──ウォッチ」が4月に発売

53　8月に山本耕史と結婚した女優

54　感覚などが鋭いこと

55　東京五輪の大会組織委員会が7月24日にこれを発表したが、既存のロゴに酷似していると指摘を受け9月1日に使用取りやめを決めた

56　衣類にあるものはアイロンで対処

58　12月に金星周回軌道への投入が成功した、日本の惑星探査機

59　ヨウ素の元素記号に使われるアルファベット

63　これのある生活を心がけたいですね

64　地球の衛星。この年は9月28日に「スーパームーン」で話題に

65　クリスマス前夜にプレゼントを配りにやってくる

66　イエス・キリストの母

67　地球温暖化防止に関する国際的な枠組みである──協定が、12月12日に採択された

69　2015年本屋大賞に選ばれた、上橋菜穂子の小説『──の王』

70　芸人が披露するもの。とにかく明るい安村の「安心してください、穿いてますよ」が大ヒット

⬇ タテのカギ

1　7月29日にWindows 10が提供開始。開発したのはこの企業

6　この年、石川遼選手が「──日本シリーズJTカップ」で初の国内メジャー制覇を果たした

8　この年に➡34を達成した2人の⬇33のうちの1人は、東京ヤクルト

スワローズの山田──選手

10　ごはんのこと。干し──

11　日除けのために帽子についている

12　経団連のルール変更により、企業の2016年度新卒採用の日程が──倒しに

14　──風呂　──商

16　ハワイとかグアムとか

19　夏に日本列島を覆って酷暑をもたらす太平洋──

21　力士の場合は「土がつく」とも

22　上野駅と札幌駅を結ぶ寝台特急の「──星」が、8月23日到着分をもって運行終了

24　2015年上半期放送のNHK連続テレビ小説のタイトル

25　「？」は疑問符、「！」は──符

26　⬇38からやってきた観光客が、日本国内で大量の商品をまとめ買いする様子を指した言葉。この年の新語・流行語大賞の年間大賞の1つ

28　スクール──の活躍を描いたアニメ『ラブライブ！』の映画がヒット。声優ユニットμ's（ミューズ）は、この年のNHK紅白歌合戦に初出場

30　──亀美也宇宙飛行士らが搭乗したソユーズ宇宙船が、国際宇宙ステーションへ向けて7月23日に打ち上げられた

31　北海道にある市や川の名前。──鍋は鮭を使った郷土料理

32　⬇24で、ヒロインの父親である津村徹は大泉──が演じた

33　野球のバッター

35　アルコール度数の高いロシアの酒

38　首都が北京の国を英語で

39　──ゲルは乾燥剤として様々なところで使われる

41　白菜や唐辛子などで作る、辛い漬物の代表格

42　白鵬がこの年の一月──を制し、歴代最多の33度目の優勝を達成

44　地表や地中の温度

45　この年にロシア大統領を務めていた人物

46　小型の無人飛行機。この年には首相官邸の屋上への落下などが大きく取り上げられたが、一方で法整備も進み、「──元年」という表現

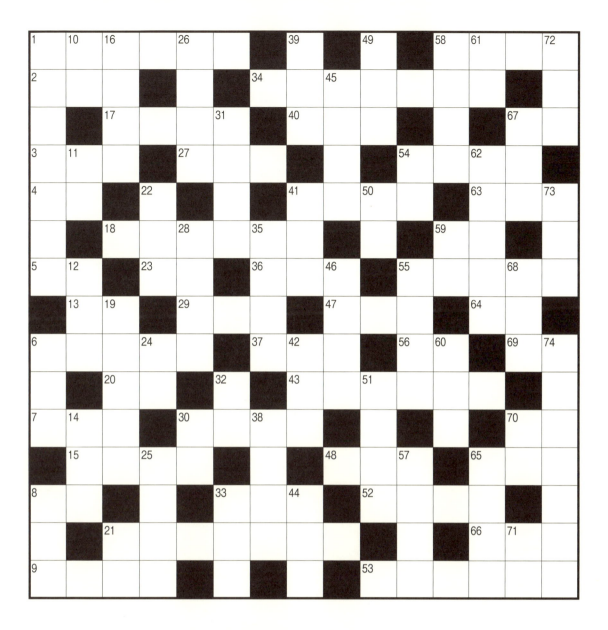

もされた
49 ⇒21と同時に芥川賞を受賞した羽田圭介の小説は『スクラップ・アンド・──』
50 スマートフォン用のゲームアプリ『──あつめ』が、かわいらしくて癒やされる、とこの年に大人気に
51 漢字で「金糸雀」と書く鳥。色の名前にもなっている
54 コンパスを使って描く図形
55 ↓54運動をする物体が、外側の向きに受ける力は──力
57 5月23日、スターバックスコーヒーがこの県での第1号店をオープン。これにより、全都道府県での出店を果たした
58 「私はあのとき犯行現場にはいませんでした」という証明
59 この年の「今年の漢字」の読みの1つ
60 この年の夏の甲子園で「清宮フィーバー」を巻き起こした清宮幸太郎選手が在籍していたのは──実業学校高等部
61 マイ── エコ── ──ラジオ
62 この年にノーベル生理学・医学賞を受賞した大村智氏は、──が生産する有用物質を数多く発見した研究者
65 腰から腿の上部までを覆う男性用の下着
67 裾が広くゆったりとしたガウチョ──が、女性ファッションのトレンドに
68 繰り返すとも言います
70 これは平成27──に関するクロスワードです
71 ペルーの首都
72 速度×時間で算出される
73 5月5日、テイラー・スウィフトがワールドツアーを東京──で開幕
74 「ニュートリノが質量をもつことを示すニュートリノ振動の発見」により、この年にノーベル物理学賞を受賞した日本人研究者

平成27(2015)年 乙未

●できごと●

1月　日本人2名が過激派組織ISILに拘束され、犠牲に
　　　大相撲で白鵬が歴代最多優勝記録を更新
2月　多摩川河川敷で少年グループによる中学生殺害事件
3月　マイクロソフト創業者が沈没した戦艦武蔵を発見
　　　鳩山元総理が政府の勧告を無視してクリミア訪問
4月　日経平均株価が一時2万円台まで回復。15年ぶり
5月　大阪都構想の是非を問う住民投票、反対多数で否決
6月　日本年金機構から個人情報が大量流出したことが発覚
7月　明治日本の産業革命遺産が世界遺産に登録される
　　　探査機ニュー・ホライズンズが冥王星に最接近
　　　アメリカとキューバが54年ぶりに国交回復
　　　不正会計発覚の東芝で、歴代社長が引責辞任
　　　油井亀美也がソユーズ宇宙船で宇宙ステーションへ
8月　最後のブルートレイン「北斗星」が運行終了
9月　盗作疑惑の東京五輪エンブレム、白紙撤回が決定
　　　安全保障関連法が成立
　　　ラグビーW杯で日本が南アフリカに歴史的勝利
　　　プロ野球選手の野球賭博が発覚
10月　TPP交渉が大筋合意
　　　マイナンバーの通知が始まる
　　　大村智のノーベル生理学・医学賞受賞が決定
　　　梶田隆章のノーベル物理学賞受賞が決定
11月　渋谷区が同性同士の「パートナーシップ証明書」発行
　　　パリ同時多発テロ事件
12月　ドローンなどの無人機を規定する改正航空法が施行

●世相・流行●

・世界各地でイスラム過激派によるテロ。邦人も犠牲に
・2020年の東京五輪に関する問題が続出
・ラグビー日本代表の活躍。五郎丸ポーズが話題に

この年送付されたマイナンバー通知カード

●東京五輪の新国立競技場計画とエンブレムの白紙撤回

　この年は、2020年開催の東京五輪に向けた準備の中で「白紙撤回」問題が相次いで起こった。

　大会のメイン会場となる新国立競技場は、総工費1300億円を目処としたザハ・ハディドのデザインに決定したものの、キールアーチ（屋根を支えるための2本の巨大なアーチ）などが原因で総工費の試算は3000億円にまで大きく膨らんだ。これをふまえて建設計画の見直しが行われたものの、紆余曲折を経て下村文部科学相が6月末に公表した総工費の試算は2520億円。結局、この案に対して批判が巻き起こり、7月17日、安倍首相がこの計画の白紙撤回を宣言した。

　また、大会の公式エンブレムは当初、佐野研二郎のデザインしたものが7月24日に採用されたが、これがベルギーにあるリエージュ劇場のロゴに酷似していると物議を醸した。佐野はエンブレムについて盗用を否定していたが、その後飲料メーカーのキャンペーン賞品向けにデザインしたトートバッグなどでも盗用疑惑が相次いで発覚し、世間からの批判がいっそう高まった。一連の出来事を受け、五輪組織委員会は9月1日、エンブレムの白紙撤回を表明した。

●フォルクスワーゲンが排ガス規制試験で不正

　ドイツの大手自動車メーカー・フォルクスワーゲンが、ディーゼル車の排ガス試験で不正行為を行っていたことが9月にアメリカで明らかになった。ディーゼル車の排ガス試験のときだけ排ガス量を実際の走行時よりも減らし、試験をクリアできるようにするソフトウェア（ディフィートデバイス）を、全世界で販売された1100万台もの車に搭載していた。アメリカの厳しい排ガス規制を逃れるための策として行われたもので、ヨーロッパの製造業を代表する一流企業の史上最大規模の不祥事が、世界中に衝撃を与えた。

　不正の対象となった車は、走行時にはアメリカが定める基準値の最大40倍の量の窒素酸化物を排出する。マサチューセッツ工科大学とハーバード大学の研究者チームはこの不正車による影響を見積もり、排ガスによって全米で60人の寿命が縮まり、2016年末までにリコールが進まなければ130人が早死にする、という予測を10月に報告した。

　この不祥事を受けてアメリカの環境保護局は、アメリカ国内で販売された48万2000台の不正対象車のリコールを同社に命じた。

●マイナンバー通知開始

　社会保障や税制度上で個人を識別するための個人番号（マイナンバー）が、住民票を有するすべての人を対象に、10月以降通知された。従来、社会保障や税などに関する個人の情報は、行政機関や地方公共団体がそれぞれ個別に番号を付与して管理していたが、横断的な12桁の共通番号を導入することにより、情報の照合などを効率的に行うことができ、手続きが簡素化される、というねらいがある。行政手続きでの使用は翌年1月に開始された。

　番号の通知は、住民票に記載された住所への「通知カード」の送付によって行われた。マイナンバーは原則として、生涯同じ番号を使い続けることになっており、自由に変更するこ

とはできない。通知カードには「個人番号カード交付申請書」が付属しており、希望者はこれを使って申請することで、顔写真付きのICカードである「個人番号カード（マイナンバーカード）」の交付を受けることができる（交付は翌年1月に開始）。マイナンバーカードの交付開始にともない、住民基本台帳カードの発行はこの年の12月末をもって終了した。

●ラグビーW杯とプロ野球で快挙

第8回ラグビーW杯が、9～10月にイングランドで開催された。9月19日にブライトンで行われた日本対南アフリカの試合では、34対32で日本が勝利。当時世界ランキング3位で過去に2度の優勝経験がある南アフリカを破った番狂わせとして、大きな話題となった。日本のみならず、英国メディアもこれを大々的に報じ、『ハリー・ポッター』シリーズで知られる英国人作家J・K・ローリングも「こんな話は書けない」と驚きをTwitterでつぶやいた。また、このW杯にフルバックとして出場した五郎丸歩選手が、プレースキックを蹴る前に両手を組む独特のルーティンで話題に。このポーズは「五郎丸ポーズ」と呼ばれるようになり、ラグビーになじみのない人々からも注目を浴びた。

プロ野球では、打率3割以上・本塁打30本以上・盗塁30以上を同一シーズンに記録する「トリプルスリー」を、ソフトバンクの柳田悠岐選手とヤクルトの山田哲人選手が達成した。2人の選手が同時に達成したのは実に65年ぶりの快挙ということもあって、大きく取り上げられた。「トリプルスリー」はこの年の新語・流行語大賞で年間大賞に選ばれた。なお、山田選手はその後平成28年・平成30年にもトリプルスリーを達成しており、史上初の複数回達成者にもなった。

●ドローン元年

4月22日、首相官邸の屋上にドローン（遠隔操作や自動制御により飛行する無人航空機）が落下しているのを官邸職員が発見した。このドローンには砂の入った容器が搭載されており、そこから微量の放射性物質が検出されたことから大きく取り上げられた。このドローンを飛ばした男（当時40歳）は後日出頭し、威力業務妨害容疑で逮捕された。また5月9日には、御開帳が行われていた善光寺の境内にドローンが落下。これを飛ばしていたのは当時15歳の少年だった。それ以降もドローンの事故が相次いで起こり、ドローンの安全性に対する国民の不安が高まっていった。

官邸への落下事件以後、ドローンに関する法整備が急速に進められた。ドローンの飛行方法や飛行禁止区域などについて定めた改正航空法が9月4日に国会で成立し、12月10日に施行された。

報道では、度重なる事故やそれを受けた法改正の話題が目立ったが、ドローン自体は映像撮影や荷物配送、インフラ点検などさまざまな面での活用が期待され、ドローンのメーカー各社はこの1年でも新製品を続々と発表した。また安倍首相は11月の官民対話で「早ければ3年以内にドローンを使った荷物配送を可能にする」とも述べた。さまざまな出来事によってドローンの知名度が大きく上昇した1年となり、「ドローン元年」と表現するメディアも多かった。

●DATA●

【今年の漢字】 安

【内閣総理大臣】 安倍晋三（自由民主党）

【プロ野球日本一】 福岡ソフトバンクホークス

【Jリーグ年間優勝】 サンフレッチェ広島

【JRA年度代表馬】 モーリス

【流行語】 爆買い　トリプルスリー　エンブレム
安心して下さい、穿いてますよ　五郎丸（ポーズ）
ドローン　ラブライバー　あったかいんだからぁ

【書籍】 又吉直樹『火花』　下重暁子『家族という病』
J・L・スコット『フランス人は10着しか服を持たない』
篠田桃紅『一〇三歳になってわかったこと』
曽野綾子『人間の分際』　上橋菜穂子『鹿の王』

【映画】 『バケモノの子』　『映画 妖怪ウォッチ』　『HERO』
『進撃の巨人 ATTACK ON TITAN』　『映画 ビリギャル』
『ジュラシック・ワールド』　『ベイマックス』
『シンデレラ』　『ミニオンズ』　『インサイド・ヘッド』

【テレビ】 『下町ロケット』　『あさが来た』　『まれ』
『天皇の料理番』　『アイムホーム』　『〇〇妻』
『しくじり先生 俺みたいになるな!!』　『おそ松さん』

【音楽】 AKB48『僕たちは戦わない』
乃木坂46『今、話したい誰かがいる』
三代目J Soul Brothers from EXILE TRIBE
『Unfair World』　SEKAI NO OWARI『Dragon Night』
クマムシ『あったかいんだからぁ♪』
西野カナ『もしも運命の人がいるのなら』

【話題の商品】 ドローン　Apple Watch（アップル）
Pepper（ソフトバンク）　コンビニドーナツ
ココナッツオイル　ガウチョパンツ
定額音楽配信サービス　『マインクラフト』（モージャン）

【訃報】 斉藤仁（柔道家）　愛川欽也（司会者）
十代目 坂東三津五郎（歌舞伎役者）　萩原流行（俳優）
岩田聡（ゲームクリエイター）　水木しげる（漫画家）

●平成27年の答え●

マ	イ	ナ	ン	バ	ー	■	シ	■	ビ	■	ア	カ	ツ	キ
イ	■	イ	ン	■	ク	■	ト	リ	プ	ル	ス	リ	ー	ヨ
ク	■	ゴ	ウ	ガ	イ	■	カ	■	ド	■	バ	■	パ	リ
ロ	ッ	ク	■	イ	シ	ン	■	チ	■	エ	イ	ビ	ン	■
ソ	バ	■	ホ	■	カ	■	キ	ン	ネ	ン	■	セ	ッ	ド
フ	■	ア	ク	ア	リ	ウ	ム	■	コ	■	ア	イ	■	ー
ト	ウ	■	ト	イ	■	オ	チ	ド	■	エ	ン	ブ	レ	ム
■	シ	コ	■	ド	イ	ツ	■	ロ	マ	ン	■	ツ	キ	■
ゴ	ロ	ウ	マ	ル	■	カ	バ	ー	■	シ	ワ	■	シ	カ
ル	■	キ	レ	■	ヨ	■	シ	ン	カ	ン	セ	ン	■	ジ
フ	ロ	ア	■	ユ	ウ	チ	ョ	■	ナ	■	ダ	■	ネ	タ
■	テ	ッ	カ	イ	■	ヤ	■	ノ	リ	ト	■	サ	ン	タ
テ	ン	■	ン	■	ダ	イ	チ	■	ア	ッ	プ	ル	■	カ
ツ	■	マ	■	マ	タ	ヨ	シ	ナ	オ	キ	■	ト	■	マ	リ	ア
ト	ウ	ケ	ン	■	ヤ	■	ン	■	ホ	リ	キ	タ	マ	キ

111

平成28年（2016年）

➡ ヨコのカギ

1 この年から新設された祝日。8月11日です

2 この年の作況指数の全国平均は、やや良の103

3 命じられるままに行動

4 とげがあること。――鉄線

5 1月17日、大津市長選で再選された――直美は、平成31年3月現在現職の女性市長の中で最年少

6 5月12日に亡くなった、日本を代表する演出家・――幸雄

7 10月から放映され、エンディングの「恋ダンス」が話題を呼んだテレビドラマの略称は「――恥」

8 自分の背中側

9 5月27日、オバマ米大統領が広島を訪問し、――なき世界への決意を改めて表明

11 アナウンサーや歌手が大事にしているもの

14 片時もそばを離れない

16 4月からの――完全自由化で、ガス会社や通信会社なども販売に参入した

17 時代遅れも奥ゆかしさも

19 これの仕組みを解明した功績で、東京工業大学の大隅良典栄誉教授がこの年のノーベル生理学・医学賞を受賞した

21 4月14日・16日と、震度7の揺れが2度熊本県を襲った。これらを含めた一連の――活動を総称して平成28年（2016年）熊本――という

23 国技館の土俵の吊り屋根の四隅についている

25 手を貸すこと　サポート

27 リオデジャネイロ五輪で日本が受賞したメダルで、いちばん多かった色

29 高跳び競技で越えたいもの

31 Vサインは2本で作る

32 買い手を探している土地

34 自分の家系で現存者以前の人々

35 12月31日をもって解散した、男性アイドルグループ

36 道具　工具　手段

39 1月29日に採用を決定し2月16日から実施された、日本銀行史上初の金融政策

40 相手をたてるときの自分の態度

42 校正刷りを表す印刷用語

43 9月17日に同時発売の『週刊少年ジャンプ』42号と単行本第200巻で40年の歴史に終止符を打った、秋本治作の人気漫画の略称

44 性質　性格

45 繁華街や歓楽街などの道路につけられることの多い名称「――通り」

46 その使い方は間違いです

48 7月15日、東証1部に上場したネット関連事業会社。同名のアプリケーションソフトはスマートフォンなどで広く使われている

49 祭りなどで着る印半纏

50 9月21日に行われた天皇陛下のお稲刈りもこれ

51 6月1日、安倍首相は翌年4月に実施予定だった消費税増税を再度――する決定をした

53 車の荷台などにかける覆い

54 首相の記者会見で使う演台についている紋所

55 7月、国立西洋美術館が世界――遺産に登録された

56 こどもの日にちまきを食べながら兄さんと――比べ

58 厚生労働省は『喫煙と健康　喫煙の健康影響に関する検討会報告書』（通称――白書）を8月にまとめ、受動喫煙対策の遅れを指摘した

59 1月11日に女優の北川景子と結婚したことを発表したDAIGOは、竹下登元首相のこれにあたる

61 ならぬ――、するが――

64 授業が終わったあと

66 5月26～27日に行われた先進国首脳会議、愛称は伊勢志摩――

68 まだ決まっていません

70 7月16日、自民党谷垣禎一幹事長がロードバイクで起こした

72 「きらら」とも呼ばれる、はがれやすい鉱物

73 VR（バーチャルリアリティー）元年とも呼ばれたこの年。VRには先端技術の――が詰まっている？

75 5月29日、テレビ番組『笑点』の――代目司会者に春風亭昇太が就任した

77 現地報告。「ルタージュ」が略されている

79 英国で、ナイトなどにつける敬称。12月31日に叙勲が発表され、テニスのアンディ・マレーらが翌年からこう呼ばれることとなった

⬇ タテのカギ

1 不規則発言。大相撲三月場所の千秋楽、結びの一番で立ち合いの変化から勝利した横綱・白鵬に激しく飛び、白鵬が涙する場面も

2 7月31日の選挙で生まれた東京都初の女性知事

6 11月に名称が正式決定した、原子番号113の元素

9 この年の12月18日で、日本が国際連合に――してちょうど60年

10 3月28日に日本相撲協会理事長に再選されたのは八角親方。現役時の――は北勝海

12 二十四節気の1つ。芒種と小暑の間

13 「入ります」の合図

15 4月27日、女子サッカーの日本代表（――ジャパン）の新監督に高倉麻子が就任した

18 7月10日、参議院議員通常選挙で連立与党が勝利。安倍首相もほっと――を見せた

20 建物と建物の間の狭い道路

22 1年を振り返れば――こもごも

23 男女のスキャンダルから生まれた「ゲス――」は、新語・流行語大賞トップテンの1つ

24 初夢で見ると縁起がいいものの1つ

26 新語・流行語は時代を反映するキ――

28 航空機のはね

30 5月、舛添要一都知事の政治資金の私的――疑惑が浮上。同氏は6月に都知事を辞職

33 11月8日、米国大統領選で大方の予想を覆してトランプが

35 1月15日、群馬・長野県境の入山峠付近で――バスが転落、乗客・乗務員あわせて15人が犠牲に

36 炒め物はこの火加減で、とよく言われる

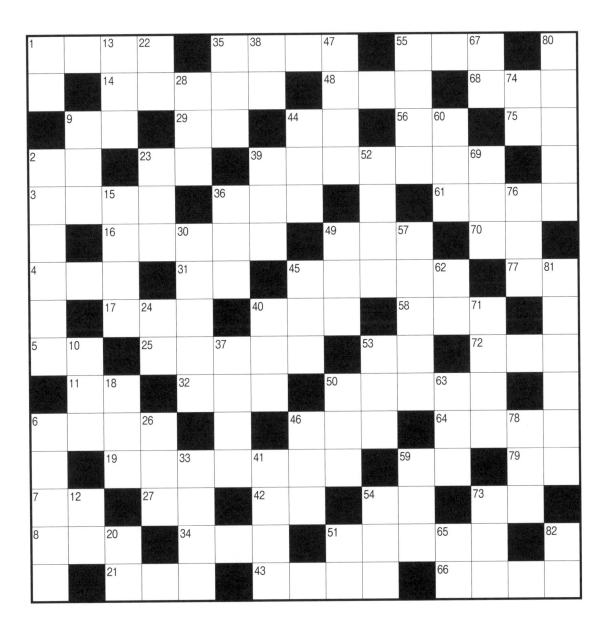

- 37 5月14日に200ホールドを記録した宮西尚生は北海道日本ハムファイターズの──投手
- 38 ボール　球
- 39 記号。12月1日から洋服についている洗濯表示の──が変更になり、カナや漢字が消えた
- 40 手のつけようがない＝──無し
- 41 中味を多く見せかけるための工夫
- 44 銭湯の浴室の壁はコレで絵ができているところも
- 45 特定の分野に熱中し、没頭している人
- 46 この年に公開された実写邦画で最高の興行収入を挙げた映画は『シン・──』
- 47 手に入りにくい入場券＝──チケット
- 49 3月に開業した北海道新幹線区間を走る電車の愛称の1つ
- 50 ステージで繰り広げられる、華やかな催し物
- 51 高低差のある道
- 52 舞台などで出演者以外の関係者
- 53 持っていること
- 54 効果　効用
- 55 4月、「パナマ文書」が話題に。租税回避地として知られるパナマの弁護士事務所が作成した機密文書が漏洩し、国際調査報道ジャーナリスト連合が内容を──したもの
- 57 この年、1分強の動画PPAPで世界的に大ブレークした謎のシンガーソングライター
- 59 リオデジャネイロ五輪閉会式で見せた、安倍首相のコスプレ
- 60 9月、ペルー南部で古代──帝国の祭壇の一部とみられる遺物が発見された
- 62 母親の代わりに乳を与える人
- 63 必要以上に子の面倒を見る
- 65 ──野球　──競馬
- 67 新語・流行語大賞は、プロ野球広島カープや鈴木誠也選手の活躍を評した言葉「──ってる」
- 69 3月、定期列車ではなく──列車として走っていた寝台特急「カシオペア」の運行が終了した
- 71 5月、羽田空港で大韓──の飛行機の左エンジンから出火。影響で400便以上が欠航となった
- 73 魚のはかまぼこやちくわの原料に
- 74 7月にイラクのバグダッドで自爆──が発生。200人以上が犠牲に
- 76 8月、モデルの藤田──が『Bye Bye』で歌手デビュー
- 78 12月22日、糸魚川市で大規模──が発生。約4万㎡が焼損した
- 80 幼い子を持つ親の「──落ちた日本死ね」というブログが話題になり、このフレーズは新語・流行語大賞トップテンに
- 81 日本では7月に配信され、世界的に大流行したスマートフォンのゲームアプリ
- 82 十干と十二支。この年は丙申(ひのえさる)

113

平成28(2016)年 丙申

●できごと●
1月　北朝鮮で地下核実験。同国は水爆実験と主張
　　　軽井沢町でスキーバスが転落事故
2月　台湾南部で最大震度7の地震
3月　北海道新幹線が新青森駅－新函館北斗駅間で開業
4月　熊本地震。震度7の地震が2回
　　　パナマ文書が公表される
5月　伊勢志摩サミット。オバマ大統領が広島を訪問
6月　政府が消費税の引き上げ再延期を発表
　　　選挙権年齢が20歳から18歳へ引き下げ
　　　イギリスで国民投票、EU離脱派が勝利
7月　スマホゲーム「ポケモンGO」配信開始。社会現象に
　　　国立西洋美術館が世界遺産に登録
　　　相模原の障害者施設で戦後最悪の大量殺人事件
　　　都知事選で小池百合子が当選
8月　リオデジャネイロ五輪
　　　天皇が象徴としてのお務めに関するお気持ちを発表
　　　8月11日が「山の日」で祝日に
9月　前年に過労自殺した電通の女性社員を労災認定
10月　大隅良典のノーベル生理学・医学賞受賞が決定
　　　歌手のボブ・ディランのノーベル文学賞受賞が決定
11月　米大統領選でドナルド・トランプが当選
　　　新発見の113番元素の名前が「ニホニウム」に決定
12月　普天間基地の輸送機オスプレイが墜落事故
　　　安倍首相が真珠湾を訪問、慰霊
　　　アイドルグループのSMAPが解散

●世相・流行●
・皇室のありかたを巡ってさまざまな議論
・「反グローバリズム」が世界に広がる
・SMAP解散騒動

開業当日、函館山を背に走る北海道新幹線「はやぶさ」
（写真提供：北海道新聞社／時事通信フォト）

●リオ五輪で日本選手団のメダルラッシュ

　8月5日から8月21日にかけて、ブラジルのリオデジャネイロで五輪が開催された。日本選手団は金12、銀8、銅21で歴代最多となる41のメダルを獲得、多くの感動を呼んだ。

　競泳男子400m個人メドレーでは萩野公介が金、瀬戸大也が銅でダブル表彰台を達成した。

　体操男子団体、日本は1種目目のあん馬では落下もあってやや出遅れたが、最年少の白井健三やエース内村航平らが安定した演技を見せて見事に逆転優勝。内村は個人総合でも優勝し、2連覇を達成した。

　レスリングでは男女合わせて金4、銀3のメダルを獲得する大活躍。選手団主将の吉田沙保里も銀メダルに輝いた。

　閉会式では安倍晋三首相が任天堂の人気キャラクターのマリオのコスプレで土管から登場し、2020年東京五輪の開催を印象付けた。

●「PPAP」「恋ダンス」の動画が流行

　8月25日、ピコ太郎（芸人の古坂大魔王の別名義）がYouTubeで『ペンパイナッポーアッポーペン』（略称「PPAP」）を公開。覚えやすい歌と振り付けで話題を呼び、9月27日にカナダの国民的歌手ジャスティン・ビーバーが「お気に入りの曲」としてTwitterで紹介するとその人気は世界的規模に。動画視聴数は伸び続け、累計で1億を超えた。

　また、10月放送開始のドラマ『逃げるは恥だが役に立つ』のエンディングで出演者が主題歌『恋』に合わせて踊る通称「恋ダンス」が人気になった。YouTubeの公式動画は6日間で約609万再生を記録。YouTube、Twitter、Instagramなど のSNSで「恋ダンス」を踊った動画を投稿することが流行。一般人だけではなく、駐日米大使館・領事館の大使や職員、フィギュアスケート選手の羽生結弦や織田信成らも動画を公開するなど、影響は日本全体に波及した。

●映画『君の名は。』『シン・ゴジラ』ヒット

　この年は人気映画が多く公開され、興行収入合計は約2355億800万円と、2000年以降では最高の記録となった。

　8月26日、新海誠監督のアニメ映画『君の名は。』が全国公開され、大ヒットした。最終国内興行収入は約250.3億円で日本映画としては『千と千尋の神隠し』に次ぐ歴代2位を記録。世界125の国と地域でも公開されて、全世界興行収入は400億円を超え日本映画歴代1位に輝いた。作品の舞台となった岐阜県飛騨市には若い女性を中心に観光客が押し寄せて、その影響などで市の年間観光客者数は前年比で約12.4％増加した。また、映画やドラマなどの作品の舞台を訪ねることを意味する「聖地巡礼」という言葉は新語・流行語大賞トップテン入りを果たした。

　7月29日に公開された庵野秀明脚本の実写映画『シン・ゴジラ』も大ヒット。国内最終興行収入は82.5億円を記録して歴代ゴジラシリーズ1位となった。

●SMAPの解散

　1月13日、ジャニーズ事務所所属の5人組男性アイドルグループ「SMAP」が解散危機にあるという報道がされた。1月

18日にはテレビ番組『SMAP×SMAP』のなかで謝罪のメッセージを放送し、グループでの活動を継続していくと宣言。放送時の最高瞬間視聴率は約37.2%、年内では紅白歌合戦に次ぐ高さであり、視聴者たちの注目の高さがうかがえた。だが、SMAPとしての活動は少なくなっていき、8月14日に事務所は年内をもってSMAPが解散することを正式に発表した。これに対してSMAPの存続または解散後の再結成を望む人々による署名活動が行われて37万3515筆が集まったが決定は覆らず、12月31日をもって28年間の活動に終止符が打たれた。一方で、解散を望まないファンの間でSMAPの代表曲『世界に一つだけの花』を購買する活動が行われ売り上げが急増、日本史上3作目となる累計300万枚突破を成し遂げた。

以降も、メンバーはそれぞれに芸能界で活動。中居正広・木村拓哉は事務所に残り、稲垣吾郎・草彅剛・香取慎吾は退所して「新しい地図」という公式ファンサイトを立ち上げ、それまでとは違う活動を始めた。

●東京都知事の交代

3月、舛添要一都知事に「政治資金を家族旅行に使用した」などの疑惑が浮上し、都議会で批判が相次いだ。6月14日に不信任決議案が提出され、21日付けで舛添都知事は辞職。7月31日に東京都知事選挙が施行された。この選挙には歴代最多の21人が立候補。自民党の現職衆議院議員小池百合子は立候補の意思を表明するとともに自民党に推薦願を提出したが、自民党は前岩手県知事の増田寛也を推薦。他の候補も含め激しい選挙戦が繰り広げられた末、44.49％という得票率で小池が当選、女性初の都知事が誕生した。

小池都知事は都民を第一に考えて都政を構築していく「都民ファースト」を標榜し、都議会改革に乗り出した。8月31日には、豊洲市場に土壌汚染があるなどとして、11月7日に予定されていた築地市場からの機能移転の延期を発表。賛否両論の意見が寄せられた。

小池はその政治活動だけではなく、緑を基調としたファッションが「小池グリーン」と形容されるなど注目が集まり、この年のベストドレッサー賞（政治部門）を受賞した。

●英国民投票でEU離脱が過半数

6月23日、イギリスが欧州連合（EU）から離脱すべきかどうかを決めるための国民投票が施行された。「移民の流入」「EU加盟国との貿易」「テロ対策」などを争点として国を二分するような議論がなされたが、結果として離脱支持側が約52％の票を獲得して僅差で勝利。EU残留を強く主張していたキャメロン首相は7月11日に保守党党首および首相を辞任し、テリーザ・メイが新首相に選ばれた。

●新元素「ニホニウム」

平成16年、理化学研究所の森田浩介博士らのグループが原子番号113の元素の合成に成功したと発表。この年11月30日に新元素の名前が「ニホニウム」、元素記号が「Nh」に決定した。この偉業を受け、同研究所の所在地・埼玉県和光市では和光市駅から研究所までの歩道を「ニホニウム通り」と命名し、シンボルロードとして整備することを決定した。

●DATA●

【今年の漢字】金
【内閣総理大臣】安倍晋三（自由民主党）
【プロ野球日本一】北海道日本ハムファイターズ
【Jリーグ年間優勝】鹿島アントラーズ
【JRA年度代表馬】キタサンブラック
【流行語】ポケモンGO　PPAP　神ってる　盛り土
　僕のアモーレ　聖地巡礼　ゲス不倫　マイナス金利
　トランプ現象　文春砲　ガルパンはいいぞ
【書籍】石原慎太郎『天才』　宮下奈都『羊と鋼の森』
　住野よる『君の膵臓をたべたい』
　村田沙耶香『コンビニ人間』
　Ｃ・Ｊ・エリーン『おやすみ、ロジャー』
　Ｊ・Ｋ・ローリング『ハリー・ポッターと呪いの子』
【映画】『君の名は。』『シン・ゴジラ』『信長協奏曲』
　『映画 聲の形』『この世界の片隅に』
　『スター・ウォーズ／フォースの覚醒』『ズートピア』
　『ファインディング・ドリー』『オデッセイ』
【テレビ】『真田丸』『とと姉ちゃん』『べっぴんさん』
　『逃げるは恥だが役に立つ』『スペシャリスト』
　『世界一難しい恋』『クイズ☆スター名鑑』
【音楽】AKB48『翼はいらない』
　乃木坂46『サヨナラの意味』　欅坂46『二人セゾン』
　星野源『恋』　RADWIMPS『前前前世』
　浦島太郎（桐谷健太）『海の声』
　西野カナ『あなたの好きなところ』『トリセツ』
【話題の商品】Instagram　メルカリ
　新型セレナ（日産）　IQOS（フィリップ・モリス）
　グリーンスムージー　乳酸菌ショコラ（ロッテ）
　クッションファンデ　『ポケモンGO』（ナイアンティック）
【訃報】前田健（お笑い芸人）　鳩山邦夫（政治家）
　永六輔（放送作家）　大橋巨泉（タレント）
　千代の富士貢（力士）　島木譲二（お笑い芸人）

●平成28年の答え●

ヤ	マ	ノ	ヒ	■	ス	マ	ツ	プ	■	ブ	ン	カ	■	ホ
ジ	■	ツ	キ	ツ	キ	リ	■	ラ	イ	ン	■	ミ	テ	イ
■	カ	ク	■	バ	ー	■	タ	チ	■	セ	イ	■	ロ	ク
コ	メ	■	フ	サ	■	マ	イ	ナ	ス	キ	ン	リ	■	エ
イ	イ	ナ	リ	■	ツ	ー	ル	■	タ	■	カ	ン	ニ	ン
ケ	■	デ	ン	リ	ョ	ク	■	ハ	ツ	ピ	■	ジ	コ	■
ユ	ウ	シ	■	ユ	ビ	■	オ	ヤ	フ	コ	ウ	■	ル	ポ
リ	■	コ	フ	ウ	■	シ	タ	テ	■	タ	バ	コ	■	ケ
コ	シ	■	ジ	ョ	リ	ョ	ク	■	ホ	ロ	■	ウ	ン	モ
■	■	コ	エ	■	ウ	リ	チ	■	シ	ュ	ウ	カ	ク	ン
ニ	ナ	ガ	ワ	■	ー	■	■	ゴ	ウ	■	ホ	ウ	カ	ゴ
ホ	■	オ	ー	ト	フ	ァ	ジ	ー	■	マ	ゴ	■	サ	■
ニ	ゲ	■	ド	ウ	■	ゲ	ラ	■	キ	リ	■	ス	イ	■
ウ	シ	ロ	■	セ	ン	ゾ	■	サ	キ	オ	ク	リ	■	エ
ム	■	ジ	シ	ン	■	コ	チ	カ	メ	■	■	サ	ミ	ツ	ト

平成29年（2017年）

➡ ヨコのカギ

1 デビュー後公式戦29連勝を達成して、歴代連勝記録トップとなった当時14歳の天才棋士

2 9月1日、女優の武井——とEXILEのボーカルTAKAHIROが結婚を発表

3 SNSの1つ。正式名称は——グラム。「——映え」は流行語大賞の1つ

4 強敵相手に必死に戦うこと

6 ——油　——豆腐　開け——

7 10月から放送した池井戸潤原作のドラマ。足袋製造会社が経営再建のため、新しいランニングシューズの開発に挑む

8 2月、埼玉の巨大物流倉庫で発生した火災は——まで12日を要した

9 1月から放送開始した『——の戦争』は、SMAP解散後に草彅剛が初主演したドラマ

10 ただしいかどうかということ

11 沖縄県那覇市東部の地名。4月、——城の門などに油のような液体が散布された

13 商品が渡される前に支払う

17 ツナ——　ドラム——

19 6月5日、房総沖海底に——メタルを含む岩石の広がりが発見されたと海洋研究開発機構などが発表

21 同じ親から先に生まれた男性への敬称の1つ

23 華道やダンスなど先生に教わりながら学ぶこと

25 パブロフの➡37が垂らします

26 おいしいこと

28 3月29日、——がEU離脱を正式に通告した

30 6月16日、天皇——特例法が公布された

32 6月ごろ元秘書へのパワハラが報道された女性議員。10月、総選挙に出馬したものの落選

34 6月20日、プロ棋士の加藤一二三は現役を引退。勤続年数62年10カ月は歴代1位。その後「——」の愛称でバラエティ番組などにも多く出演

36 5月3日、アメリカ自治領の——

37 ペットフード協会の調査によると、この年、国内のペット数で初めて猫が——を上回った

41 11月13日、地質年代名に日本の県名に由来する「——ニアン」が採用されることが内定

43 泣き——は嘘泣き、鳴き——は動物の声帯模写

45 6月1日、トランプ米大統領が温暖化対策の枠組みである——協定からの離脱を表明

46 相手の気持ちを推し量ること。新語・流行語大賞の1つ

47 木の枝が生える元

49 日本晴れの空にはない

51 3月10日、韓国のパク・クネ大統領が、友人の——・スンシルの国政介入を可能にしたことを理由に罷免された

53 母国語が異なる人々が理解し合うための言葉。英語など

55 平成29年度の税制改正のなかで、——・ヘイブン対策税制の大幅な見直しが行われた

57 天皇や王様の在位期間

59 家に帰ること

61 冷たいこと。10月4日、——電子顕微鏡法を開発した研究者3名がノーベル化学賞を受賞

64 6月12日、——動物園でパンダのシンシンが5年ぶりとなる赤ちゃんシャンシャンを出産

66 9月25日、小池百合子都知事を代表として結成された政党。総選挙で多数の候補を擁立したが、議席数は伸び悩んだ

69 4月10日、フィギュアスケート選手の浅田——が現役引退を発表した

70 小さく字を書くこと

73 ——眼鏡はおしゃれアイテム

75 前年7月に福岡で約7.5億円相当の——を奪った犯人たちが、5月下旬に逮捕された

76 手を替え——を替え

77 森友学園の元理事長の名前は籠池——

78 豊洲新市場の地下水についての最終調査——が1月14日に報告され、が破産申請

79 絵や写真をつくること

81 ——価　——図　既定——

83 12月9日、日本ハムの大谷翔平がエンゼルスへの——を発表

85 小説家の恩田——が『蜜蜂と遠雷』で第156回直木賞と第14回本屋大賞を受賞

87 物の表面の潤いある光沢

89 お茶に茶葉を入れ忘れたら…

ベンゼンなどの有害物質が基準値を超えていることが判明

⬇ タテのカギ

1 ——ニュースとは虚偽の報道のこと。トランプ米大統領は自身と見解が異なる報道に対してこの言葉をよく用いた

5 10月5日、『日の——』などの作品の著者で日系イギリス人のカズオ・イシグロのノーベル文学賞受賞が決定

8 素粒子のひとつ。10月16日に米欧の研究チームが——星の合体による重力波の初観測に成功した

12 日本のある政党の略称。10月の総選挙で単独過半数を獲得

14 5月14日、第25代フランス大統領にエマニュエル・——が史上最年少の39歳で就任

15 大豆。——ラテ、——ソース

16 あたいにすること

18 彼女がシーなら、——はヒー

20 5月26日、特定外来生物の一種である——が国内で初確認された

22 音楽ジャンルの1つ。ピアノ——、教会——

24 2月24日より、月の最終——をプレミアムフライデーとして、個人消費を喚起するキャンペーンが始まった

27 5月26日、プロゴルファーの宮里——が現役引退を発表

29 ——の——はオモテ

30 せきにからむことも。——切り飴

31 茨城の県庁所在地

33 和菓子の一種。白玉粉に白砂糖、水飴を加えてつくる

35 10月2日、「——時計」の研究者3名のノーベル生理学・医学賞受賞が決定

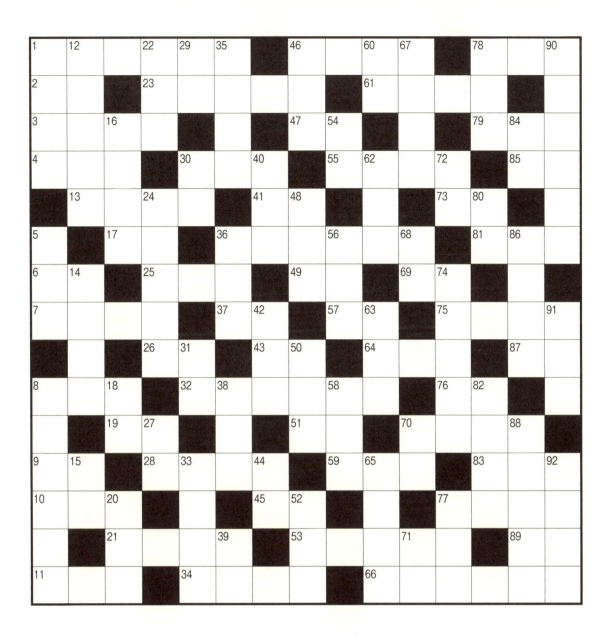

36 遊ぶこと。――ルーム
38 日が暮れてから出るミスト
39 ＥとＧの間
40 ひとたびあうこと。一期――
42 ――真佑は、小説『影裏』で第157回芥川賞を受賞した
44 温泉を中心とした施設
46 「外見」の「ガイケン」以外の読み方
48 ――品は、ＰＣなどが無保証で簡易包装のまま流通したもの
50 眠って待つこと。――月
52 12月15日、会見を行った松居一代は「――成立しました。やりました！」と宣言
54 方角の１つ。「今年の漢字」として選ばれた
56 ７月28日、ＰＫＯ日報隠蔽問題の責任をとる形で稲田――議員は防衛大臣を辞任した
58 栄養補給などを目的にした点滴など

60 上下の方向。――書き
62 坪なら平、城なら成の部分
63 登美丘高校ダンス部がコンクールで踊って再注目された『ダンシング・ヒーロー』は、荻野目――の曲
65 ９月15日、アメリカの土星――カッシーニがその任務を終えた
67 動作が速いさま
68 ――割り　四――漫画
70 酒などの深みある味わい
71 皮膚の上の突起
72 ――将暉が映画『あゝ、荒野』に主演。同作で第41回日本アカデミー賞最優秀主演男優賞を獲得
74 ７月９日、世界文化遺産に登録された島
77 成田屋　高麗屋　中村屋
78 この年、日産などで自動車の完成――を無資格者が行っていたことが発覚した
80 ６月15日、――等準備罪処罰法が

成立した
82 横に数人で座る幅広の家具
84 イガで身を守る木の実
86 小田原市の職員が「――保護悪撲滅チーム」の頭文字「ＳＨＡＴ」が書かれたジャンパーを作成・着用したことが問題に
88 １月25日、――が横綱昇進
90 この年、――の獣医学部新設に安倍首相が関与した疑惑が浮上した
91 囲碁棋士の――裕太がこの年の七大タイトルすべてを獲得し、史上初の年間グランドスラムを達成
92 ９月９日、日本学生陸上競技対校選手権大会の100ｍ決勝で、――祥秀が日本人初の９秒台を記録した

117

平成29（2017）年 丁酉

●できごと●
1月　アメリカでトランプ政権発足
2月　森友学園への国有地売却問題が発覚
　　　「プレミアムフライデー」初実施
3月　任天堂がゲーム機「Nintendo Switch」発売
4月　フィギュアの浅田真央がブログで引退表明
　　　沖縄県の辺野古で埋め立て工事着工
5月　インディ500で佐藤琢磨が日本人初優勝
6月　上野動物園でパンダの赤ちゃん誕生。12月に公開
　　　将棋棋士の加藤一二三が現役引退
　　　アナウンサーの小林麻央が闘病生活の末に死去
　　　中学生プロ棋士の藤井聡太が29連勝の新記録
7月　都議選で都民ファーストの会が躍進
　　　九州北部豪雨で死者・行方不明者計41人
8月　ミャンマーのロヒンギャ問題が深刻化
9月　陸上選手の桐生祥秀が100m9秒台を記録
　　　探査機カッシーニが土星の大気圏に突入、消滅
　　　歌手の安室奈美恵がブログで1年後の引退を表明
　　　日産自動車の工場で不適切な検査が発覚
10月　カズオ・イシグロのノーベル文学賞受賞が決定
　　　神戸製鋼の品質データ改竄が発覚
　　　シリア民主軍がISILの拠点ラッカの解放を発表
　　　座間のアパートで9人切断遺体事件
11月　北朝鮮が新型ICBM「火星15」を発射
12月　天皇退位の日付が平成31年4月末に決定
　　　将棋棋士の羽生善治が史上初の永世七冠を達成

●世相・流行●
・政界は「モリカケ」こと森友・加計問題で紛糾
・大手製造業の現場での不正発覚が相次ぐ
・将棋界でビッグニュースが続き、将棋ブームに

初の「プレミアムフライデー」を前に、顧客にアピールする百貨店の担当者（写真提供：共同通信社）

●天皇退位特例法が成立

　前年8月8日に今上天皇が「高齢による体力の低下」などを理由とした生前退位の意向を示した。以降、有識者会議や国会で議論が進められ、本年6月9日「天皇の退位等に関する皇室典範特例法（天皇退位特例法）」が成立。今上天皇の生前退位が決定した。天皇の生前退位は、文化14(1817)年に退位した光格天皇以来約200年ぶり。その後、退位が平成31年4月30日となることが発表されると、各企業は改元への対応や「平成」関連の特集・商品開発にむけて動き出した。本書もこの法律があったからこそできたと言えるのかもしれない。

●森友・加計学園問題

　2月9日、財務省近畿財務局が学校法人森友学園に払い下げた国有地の売却価格が近隣の土地の約1割という安値だったことが明らかになり、売却交渉に安倍首相夫妻の影響があったのではないかという疑惑が浮上した。これに対し安倍首相は「私や妻が関係していたということになれば、首相も国会議員も辞める」と潔白を訴えたが、野党の追及は続いた。3月23日には森友学園の籠池理事長の証人喚問も行われた。証人喚問直後の外国人記者クラブの会見では「安倍晋三氏や昭恵夫人の直接の口利きはあったのか？」という質問に対して、籠池理事長が「直接ではなかったが忖度があったと思う」と回答。この「忖度」という言葉は森友学園問題をめぐる報道で使われ続け、新語・流行語大賞にも選ばれた。

　加計学園に関する疑惑が持ち上がったのもこの年だった。1月20日、内閣府は国内で52年ぶりに獣医学部を新設する事業者として学校法人加計学園を選定。5月以降、選定に際し安倍首相による特別の便宜があったとする文書や証言が相次いで公表されると、野党は非難を強めた。

　9月25日に、安倍首相は「北朝鮮の核実験」や「少子高齢化」などの「国難」を突破するために衆議院を解散し総選挙を行う旨表明したが、野党からは森友・加計学園問題の追及を回避するためではないかという批判の声もあった。

　解散総選挙以降も森友・加計学園問題についての議論は続けられているが、解明にはいたっていない。

●「都民ファーストの会」と「希望の党」

　7月2日、東京都議会議員選挙が行われ、小池百合子都知事率いる政党「都民ファーストの会」が49議席を獲得して第一党に躍進。小池支持の勢力を合わせると全議席の過半数を占め、旧第一党の自由民主党に圧勝した。勝因としては、小池が掲げた「議会改革」「受動喫煙防止条例制定」などのマニフェストが都民の支持を受けたこと、国政における「森友・加計学園問題」などの騒動により自由民主党への不支持が広がったことなどが挙げられている。

　小池都知事は国政への進出を見据え、9月25日「希望の党」を設立し、9月27日には野党第一党であった民進党との合流を発表した。しかし小池都知事は「全員を受け入れるということはさらさらありません」と発言し、政治方針の異なる議員の入党を拒否。反発した議員が立憲民主党を立ち上げるなど、求心力の低下を招いた。

　10月22日に施行された第48回衆議院議員総選挙では自由民

主党が281議席で単独過半数を保持。希望の党は50議席を獲得したが、立憲民主党の54議席を下回り野党第一党の座を奪われた。この結果を受け、11月14日に小池都知事は希望の党代表を辞任した。

●将棋界に注目集まる

この年は将棋界に熱い視線が注がれた年だった。

前年に史上最年少の14歳2カ月でプロ入りした藤井聡太棋士は、その後公式戦無敗のまま本年6月26日に歴代最多連勝記録である29連勝を達成。各メディアで連日報道され、藤井フィーバーが巻き起こった。藤井が対局中にたびたび出前を注文した飲食店にファンが行列をなすなどの現象も起こった。

一方、最高齢棋士の加藤一二三棋士にも注目が集まった。6月20日、加藤九段は62年10カ月という歴代最長の現役勤続年数で引退したが、その独特のキャラが受けテレビなどに多数出演。「ひふみん」の愛称で親しまれるようになった。

12月5日には羽生善治棋士が史上初となる永世七冠を獲得する快挙を成し遂げ、翌年2月13日には囲碁棋士の井山裕太とともに国民栄誉賞も授与された。

●横綱による暴行事件

10月25日夜、伊勢ヶ濱部屋所属の横綱・日馬富士関が貴乃花部屋所属の貴ノ岩関を暴行。この事態を重く見た貴乃花親方が鳥取県警に被害届を提出した。これに対して相撲協会は事前の報告がなかったとして問題視して、貴乃花親方と対立。相撲協会と貴乃花親方の確執などの関連報道が白熱した。

11月29日、日馬富士関は引退を表明。12月20日、伊勢ヶ濱親方が理事を辞任した。一方、12月28日の臨時理事会で暴行事件に関して非協力的態度をとったなどの理由から、貴乃花親方の理事解任決議が全会一致で可決された。

●アメリカでトランプ大統領就任

前年のアメリカ合衆国大統領選挙で、共和党のドナルド・トランプが民主党のヒラリー・クリントンを破り勝利。本年1月20日に第45代大統領に就任した。

トランプ大統領は「アメリカ第一主義（アメリカ・ファースト）」を掲げ、「環太平洋パートナーシップ協定（TPP）離脱」「パリ協定離脱の表明」「特定のイスラム国家からの入国禁止」「オバマケアの見直し」「法人税減税」などの施策を次々と断行。国内外で賛否両論の声があがった。

大統領自身がTwitterを通じて、過激な内容を発信することも話題に。9月17日には、核ミサイル実験を繰り返していた北朝鮮の金正恩総書記を「ロケットマン」と称したツイートを投稿し北朝鮮側からの反感を買った。

●上野動物園でパンダの赤ちゃん生まれる

6月12日、東京都恩賜上野動物園でオスの「リーリー（力力）」とメスの「シンシン（真真）」の間にメスのジャイアントパンダが生まれた。名前の募集には32万通以上の応募があったが、その中から選ばれたのは「シャンシャン（香香）」。12月19日には抽選制の一般公開が始まったが、年内だけで約25万件の応募が集まり、抽選倍率が約144倍に達する日もあった。

●DATA●

【今年の漢字】北

【内閣総理大臣】安倍晋三（自由民主党）

【プロ野球日本一】福岡ソフトバンクホークス

【Jリーグ年間優勝】川崎フロンターレ

【JRA年度代表馬】キタサンブラック

【流行語】インスタ映え　忖度　35億　Jアラート
ひふみん　フェイクニュース　プレミアムフライデー
○○ファースト　睡眠負債

【書籍】佐藤愛子『九十歳。何がめでたい』
村上春樹『騎士団長殺し』　恩田陸『蜜蜂と遠雷』
今泉忠明ほか『ざんねんないきもの事典』
文響社編集部『うんこ漢字ドリル』

【映画】『銀魂』『君の膵臓をたべたい』『忍びの国』
『メアリと魔女の花』『22年目の告白 -私が殺人犯です-』
『美女と野獣』『怪盗グルーのミニオン大脱走』
『ラ・ラ・ランド』『モアナと伝説の海』

【テレビ】『陸王』『小さな巨人』『A LIFE～愛しき人～』
『わろてんか』『おんな城主 直虎』『緊急取調室』
『東大王』『けものフレンズ』

【音楽】AKB48『願いごとの持ち腐れ』
乃木坂46『インフルエンサー』　欅坂46『不協和音』
倉木麻衣『渡月橋 ～君 想ふ～』
Mr.Children『HANABI』　back number『ハッピーエンド』
米津玄師『BOOTLEG』

【話題の商品】Nintendo Switch（任天堂）　ビットコイン
AbemaTV　クラウドファンディング　anelloのバッグ
ザ・チョコレート（明治）　クラフトボス（サントリー）
ミールキット　AirPods　ハンドスピナー　カプセル玩具
『ドラゴンクエストXI』（スクウェア・エニックス）

【訃報】松方弘樹（俳優）　藤村俊二（俳優）
小林麻央（アナウンサー）　羽田孜（政治家）
海老一染之助（曲芸師）　野村沙知代（タレント）

●平成29年の答え●

フ	ジ	イ	ソ	ウ	タ		ソ	ン	タ	ク		ケ	ツ	カ
エ	ミ		ナ	ラ	イ	ゴ	ト		テ	イ	オ	ン		ケ
イ	ン	ス	タ		ナ		ミ	キ		ツ		サ	ク	ガ
ク	ト	ウ		タ	イ	イ		タ	ッ	ク	ス		リ	ク
	ウ	チ	キ	ン		チ	バ		ク		ダ	テ		エ
ナ		カ	ン		プ	エ	ル	ト	リ	コ		ロ	セ	ン
ゴ	マ		ヨ	ダ	レ		ク	モ		マ	オ		イ	
リ	ク	オ	ウ		イ	ヌ		ミ	ヨ		キ	ン	カ	イ
ロ		ビ	ミ		マ	ネ		ウ	エ	ノ		ツ	ヤ	
チ	ン	カ		ト	ヨ	タ	マ	ユ	コ		シ	ナ		マ
ユ		レ	ア		ギ		チ	エ		コ	マ	ガ	キ	
ウ	ソ		イ	ギ	リ	ス		キ	タ	ク		イ	セ	キ
セ	イ	ヒ		ユ		パ	リ		ン		ヤ	ス	ノ	リ
イ		ア	ニ	ウ	エ		コ	ク	サ	イ	ゴ		サ	ユ
シ	ュ	リ		ヒ	フ	ミ	ン		キ	ボ	ウ	ノ	ト	ウ

119

平成30年（2018年）

➡ ヨコのカギ

1　9月、沖縄でのライブを最後に引退した歌姫

2　京都大学高等研究院特別教授の本庶──氏は、がん免疫療法につながる研究でノーベル生理学・医学賞を受賞した

3　マンガ原作の実写化映画『銀魂2 ──は破るためにこそある』がヒット。主演は小栗旬

4　パンダの餌といえばこれ。この年名前が決まったアドベンチャーワールドの彩浜も好物かな？

5　上田慎一郎監督の『──を止めるな！』が低予算映画ながら大ヒットとなり話題に

6　流行性耳下腺炎の通称は──風邪。連続テレビ小説『半分、青い。』の主人公は、──風邪により難聴になってしまった

7　切り花をいただいたので──に入れて飾った

8　マッサージで──をほぐす

11　この年の──は1月8日。着物レンタル会社の「はれのひ」のトラブルが起きた

12　渡辺江里子と木村美穂の2人からなるお笑いコンビ。12月10日、女芸人No.1決定戦THE Wで優勝

14　管とも言います

16　平昌五輪のスピードスケート女子500mで金、1000mで銀メダルを獲得したのは──奈緒

18　家族以外の人の家にやっかいになること

20　NHKのテレビ番組『チコちゃんに叱られる！』が高視聴率で話題に。レギュラー解答者の──隆史らがチコちゃんに「ボーっと生きてんじゃねーよ！」と怒られるシーンも人気

22　『とんねるずのみなさんのおかげでした』の放送が終了。最終回で──貴明は「それでは、また来週」と言って笑いをとった

24　12月2日、M-1グランプリで霜降り明星が優勝。ツッコミの──はピン芸人としても活躍

25　2020年に向けてこの年始まった、「＜NHK＞2020応援ソングプロジェクト」のキャッチコピーは「あしたに──をまこう！」

28　30歳のこと。この年引退した卓球の福原愛選手も、11月に──を迎えた

31　おじの娘は私から見ると

34　ものの値段。この年の消費者──指数は前年に続きプラスとなった

36　隣の家の──がおかしいので見てきます

37　文学部は文系、医学部や工学部は──です

38　液体から気体へ

39　5月19日、カンヌ映画祭で是枝裕和監督のこの作品が最高賞パルム・ドールを受賞

40　連続テレビ小説『半分、青い。』の主人公を演じたのは永野──

42　──相場　──市場　──手形

45　お笑い芸人の若林正恭が書いたエッセイ集『──の夕暮れ』がタレント本ランキングで上位に

47　6月12日の歴史的な米朝首脳会談が行われた国

48　ニット生地を「切って」「縫って」作る洋服

49　通っていくルート。行進の──

51　ミスプリントとも言います

53　サッカーW杯ロシア大会がおこなわれ、西野──監督率いる日本代表はベスト16入りを果たした

56　自らその立場をやめること。セクハラ問題などで──する政治家はこの年も続出した

58　映画『ラブ×ドック』で初の単独主演を果たした女優は吉田──

59　8月に行われたアジア大会で、日本選手で過去最高となる競泳6冠に輝いた女子選手

63　働いてもらうお金

65　『ファーストラヴ』で第159回直木賞を受賞したのは島本──

66　ヨーロッパの十数カ国で使える通貨

67　人が亡くなること。──者

69　新幹線の車内販売は──を押してやってきます

70　草木が生い茂っていること

72　英語でシックス

74　平昌五輪女子カーリングで日本代表は銅メダルを獲得、チームキャプテンは本橋──

⬇ タテのカギ

1　夏の高校野球大会で準優勝となった金足農業高校は──県の代表校

3　9月8日、テニスの全米オープン決勝でセリーナ・ウィリアムズを破り、優勝した女子選手

7　5月2日、「だるまちゃん」シリーズなどで知られる絵本作家──さとしが亡くなった

9　大河ドラマ『西郷どん』の主演は──亮平が務めた

10　この年公開の映画『MEG ザ・モンスター』に出てくるMEGとはこの生き物

11　スペイン南西の都市。『──の理髪師』は演劇をもとにした歌劇

13　大ヒット映画『ボヘミアン・ラプソディ』は──バンド、クイーンを描いた

15　支点力点作用点と言えば

17　9月6日北海道胆振東部地震が発生。大規模停電が起き、──の重要さを今一度考えさせられることとなった

19　この年の──は記録的な暑さとなった

21　自動車を数える語

23　靴を数える語

24　大化の改新で滅ぼされた豪族

25　この年の十一月場所で小結ながら初優勝を果たした力士

26　特定の政治家などにつきっきりで取材する人です

27　この年、アメリカ国内でもっとも多くのアルバムを売り上げたラッパー

29　パパはロバ、ママはウマ

30　タダのことです

32　洋──　──もぎ

33　田中圭、吉田鋼太郎らが出演したドラマ『おっさんず──』が流行

35　売ったり買ったりのお金のやりとり。中国の電子──会社アリババは、11月11日の独身の日セールで、過去最高の売上となった

39　真剣で本気

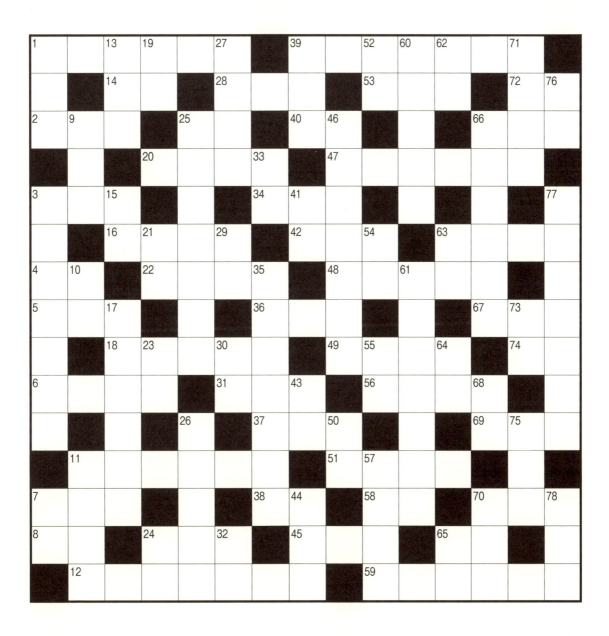

41 土を盛って作ったお墓
43 古い石に生えたりする
44 6月3日、――宣茂宇宙飛行士が国際宇宙ステーションから帰還
46 世界卓球女子団体で日本は銀メダルを獲得。そのチームのキャプテンを務めていた選手は
50 2月13日、将棋の羽生善治と――の井山裕太が国民栄誉賞を同時受賞した
52 暑い夏は――ホールで乾杯！
54 突拍子もない――を唱え始める
55 翁長雄志前――の死去に伴う沖縄県――選がおこなわれ、玉城デニーが当選した
57 沖縄辺野古への土砂投入停止をホワイトハウスへ訴えた――が数多く集まり話題に
60 何とはなしに耳にすること。リスニング試験対策のため、英語のニュースの――をする人も
61 築地市場からの移転問題は議論が長引いていたが、この年の10月からここでの取引が開始された
62 ――売り　――手形　――出張
63 ベーシックなこと。――控除
64 ――・破・急
65 3月16日、V6の森田剛と結婚した宮沢――
66 4月3日、動画サイト運営会社の――本社にて、銃乱射事件が起こった
68 田んぼを耕すのに使います
70 長着の上に着る着物。――袴
71 自由形種目で多くの人が泳ぐ泳法
73 夫の配偶者。この年、配偶者控除のしくみが一部改正になった
75 日産の――前会長は11月に金融商品取引法違反の容疑で逮捕された
76 バラエティー番組の企画で、檻に入れたお笑い芸人の――ちゃんを公開するというイベントが行われ、警察が出動する騒ぎに
77 マッシュームカットにタンクトップに眼鏡がトレードマークのピン芸人。おなじみのフレーズは新語・流行語大賞の候補にも
78 『ちびまる子ちゃん』で知られる漫画家のさくら――が亡くなり、11月16日に「ありがとうの会」が営まれた

平成30(2018)年 戊戌

●できごと●

1月	振袖業者「はれのひ」による成人式トラブル
	コインチェックが仮想通貨の不正送金を公表
2月	平昌五輪
3月	財務省による森友文書改竄が発覚
4月	防衛省が陸上自衛隊の「イラク日報」を公表
	韓国と北朝鮮の南北首脳会談
5月	大学アメフトで日大選手の反則タックルが問題に
	映画『万引き家族』がカンヌ映画祭で最高賞を受賞
6月	米朝が史上初の首脳会談
	大阪北部で地震。ブロック塀の倒壊が問題に
	タイの洞窟で少年団が閉じ込められる事故
	働き方改革関連法案が参議院本会議で可決し、成立
7月	西日本で集中豪雨、平成最悪の水害に
	オウム事件の松本元死刑囚らの刑執行
8月	中央省庁による障害者雇用の水増しが発覚
9月	北海道胆振地方で地震。最大震度7
	テニスの大坂なおみが全米オープンで日本人初優勝
	貴乃花親方が日本相撲協会を退職
10月	本庶佑のノーベル生理学・医学賞受賞が決定
	トルコでサウジの反体制派記者殺害、国際問題に
	築地市場が豊洲市場へ移転
	シリアで拘束されていた安田純平が帰国
11月	日露首脳会談
	日産のゴーン会長が報酬隠しの容疑で逮捕
12月	2019年のゴールデンウィークが10連休になると決定

●世相・流行●
・前年から続く「モリカケ」問題が泥沼化
・オウム事件の主犯らに刑執行、平成の大事件が一区切り
・米中の貿易摩擦が激化、世界経済への影響に懸念

合意文書に署名後、握手を交わす金正恩朝鮮労働党委員長とトランプ米大統領（写真提供：AFP＝時事）

●米朝首脳会談が実現、非核化で合意

6月12日、米国のトランプ大統領と北朝鮮の金正恩委員長が史上初の米朝首脳会談にのぞんだ。米朝の首脳が直接顔を合わせるのは史上初のことである。両人が固い握手を交わすその瞬間を世界中の人々が見守った。シンガポールのセントーサ島でおこなわれたその会談では、4月に出された「板門店宣言」の再確認などの内容が盛り込まれた共同声明を発表した。声明により、両国は朝鮮半島の非核化に合意した。

歴史的な会談は、板門店ではなくシンガポールで行われた。どこで開催されるかについては、複数の候補地があったと言われる。トランプ大統領はTwitterで開催地を発表し、話題となった。

米国側は完全で検証可能かつ不可逆的な核放棄の実現を迫ると見られていたが、声明にはその文言はなかった。そのため具体的な内容に乏しいという批判も多く上がったが、まずは第一歩として評価する声もあった。

●オウム事件に区切り、松本元死刑囚らに刑執行

7月6日と26日に、オウム真理教の一連の事件で収容されていた元死刑囚13人に刑が執行された。執行されたのは、元教団代表の麻原彰晃（本名松本智津夫）、元信者の早川紀代秀、林泰男ら13人。地下鉄サリン事件の実行犯など、元幹部らも含まれている。

地下鉄事件が起きたのは平成7年。長い裁判を経て麻原彰晃には死刑が確定したが、裁判で事件の詳細を述べることはなかった。死刑執行により、教祖の口から事件の本質が語られることはなくなった。

●西日本豪雨、北海道胆振東部地震など天災相次ぐ

7月5日、それまで北日本にあった前線が西日本に南下し、その後停滞した。この前線と、台風7号の影響も相まって、7月8日までの約10日間で、四国で総降水量が1800ミリを超えるなど、記録的な大雨となった。この影響で河川の氾濫、浸水、土砂崩れなどの被害が出た。被害の出た地域も幅広く、九州から四国、中国、近畿、東海などに広がっていた。断水も長く続き、倉敷市真備町での断水が全戸解消したのは7月24日のことだった。

9月6日未明、北海道胆振地方を震源とする最大震度7の地震が起こった。厚真町などで土砂崩れの被害が大きかった。この地震の影響で、苫東厚真火力発電所が停止し、連鎖的に他の発電所も停止し、北海道のほぼ全域での大規模停電となった。産業への影響も大きく、特に観光産業への打撃は大きなものだった。

●捜索ボランティアお手柄、不明の2歳男児無事救出

8月12日から、山口県で行方不明になっていた2歳の男児。警察や地元消防団が連日捜索したが、14日まで見つかっていなかった。祖父と別れた100mほどの間に行方不明になったと考えられたが、不明な部分も多かった。

15日、捜索ボランティアとして現地に入った尾畠春夫さんが、わずか30分で男児を発見した。警察などを介したくないという信念のもと、尾畠さんは男児を家族に直接引き渡した。

尾畠さんは過去にも行方不明の女児を捜索していたり、災害救助のボランティアをしていたりすることが報道され、一躍時の人となった。尾畠さんを称した「スーパーボランティア」は新語・流行語大賞にノミネートもされたが、本人はいたって謙虚で、トップテンに選出されたが辞退し、表彰式へも出席しなかった。男児発見についても「当たり前のことをしただけ」と語っているという。

●平昌五輪・サッカーW杯ロシア大会で日本代表活躍

この年は大規模なスポーツイベントが目白押しだった。

まずは2月。韓国で初めて開催された冬季五輪は、15競技102種目が実施された。新種目として、スピードスケートのマススタートやスノーボードのビッグエアなどがあった。

日本選手団は過去最多のメダル13個を獲得した。フィギュアスケート男子シングルの羽生結弦の連覇、スノーボード男子ハーフパイプの平野歩夢とショーン・ホワイトの接戦、スピードスケート女子の小平奈緒や高木菜那らの大活躍など、見どころがいっぱいの五輪となった。カーリング女子は銅メダルを獲得。試合中の「そだねー」の声や休憩中の「もぐもぐタイム」は流行語となった。

6月から7月にかけて、今度はロシアでサッカーのW杯ロシア大会が開催された。日本はアジア枠での出場を決めていたが、その予選を戦ったハリルホジッチ監督が開幕2カ月前に解任されるという波乱の幕開けとなった。後任の西野朗監督に期待と不安の両方がのしかかった。

日本はグループHでの初戦でコロンビアに勝利。これはW杯史上初の、アジアの国による南米の国からの勝利となった。続くセネガル戦を引き分け、最終戦でポーランドには負けたものの、勝ち点や得失点差などで並んだセネガルをフェアプレーポイントで上回り、決勝リーグへ進出した。

初のベスト8を賭けたベルギー戦は逆転負けを喫したが、日本のサッカーの力を世界へ知らしめる機会となった。

●安室奈美恵引退でアムラー世代が安室ロスに

9月16日、安室奈美恵がアーティストを引退した。前年の9月、無事デビュー25周年を迎えたあとの突然の引退宣言は、ファンだけでなく、多くの人へ驚きを与えていた。

安室奈美恵はデビューして25年経っていたが、決して過去の人ではなかった。平成28年発売のシングル『Hero』はNHKリオ五輪放送のテーマソングにもなってヒットしていたし、毎年大規模なライブツアーを行い、観客を沸かせてもいた。年齢も引退発表時で40歳。若すぎる引退にファンの落胆は大きなものだった。

特に、アムラー世代と呼ばれる、彼女と同世代の、デビュー時から安室ファッションを信奉していた熱心なファンたちは、もうライブが見られないという喪失感から「安室ロス」に陥っていた。

引退までの1年間で、紅白歌合戦への出演、オールタイム・ベストアルバム『Finally』の発売、ラストツアー『namie amuro Final Tour 2018 〜Finally〜』の開催と、精力的に活動をこなした。平成を駆け抜けた歌姫の引退をファンは惜しみつつも見守った。

●DATA●

【今年の漢字】災

【内閣総理大臣】安倍晋三（自由民主党）

【プロ野球日本一】福岡ソフトバンクホークス

【Jリーグ年間優勝】川崎フロンターレ

【JRA年度代表馬】アーモンドアイ

【流行語】そだねー　半端ないって　eスポーツ
VTuber（バーチャルYouTuber）　平成最後の○○
スーパーボランティア　ひょっこりはん　おっさんずラブ
仮想通貨　#MeToo　GAFA（ガーファ）

【書籍】矢部太郎『大家さんと僕』
吉野源三郎・羽賀翔一『漫画 君たちはどう生きるか』
辻村深月『かがみの孤城』　石村友見『ゼロトレ』
下重暁子『極上の孤独』　トロル『おしりたんてい』

【映画】『コード・ブルー -ドクターヘリ緊急救命-』
『カメラを止めるな！』『万引き家族』
『名探偵コナン ゼロの執行人』『未来のミライ』
『ジュラシック・ワールド／炎の王国』
『スター・ウォーズ 最後のジェダイ』

【テレビ】『99.9-刑事専門弁護士-SEASONⅡ』
『リーガルV〜元弁護士・小鳥遊翔子〜』『まんぷく』
『半分、青い。』『おっさんずラブ』『ポプテピピック』

【音楽】AKB48『Teacher Teacher』
乃木坂46『シンクロニシティ』　嵐『夏疾風』
King&Prince『シンデレラガール』
米津玄師『Lemon』　DA PUMP『U.S.A.』

【話題の商品】バーチャルYouTuber　ドライブレコーダー
スマートスピーカー　ケーブル バイト（ドリームズ）
ポケトーク（ソースネクスト）　ペットボトルコーヒー
強炭酸飲料　タピオカミルクティー　『PUBG』（PUBG）

【訃報】星野仙一（野球選手・監督）　高畑勲（映画監督）
衣笠祥雄（野球選手）　西城秀樹（歌手）　桂歌丸（落語家）
さくらももこ（漫画家）　樹木希林（女優）

●平成30年の答え●

ア	ム	ロ	ナ	ミ	エ		マ	ン	ビ	キ	カ	ゾ	ク
キ		ツ	ツ		ミ	ソ	ジ		ア	キ	ラ		ロ	ク
タ	ス	ク		タ	ネ		メ	イ		ナ		ユ	ー	ロ
		ズ		オ	カ	ム	ラ		シ	ン	ガ	ポ	ー	ル
オ	キ	テ		ケ		ブ	ツ	カ		シ		チ		ヒ
オ		コ	ダ	イ	ラ		カ	ワ	セ		キ	ュ	ウ	ヨ
サ	サ		イ	シ	バ	シ		カ	ツ	ト	ソ	ー		ツ
カ	メ	ラ		ヨ		ヨ	ウ	ス		ヨ		ブ	ツ	コ
ナ		イ	ソ	ウ	ロ	ウ		ミ	チ	ス	ジ		マ	リ
オ	タ	フ	ク		ハ	ト	コ		ジ	シ	ョ	ク	ハ
ミ		ラ		バ		リ	ケ	イ		ジ		ワ	ゴ	ン
	セ	イ	ジ	ン	ノ	ヒ		ゴ	シ	ョ	ク		ー
カ	ビ	ン		キ		キ	カ		ヨ	ウ		ハ	ン	モ
コ	リ		ソ	シ	ナ		ナ	ナ	メ		リ	オ		モ
	ア	サ	ガ	ヤ	シ	マ	イ		イ	ケ	エ	リ	カ	コ

123

平成31年（2019年）

➡ ヨコのカギ

1 3月21日、東京ドームでの試合を最後に現役を引退したシアトル・マリナーズの野球選手。本名とは違い4文字目を「ー」で書く
2 2月24日に亡くなった、『明治天皇』などの著書があるアメリカ生まれの日本文学者はドナルド・──
3 ペンキをぬるのに使う道具
4 一品×3
5 ザ・テンプターズのボーカルとしてデビューし、数々のドラマや映画に出演した萩原健一が3月26日に逝去。彼の愛称といえば
7 日本の自動車メーカー。3月17日、F1開幕戦で、この会社のパワーユニットを搭載した車が3位に入賞。平成27年にF1に復帰してから初めての表彰台
9 2月4日に来日して首脳会談を行ったアンゲラ・メルケルは、この国の首相
11 アメリカのゴンザガ大で活躍し、チームを今年のNCAA（全米大学体育協会）トーナメントでベスト8に導いた注目のバスケットボール選手は八村──
13 大事に育てることを「──にかける」という
15 2月、探査機「はやぶさ2」が着陸に成功した小惑星。「はやぶさ2」は4月にはこの星の表面に人工クレーターを作る実験にも成功した
16 3月25日に放送されたテレビドラマ『大奥 最終章』で徳川吉宗役を演じた俳優は大沢──
17 弓や鉄砲などで狙うもの
18 2月、総選挙を翌月にひかえたタイで、政党の1つが国王の姉にあたるウボンラット──を首相候補に擁立するという動きを見せたが、国王の非難を受け翌日に撤回した
19 1月、五輪3連覇を果たした女子レスリングの吉田──選手が現役引退を表明した
20 4月9日、財務省は5年後に千円・五千円・一万円の紙幣を一新すると発表。一万円札には実業家の──栄一の肖像が使われる予定
23 ──古し ──道 ──捨て
25 元素記号Cuの金属

⬇ タテのカギ

1 むれることやほてること。人──、草──
3 財産を失った人。そういった人々の氏名や住所を地図上に示していた「──マップ」というwebサイトが問題となり、3月に閉鎖
6 麻雀の「なき」の一種。左側の人が捨てた牌で順子（シュンツ）を作る
7 4月、厚生労働省は介護──料を徴収する外郭団体で算定ミスがあり、徴収すべき金額に対し200億円不足する恐れがあると発表した
8 イギリスの首都。EU離脱案をめぐり、ここにある国会は連日紛糾
10 3月12日、「電気グルーヴ」のメンバーである──瀧が麻薬取締法違反で逮捕された
12 この年のNHK大河ドラマ。出演していた⬇10瀧の逮捕で代役探しを強いられた
14 1月6日、オーストラリアで行われていたテニスのブリスベン国際で錦織──が優勝を飾った
15 視聴── 得票── 防御──
16 ダブルスは「複」、シングルスは
17 顔の一部。弓なりに描く「アーチ──」がこの年のトレンドだとか
18 1月の全豪オープンテニスで初優勝した──なおみは、WTA（女子テニス協会）のランキングでも自身初の世界1位に上昇
21 春の甲子園を制覇し、平成最初と最後の大会の優勝校となった愛知県の学校は──高校
22 こんな液体はボタッボタッと垂れてきそう
24 ──棒を使ってみずからパシャリ
26 ランプのシェードを日本語で
27 2月24日、辺野古米軍基地建設のための埋め立ての賛否を問う県民──が行われ、反対が投票総数の7割を越えた
28 4月1日に発表された新元号。出典は『万葉集』で、日本の古典が典拠となるのは史上初めて

*この問題の答えと平成31年の解説は、127ページにあります。

参 考 文 献

この本を作るにあたって、以下の資料を参考にいたしました。

●書籍
・昭和・平成史年表（平凡社）
・現代世相風俗史年表 1945-2008（河出書房新社）
・誰でも読める日本現代史年表―ふりがな付き（吉川弘文館）
・戦後史年表 1945〜2005（小学館）
・朝日新聞縮刷版（朝日新聞社・朝日新聞出版）
・毎日新聞縮刷版（毎日新聞社・毎日新聞出版）
・読売年鑑（読売新聞社）
・朝日ジュニア百科年鑑（朝日新聞社）
・昭和・平成現代史年表（小学館）
・図解で振り返る激動の平成史（三栄書房）
・カラー版　小惑星探査機はやぶさ―「玉手箱」は開かれた
　（中央公論新社）

●webサイト
・首相官邸（http://www.kantei.go.jp/）
・各官庁公式サイト
・各放送局公式サイト
・各新聞社・通信社公式サイト
・JR各社公式サイト
・JAXA（http://www.jaxa.jp/）
・Olympics（https://www.olympic.org/）
・日本オリンピック委員会（https://www.joc.or.jp/）
・日本野球機構（http://npb.jp/）
・日本サッカー協会（http://www.jfa.jp/）
・JRA日本中央競馬会（http://www.jra.go.jp/）
・「現代用語の基礎知識」選 ユーキャン新語・流行語大賞
　（https://singo.jiyu.co.jp/）
・コトバンク（https://kotobank.jp/）
・ORICON NEWS（https://www.oricon.co.jp/）
・岩手県立博物館だより
　（http://www2.pref.iwate.jp/~hp0910/tayori/）
・インターネット白書ARCHIVES（https://iwparchives.jp/）
・SMBCヒット商品番付
　（https://www.smbc-consulting.co.jp/company/mcs/BizWatch/Hit/）
・Wikipedia（https://ja.wikipedia.org/）
・年間ベストセラーアーカイブ（株式会社トーハン）
　（https://www.tohan.jp/bestsellers/past.html）
・大相撲星取り表（http://sumo-hositori.com/index.html）
・どらまにあ（https://drama-mania.net/）
・4Gamer.net（https://www.4gamer.net/）
・出来事.jp（https://出来事.jp/）
・年代流行（https://nendai-ryuukou.com/）　他

出版物のお知らせ

＊2019年5月現在　＊定価は「本体価格＋税」となります。

世界最強のパズル総合誌
パズル通信ニコリ

●B5変型（149×257mm）　●季刊（3、6、9、12月10日発売）　●本体900円

クロスワードをはじめとした言葉のパズルはもちろん、数字のパズル、絵のパズル、読み物、コンテストでも遊べる季刊誌です。誌上では、新しいパズルも日々開発中。あなたのおヒマをなくします。

パズル通信ニコリ166号

withクロスワード1、2

通常タイプのクロスワードパズルが満載のシリーズです。易しい問題から超難問まで、1冊につき62問収録。コンパクトな新書判なので、いろんな場所に持ち運んで、気軽にお楽しみください。

withクロスワード2

●新書判（106×179mm）
●本体各720円

いろいろクロスワード1～3

どの本にも、通常のクロスワード40問＋変わり種16問を収録。漢字を書き入れる問題、絵がヒントの問題、黒マスも自分で考える問題など、バラエティー豊かなクロスワードを味わえるシリーズです。

いろいろクロスワード3

●A5判（148×210mm）
●本体各740円

いつでもクロスワード1～10

通常タイプのクロスワードを1冊につき54問収録したシリーズです。54問解き終わったあとに楽しめるおまけ問題もあります。どの本にも、あなたの心に響くカギがきっとありますよ。

ニコリ別冊　いつでもクロスワード10

●新書判（106×179mm）
●本体各620円

世界最大のクロスワードパズル
メガクロス

書籍版　クロスワードのワクを1冊の本に凝縮したもの
●A4判（210×297mm）4冊（盤面、ヨコのカギ、タテのカギ、答え）
●本体35,000円

巻物版　クロスワードのワクをタテ1m×ヨコ13mの巻物にしたもの
●巻物＋A4判3冊（ヨコのカギ、タテのカギ、答え）
●本体250,000円

日本語をとことん遊びつくす、世界一大きなクロスワードパズルです。タテ129マス、ヨコ1,899マスのワクに入っている言葉は全部でなんと66,666個！　「出版された世界一大きなクロスワード」としてギネス世界記録®に認定されました。一生楽しめてしまうかも。

平成31(2019)年 己亥

●できごと●
1月　新年一般参賀に平成最多15万4800人が訪れる
　　　竹田恆和JOC会長に五輪誘致活動での贈賄容疑
　　　男性アイドルグループ「嵐」活動休止予定を発表
2月　住宅賃貸「レオパレス21」で建築基準法違反の疑い
　　　小惑星探査機「はやぶさ2」が着陸に成功
3月　シアトル・マリナーズのイチロー選手が引退
4月　新元号「令和」を公表
　　　紙幣デザインの刷新を発表
　　　ノートルダム大聖堂火災

●世相・流行●
・平成・令和に関するイベントや商品などが流行
・飲食店従業員が相次いでSNSに不適切な投稿、社会問題に
・東京五輪ムードが高まるなか、誘致活動の贈賄容疑が浮上

●新元号「令和」を公表

　4月1日11時41分、新元号「令和」が公表された。記者会見で菅義偉内閣官房長官が墨書を掲げながら「新しい元号は令和であります」と宣言。その後、安倍晋三首相は談話のなかで「令和」には「人々が美しく心を寄せ合う中で文化が生まれ育つ」という意味が込められていると説明した。
　「令和」は日本最古の和歌集である『万葉集』巻五の一文を出典としている。平成までの元号は中国の古典を典拠としているため、日本の古典が典拠となるのは初のことだった。典拠の『万葉集』には注目が集まり、重版や増刷が行われた。

●紙幣デザインの刷新を発表

　4月9日、麻生太郎財務相は、令和6（2024）年度上半期をめどに紙幣のデザインを変更すると発表した。発表によると一万円札に日本資本主義の礎を築いたとされる渋沢栄一、五千円札に女性教育の推進に貢献した津田梅子、千円札に「日本の細菌学の父」と呼ばれる北里柴三郎の肖像を採用する。

●大坂なおみがテニス世界ランキング1位に

　女子テニス選手の大坂なおみが1月26日、全豪オープン決勝でペトラ・クビトバに勝利して優勝。これによりテニスのシングルス世界ランキングで1位を獲得、アジアの選手では男女を通じて初の快挙だった。

●イチローが現役を引退

　3月21日、シアトル・マリナーズのイチロー選手は東京ドームで行われたアスレチックス戦に9番右翼で先発出場。8回表、いったん守備についたところでベンチに退いた。この試合の終了後、引退を発表。記者会見でイチローは「今日のゲームを最後に日本で9年、米国で19年目だった現役生活に終止符を打ち引退することとなりました」と語った。
　イチローは日米通算で3604試合に出場し、4367安打を記録。平成28年、4257安打目を放ったときに「プロ野球における通算最多安打数」でギネス世界記録に認定されている。

●ブラックホールの撮影に成功

　日米欧の研究プロジェクト「イベント・ホライズン・テレスコープ・チーム」は地球上の8つの電波望遠鏡を連携させて撮影したブラックホールの画像を4月10日に公開した。ブラックホールはアインシュタインなどの科学者が存在を予言していたが、撮影に成功したのは人類史上初のことだった。

●DATA●
【内閣総理大臣】安倍晋三（自由民主党）
【書籍】真藤順丈『宝島』　上田岳弘『ニムロッド』
　町屋良平『1R1分34秒』　小野寺史宜『ひと』
　瀬尾まいこ『そして、バトンは渡された』
【映画】『マスカレード・ホテル』『グリーンブック』
　『名探偵コナン　紺青の拳』『翔んで埼玉』
【テレビ】『刑事ゼロ』『家売るオンナの逆襲』
　『いだてん〜東京オリムピック噺〜』『なつぞら』
【音楽】あいみょん『ハルノヒ』　AKB48『ジワるDAYS』
　欅坂46『黒い羊』　Kis-My-Ft2『君を大好きだ』
【話題の商品】ワークマンプラス　デカトロン　万葉集
　チキンラーメン（日清）　カップヌードル味噌（日清）
【訃報】市原悦子（女優）　堺屋太一（作家・評論家）
　ドナルド・キーン（日本文学者）　森山加代子（歌手）
　萩原健一（俳優）　内田裕也（ミュージシャン）

●平成31年の答え●

イ	チ	ロ	ー		マ	ト		ト
キ	ー	ン		リ	ュ	ウ	グ	ウ
レ		ド	イ	ツ		ホ		ヒ
	ホ	ン	ダ		オ	ウ	ジ	ョ
ハ	ケ		テ	シ	オ		ド	
サ	ン	ピ	ン		サ	オ	リ	
ン		エ		タ	カ	オ		レ
シ	ョ	ー	ケ	ン		ツ	カ	イ
ヤ		ル	イ		シ	ブ	サ	ワ

新元号「令和」を発表する菅義偉官房長官（写真提供：時事）

平成
クロスワード

31年を振り返る31問

[問題作者]

あるかり工場長（10年・19年）
遠藤郁夫（元年）
熊金照代（28年）
SEIKO（15年）
髙栁優（4年・5年）
天歩（13年・26年）
沼億（24年）
ひらやまひらめ（17年）
真良碁（8年・22年）
吉岡博（20年）
相沢薫平（6年・14年）
石井圭司（3年・11年）
竹内順二（9年・16年）
茅ヶ崎うずら（7年・12年）
塚田耕平（18年・27年）
焼田幸一（25年・29年）
柚乃かおり（21年・30年）
小瀬匂（2年・23年・31年）

2019年5月15日　初版第1刷発行
●発行人　鍛治真起
●編集人　溝口透
●発行所　株式会社ニコリ
〒103-0007　東京都中央区日本橋浜町3-36-5
日本橋浜町ビル3F
TEL：03-3527-2512
https://www.nikoli.co.jp/
●印刷所　中央精版印刷株式会社
・禁無断転載
©2019　NIKOLI Co., Ltd. Printed in Japan
ISBN978-4-89072-778-0
・乱丁、落丁本はお取り替えいたします。